JN320572

英語コーパスと言語教育

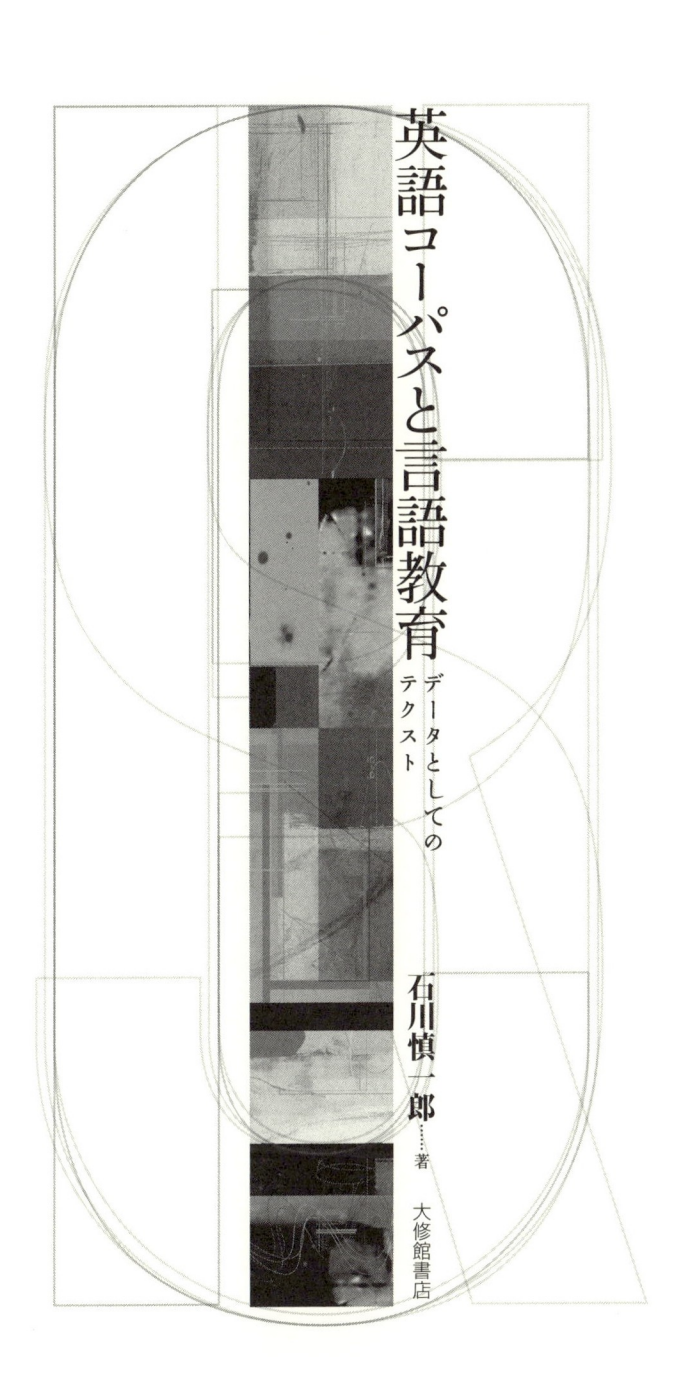

データとしての
テクスト

石川慎一郎 著

大修館書店

はじめに

データとしてのテクスト

　世界初のコーパス準拠辞書である Collins COBUILD English Language Dictionary が掲げたキャッチフレーズは "Helping learners with *real* English" というものであった。膨大な言語データに基づき，言語のリアルを抉り出すコーパスは言語研究の世界に瞬く間に普及し，幅広い分野でその活用の模索が始まっている。

　コーパスが言語研究にもたらした最も重要な変化は，個々のテクストを自律的・排他的にとらえる伝統的なテクスト観に代えて，個別を超える「データとしてのテクスト」という新しい視点を可能にしたことである。著名な文学作品であれ個人の走り書きであれ，あるいは書き言葉であれ話し言葉であれ，さらには母語話者の言葉であれ非母語話者の言葉であれ，従来は異なる分野で扱われてきた言語の諸相はひとしくコーパスの中に取り込まれ，匿名のテクスト・データとして一律の処理にかけられる。われわれは，コーパスを通して，個々のテクストの来歴を捨象し，言語をデータとして観察することができるようになるのである。

　このことは，コーパス言語学のすぐれた学際性を含意する。言語研究，とくに英語研究の世界では，かつてはゆるやかに統合されていた英文学，英語学，英語教育学の間の垣根が高まり，英語そのものを幅広い視野で見ることが次第に難しくなってきている。こうした状況の中で，コーパスは細分化した言語研究の諸領域をふたたび糾合し，新しいダイナミックな研究の展開を支える可能性を持つ。

コーパス言語学と言語教育の関わり

　本書は，コーパスを活用しうるさまざまな分野の中で，とくに，言語教育に注目する。「コーパス言語学」という言葉はもはや目新しいものではない

が，言語教育の文脈において，その知見が十全に活かされてきたとは言い難い（O'Keeffe et al., 2007, p.v）。しかし，コーパスは，言語教育を構成する諸要素を根底から見直す上で不可欠のツールであり，その重要性は今後ますます高まってゆくものと思われる。

　テクストをデータとして見ることで，個別を超えた全般的な言語傾向を発見することが可能になる。このことは，言語教育の対象としての言語の理解により確かな基盤を与える。また，言語のアクチュアルな姿が同定できれば，それに立脚した真正性の高い教材開発や教材分析が可能になる。さらに，学習者の言語産出をデータとして見ることによって，学びの主体である学習者の理解の深化も進むであろう。コーパスは，ともすれば主観的な議論が交わされやすい言語教育研究の世界に，客観的で信頼性の高い議論の基盤を提供する。

本書の構成

　本書は2部から構成される。第1部は「コーパス研究入門」と題して，コーパス言語学の基礎を整理し，理解の共通基盤を構築する。ここでは，とくにコーパスの実際的活用という側面に焦点が当てられる。英語コーパスと言語教育学の今後の関わりを考える上で重要なことは，「研究する人」と「教える人」の垣根を取り払い，「教える人」が同時に「研究する人」となることである。教壇に立つ者が自らコーパスを駆使し，自分が教える言語材料や学習者の実態を検証してゆくことによって，コーパスの真価を教育に反映することができる。

　コーパス研究が言語教育の現場から乖離しているという指摘もふまえ，第1部では，コーパスの前提知識を持たない読者であっても，コーパス研究の流れや技法を自然に学べるように配慮が加えられている。コーパス研究で用いられる技法はそれほど複雑なものではない。個々の技法はむしろ単純なものであるが，それらをうまく組み合わせることで，さまざまな言語データの解釈が可能になる。

　第2部は「コーパスと言語教育」と題し，実際のデータを用いながら，言語教育の研究や調査を進める手順を具体的に解説する。ここでは，言語教育を構成する要因を「言語・教材・学習者」の3点に絞り，それぞれの理

解にコーパスをどう役立てられるかが検討される。なお，第2部では，第1部で紹介したコーパスや分析技術に加え，新しいデータや処理技術も利用している。これらについては初出の箇所で詳しい説明を行うとともに，各研究事例の末尾に「応用研究のために」というセクションを置いた。そこでは，各節で利用したデータと分析技術を整理するとともに，読者が自分の研究を実施してゆく際の参考になるよう，さまざまな研究のヒントを付している。

読者は，第1部でコーパスの概念と分析の技法を学び，第2部ではそれらを組み合わせて実際に言語教育の調査研究を進める手続きについて知ることとなろう。本書は，コーパス言語学の理論の書であると同時に実践の書でもあるため，読者は解説を読んで終わりとするのではなく，ぜひ，自分自身のコーパス・データを使って，さまざまな研究に取り組んでいただきたい。

各章の概要

「コーパス研究入門」と題された第1部は全部で3章からなる。第I章「コーパスとはなにか」では，コーパスの諸相を概観することから始め，Brown Corpus, British National Corpus, Bank of English といった主要コーパスの作成過程や内容を概観してゆく。ここで重要となるのは，主要コーパスの系譜を通観することにより，コーパスというものが単なるテクストの集積とどこが異なり，コーパスが究極的に何を目指そうとしているのかを理解することである。

第II章「コーパス研究の技術」では，実際に自分でデータを集め，コーパスを構築し，分析を行うまでの手順を順に検討してゆく。コーパス構築に関しては，新聞，文学作品，映画スクリプトなどの身近な言語資料の活用法を考える。また，コーパス分析については，コンコーダンス分析，共起語頻度分析，単語連鎖分析，単語頻度分析，特徴語分析などの標準的コーパス分析技術について具体的に論じる。その後，コーパス研究に必要な視座として，コーパス準拠型アプローチとコーパス駆動型アプローチ，また，質的アプローチと量的アプローチについて解説する。

第III章「コーパスと言語の計量」では，コーパスで得られる計量データの扱いについて考えてゆく。はじめに，語の定義と語数計量の問題を検討した後，頻度差，特徴度，共起強度をいかに計量すべきかを論じる。実践の書と

しての立場から、ここでは、汎用的な目的に使用できる言語計量用ファイルを作成してゆく。

続く第2部は、「コーパスと言語研究」という表題のもと、「言語・教材・学習者」という言語教育を構成する3つの観点について研究の実例が示される。まず、第IV章「コーパスと言語研究」では、コーパスを使うことで、言語教育の目標となる言語の理解がいかに深まるかを概観する。はじめに、可能態から実現態へという言語観の変化や、規範文法から記述文法へという文法観の変化が起こっていることを指摘し、コーパスに基づく記述的言語研究のありようを整理した後、具体的な研究実例として、関係代名詞の用法と類義語の識別の問題を取り上げる。

第V章「コーパスと教材研究」では、目標言語と学習者をつなぐ媒介物である教材の研究にコーパスを活かす方途を考察する。はじめに、教材分析や教材開発にコーパスを利用することの意義と問題点を整理した後、コーパスに基づく教材分析の例として、英語教科書の語彙分析を試みる。また、教材開発の例として、児童用語彙表の作成手法について検討する。

第VI章「コーパスと学習者研究」では、学びの主体となる学習者の理解にコーパスを役立てる実際的な方法を考えてゆく。学習者の言語産出を集めたコーパスをとくに学習者コーパスと呼ぶ。はじめに、各種の学習者コーパスの概要を紹介した後、日本人学習者の書き言葉を集めたコーパスと、話し言葉を集めたコーパスを分析し、学習者の語彙使用特性について検討する。

以上、3つの章は、言語教育とコーパスの接点を探る具体的な実践であると同時に、第1部を補完する意味も持っている。第2部では、第1部で扱ったデータや手法が実際の研究に応用されるだけでなく、新しいデータや手法も紹介されているので、読者はコーパス研究の発展性について、より幅広い理解を得ることができるであろう。

なお、本書で紹介しているデータ、ソフトウェア、処理手法などについては、執筆時点において最新の情報を取り込むように努めたが、コーパスを取り巻く状況はまさに日進月歩であり、とくにウェブサイトのアドレスなどについては将来的に変更の可能性も否定できない。そこで、筆者の研究室のサイト内に本書のサポートページを用意している。サポートページでは、第III章で作成する言語計量用 Excel ファイルのほか、出版後の状況の変化をふ

まえて，随時，本書に関する追加情報の提供を行ってゆく予定である。読者におかれては，必要に応じてページを参照していただければと思う。

リアルをつないで

コーパスに対して慎重な立場を取っている Widdowson (2007) によれば，言語には2つのリアルがあるとする。1つは理論的・学術的リアル，もう1つは実際的・実践的リアルである。コーパス言語学を含む理論的言語研究は，前者のリアルを強調するあまり，後者のリアルとの間にギャップが生じていると主張される。

コーパス言語学と言語教育の接点を模索しようとする本書は，言ってみれば，まさに2つのリアルをつなぐ試みに他ならない。本書をきっかけとして読者がそれぞれのコーパス研究を進め，その成果が言語教育の場に反映されてはじめて，本書の狙いは真に達成されたと言えるであろう。"Helping learners with *real* English" というコーパスの原点が，言語の教育にさらなる貢献を果たすことを期待したい。

◆　◆　◆

本書の完成には多くの方々のご協力を得た。Laurence Anthony 氏（早稲田大学），和泉絵美氏（情報通信研究機構），井上永幸氏（徳島大学），小林雄一郎氏（法政大学），高見敏子氏（北海道大学），投野由紀夫氏（東京外国語大学），前田忠彦氏（統計数理研究所），水本篤氏（流通科学大学）［以上50音順］の各氏には，本書の草稿の一部をお読みいただき，貴重な専門的助言を頂戴した。各氏にこの場を借りて御礼を申し上げたい。ただし，残された誤りは全て筆者の責によるものである。

このほか，赤野一郎氏（京都外国語大学）と井上永幸氏には，辞書編纂の仕事を通してコーパスの語法研究への応用法について手ほどきいただいた。南出康世氏（大阪女子大学名誉教授）には，辞書学や語彙意味論などの研究書翻訳の仕事を通して，当該分野の広範な知見をご教示いただいた。村田年氏（千葉大学名誉教授）と投野由紀夫氏には，語彙表開発の仕事を通してコーパスに基づく語彙分析の方法をご指導いただいた。Laurence Anthony 氏には，すぐれたコンコーダンサ AntConc を本書で紹介することにご快諾

をいただいた。各氏に深甚の謝意を表したい。

　最後に，筆者が担当する神戸大学大学院および関西学院大学大学院のコーパス言語学の授業の受講生の皆さん，および，本書の企画に賛同され，本書をよりよいものにするよう努力を惜しまれなかった板谷英昭氏（大修館書店編集部）に心から御礼を申し上げる。

2008 年 6 月

石川　慎一郎

［追記］
　本書刊行後，多くの読者の方から貴重なご指摘・ご助言を頂いた。とくに大名力氏（名古屋大学）からは，頻度データの扱い等について数多くの有益なコメントを頂いた。本書の増刷にあたり，これらのご指摘をふまえ，一部データ・記述の修正を行った。記して深く感謝申し上げる。（2010 年 8 月）

目次

はじめに …………………………………………………………… iii

第1部　コーパス研究入門

第Ⅰ章　コーパスとはなにか ……………………………………… 3
　第1節　コーパスの諸相 …………………………………………… 4
　第2節　Brown Corpus ファミリー ……………………………… 8
　第3節　British National Corpus ………………………………… 21
　第4節　Bank of English ………………………………………… 31

第Ⅱ章　コーパス研究の技術 ……………………………………… 41
　第1節　コーパス研究の準備 ……………………………………… 42
　第2節　コーパス研究の流れ ……………………………………… 49
　第3節　コーパス研究の視座 ……………………………………… 68

第Ⅲ章　コーパスと言語の計量 …………………………………… 73
　第1節　語数の計量 ………………………………………………… 74
　第2節　頻度差の計量 ……………………………………………… 83
　第3節　特徴度の計量 ……………………………………………… 97
　第4節　共起強度の計量 …………………………………………… 104

第2部　コーパスと言語教育

第Ⅳ章　コーパスと言語研究 ……………………………………… 123

第 1 節　研究の背景と視点 ……………………………………124
　　第 2 節　関係代名詞 which の用法 ……………………………128
　　第 3 節　類義語の語法 …………………………………………139

第Ⅴ章　コーパスと教材研究 ………………………………………157
　　第 1 節　研究の背景と視点 ……………………………………158
　　第 2 節　英語教科書の分析 ……………………………………165
　　第 3 節　児童用語彙表の開発 …………………………………183

第Ⅵ章　コーパスと学習者研究 ……………………………………201
　　第 1 節　研究の背景と視点 ……………………………………202
　　第 2 節　書き言葉の産出 ………………………………………211
　　第 3 節　話し言葉の産出 ………………………………………229

参考文献 ………………………………………………………………249
事項索引 ………………………………………………………………261
分析事例語句索引 ……………………………………………………265

　本書に掲載した Web ページの著作権はその作成者に属します。また，コンピューターソフト名や製品名は一般にその開発元または発売元の登録商標です。

第1部　コーパス研究入門

第I章　コーパスとはなにか

　第I章では，はじめにコーパスの定義と諸相を概観し，続いてこれまでに構築された主要な汎用コーパスを紹介する。もっとも，コーパスの種類は非常に数が多く，その全てに触れることは不可能であるので，ここでは最も基本的なコーパスで，かつ，本書の第2部において実際に使用するものに限って紹介を行う。本章は以下の4節から構成される。

　　第1節　コーパスの諸相
　　第2節　Brown Corpus ファミリー
　　第3節　British National Corpus
　　第4節　Bank of English

　第1節では，コーパスという語の概念と定義を確認した後，さまざまなコーパスの種類について整理してゆく。
　第2節では，英語の総体を代表するサンプル・コーパスの祖とされるBrown Corpus を主として取り上げ，代表性と機械可読性という2つの理念について考えてゆく。また，Brown Corpus に倣って構築された他の3つのコーパス（LOB, FROWN, FLOB）についても概観する。
　第3節では，1億語のイギリス英語を収集した British National Corpus を取り上げ，サンプル・コーパスの基本理念がいかに精緻化されたかを考える。
　第4節では，現在，6億語以上のデータ量を保有する Bank of English を取り上げ，言語の変化をリアルタイムで監視・観察するモニター・コーパスのありようについて検討する。
　本章では，以上のコーパスを例に取り上げて，その構築理念やデータ収集の方法などを概観・検討してゆくが，本章の目的は，個々のコーパスについ

ての雑多な知識を提供することではなく，それらの通観を通して，コーパスが単なる言語資料の集成とどこが異なるかを考えてゆくことにある。本章は，「コーパスとはなにか」を考える糸口を提供すると同時に，第2部における具体的研究の背景を示すものである。

第1節　コーパスの諸相

■コーパスとはなにか

　われわれが本書で扱うコーパス（corpus）とは，電子化された大量の言語データベースのことである。世界で初めてのコーパスとされるBrown Corpusが公開されたのは1964年で，コーパス自体の歴史は50年に満たないものであるが，corpusという単語そのものははるかに古い歴史を持つ。
　corpusは，そもそも「体」を意味するラテン語に由来する。個々の語の意味が歴史的にどう変化してきたかを詳細に記録する *Oxford English Dictionary* によれば，corpusは15～19世紀にかけては動物や人間の「体」を意味していた。その後，18世紀に入ると，個人の著作の総体としての「全集」や「文書集」という意味が生じ，さらに20世紀の後半になって，「言語分析の基礎となる書き言葉や話し言葉資料の総体」という意味が生まれたとされる。corpusという語がこのような専門的意味で最初に使われたのは1956年のことであった（括弧内は拙訳。以下，英文文献からの引用は原則として拙訳による）。

> The analysis here presented is based on the speech of a single informant...and in particular upon a corpus of material, of which a large proportion was narrative, derived from approximately 100 hours of listening. (ここで示した分析は1人の母語話者の発話に基づくもので，とくに，約100時間分の聞き取りから採取した，語りが大部分を占める発話資料のコーパスに基づく。) (W. S. ALLEN in *Trans. Philol. Soc.* 128)

近年では，corpus という語はもっぱら言語学的な意味で使うようになっている。事実，最近刊行された英英辞書を見てみると，この意味を第1語義にするものや，そもそもこの意味しか掲載していないものも多い。*Collins COBUILD Advanced Learner's English Dictionary* によれば，corpus という語は「言語研究に使用される大規模な書き言葉・話し言葉の集成」とのみ定義されている。

■コーパス言語学の広がり

コーパスを使った言語研究のことをコーパス言語学（corpus linguistics）と呼ぶ。もっとも，生物学が生物そのものを，音声学が音声そのものを研究するのとは異なり，コーパス言語学の目的は，コーパスを研究することというよりは，コーパスで言語を研究することにある。

corpus という語の意味の変化と呼応して，corpus linguistics という言葉も次第に多くの人々に使われるようになってきた。サーチエンジンである Google を使い（http://news.google.com/archivesearch），ニュース中で corpus linguistics という語句と一緒に出現している年号を検索してみると（2008年3月調査），およそ1965年前後から話題にのぼり始め，一定の期間を置いた後，1990年あたりから急速に一般化してきたことがよくわかる。

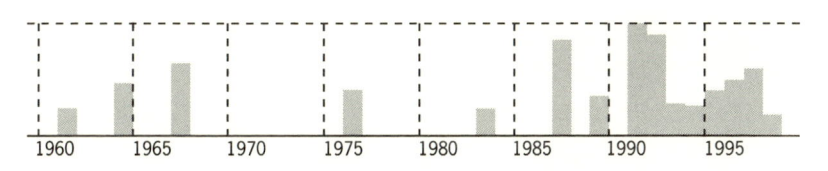

図1　ニュース中の "corpus linguistics" の生起状況（1960-1999）

こうした頻度上昇は一時的な傾向に終わらず，2000年以降も，現在に至るまで，corpus linguistics の影響は拡大を続けている。

しかし，広く話題にされる一方で，コーパスについては誤解されていることも多い。たとえば，すでに紹介したとおり，コーパスとは「言語研究に使用される大規模な書き言葉・話し言葉の集成」であるわけだが，ただ言葉を

集めさえすれば，それをコーパスと呼んでいいのであろうか。

■コーパスの2つの理念

　ここで問題になるのが集成（collection）という概念である。単に言語資料を集めさえすればよいというわけではなく，ある言語資料をコーパスと呼ぶためには何らかの要件が必要であると考えている研究者は多い。ここで，著名なコーパス研究者による3種類のコーパスの定義を紹介しておこう。

　コーパスとは，言語の状態や多様性を特徴づけるべく選ばれた，自然に生起する言語テクストの集成である。(Sinclair, 1991, p.171)

　コーパスとは，何らかの言語，方言，または，言語学の分析に用いられるその他の言語の下位区分を代表するとみなされるテクストの集成である。(Francis, 1982, p.7)

　コンピュータ・コーパスというのは，コンピュータに保存された大量のテクストのことであり，それ自身ではとりわけ刺激的なものではない。(Leech, 1992, p.106)

　Sinclairにとってのコーパスとは，人工言語ではなく，実際に産出された自然言語を収集したものである。また，Francisにとって，コーパスの基本要件は，それが対象とする言語の全体を何らかの形で代表しているということである。一方，Leechにとってのコーパスの要件とは，収集したデータがコンピュータ上で記録されているという点にある。
　これらの見解をまとめると，言語研究におけるコーパスとは，自然な言語データをバランスよく電子的に集めたものであるということになる。とくに後者の2つの点はコーパスの基礎理念とでも言うべきもので，専門的な言い方をすれば，言語コーパスは収集しようとする資料の全体に対して代表性（representativeness）を持ち，なおかつ，多様な検索を可能にする機械可読形式（machine-readable form）で記録されている必要がある。これらの観点については，次節においてBrown Corpusの誕生の経緯に触れながら詳

しく検討することとしよう。

■コーパスの種類

　コーパスには，研究の目的に応じてさまざまな種類が存在する。それらの分類軸としてここでは3点を紹介しておきたい。

　1点目は言語資料の収集理念である。この軸によって，いわゆるサンプル・コーパス（sample corpus）とモニター・コーパス（monitor corpus）が区別される。前者はコーパスを言語という母集団の標本（sample）とみなす。この場合，現実の言語のありように即して，さまざまなテクスト・ジャンルを組み合わせてゆくこととなり，サンプル・コーパスは言語のジャンル・ヴァリエーションの縮図となる（Meyer, 2002, p.18）。本章で扱うコーパスの中では，Brown Corpus や British National Corpus がこの分類に入る。

　一方，モニター・コーパスとは，変化する言語の実相を監視（monitor）しようとするものである。この場合，現実の言語変化に即応して常に新しいデータを補ってゆく必要があり，モニター・コーパスは常に更新されてゆく。本章で触れる Bank of English はこのタイプのコーパスである。

　サンプル・コーパスとモニター・コーパスはまた，それぞれ静的コーパス（static corpus）と動的コーパス（dynamic corpus）とも呼ばれる。前者はある特定の時期における言語の様子を静止画として切り取るのに対し，後者は一定期間にわたる言語の動きを動画のように記録する（Kennedy, 1998, pp.60-61）。

　2点目は言語資料の収集範囲である。この軸によって，一般コーパス（general corpus）と特殊コーパス（specialized corpus）が区分される。一般コーパスとは，英語全般を対象に構築されたコーパスで，分野の偏りがないため，さまざまな研究において汎用的に利用できる。本章で扱う Brown Corpus, British National Corpus, Bank of English はいずれも一般コーパスである。

　一方，特殊コーパスとは，特定分野の言語を対象とする。工学英語コーパス，医学英語コーパス，科学英語コーパス，司法英語コーパスなどがその例である。ESP（English for Specific Purposes：特定目的のための英語）に対する関心の広がりを受けて，近年，こうしたコーパスが数多く作られてい

る。また，広義の特殊コーパスとしては，方言や地域言語のコーパス，学習者コーパス，辞書の用例選定用コーパス，児童言語コーパスなども含まれる。

　3点目は記録する言語情報のレベルである。最も素朴なコーパスはいわゆるプレーン・テクストを集めたもので，コーパスには単語のつながりだけが記録される。一方，機械可読性というコーパスの特徴を活かした多彩な検索を可能にするため，個々の語や文に対して，それらのメタ情報（品詞・文型・意味分類など）を付加する場合がある。こうしたメタ情報をタグ（tag）と呼ぶ。コーパスには，タグなしコーパス（untagged corpus）とタグ付きコーパス（tagged corpus）があり，本章で扱う British National Corpus や Bank of English は大型タグ付きコーパスの例である。

　以下の節では，こうした様々なコーパスの中から，とくに3種類のコーパスを取り上げ，その内容を概観してゆこう。

第2節　Brown Corpus ファミリー

■コーパスの祖としての Brown Corpus
　コーパスの歴史は決して古いものではない。英語に限って言うと，世界で初めてのコーパスは米国のブラウン大学で構築された Brown Corpus である。これは1961年に刊行された米国の書籍の本文データを集めたデータベースで，1964年に公開された。Brown Corpus は，コーパスを支える代表性と機械可読形式という基礎理念を実践した最初の例でもある。

　Brown Corpus は，もともとは A Standard Corpus of Present-Day Edited American English, for use with Digital Computers（ディジタル・コンピュータ検索用編集済現代標準米語コーパス）と呼ばれていた。その名前に明らかなように，Brown Corpus は当初から機械可読形式のコーパスとして構想されたものである。コーパス構築の中心的役割を担ったのは同大学の W. Nelson Francis と Henry Kučera である。彼等は後に Brown Corpus を利用した語彙頻度表を発表し，英語語彙研究にも多大な影響を及ぼすこととなる。

　Brown Corpus の公開は1964年であるが，その後，1979年には改訂版

および文法タグ付け版が公開された。1979年版では収録データの詳細なチェックを行い，オリジナルのデータ・テープを用意する際に生じた誤りや，スペルミス，元原稿のミスなどが修正されている（Francis & Kučera, 1979, "Introduction"）。

　Brown Corpus のデータ量は延べ語数で約100万語である。後で述べるように，6億語を超えるコーパスが構築されている現在の時点から見れば，100万語というのはかなり限定的な量であるが，それでも Brown Corpus は今なお信頼できる研究資料として使われている。Brown Corpus の信頼性は，代表性と機械可読性という2つの点に依拠している。

■均衡コーパスとしての Brown Corpus
　最初に代表性の問題について考えてみよう。Brown Corpus が学術研究の資料になりうるのは，それが可能な範囲において各種の言語資料を集め，結果として言語の総体を代表するサンプルになっているからである。だからこそ，Brown Corpus の中で仮に will より can の頻度が多かったとすると，実際の米語全体においてもおそらくそうであると考えられるのである。

　このように，コーパスに言語のサンプルとしての役割を期待すれば，手当たり次第にデータを集めるというわけにはいかない。たとえば A 新聞のウェブサイトから100万語のデータをダウンロードしたとしても，それは A 新聞を代表しているかもしれないが，英語全体を代表しているとは言えず，そこで見られた傾向が英語全体の傾向であると考えることはできない。Leech (1991) は，コーパスが言語資料を収集したアーカイブと違うのは，それが何らかの代表機能を持つよう設計されているためであると指摘している (p.11)。ゆえに，ここで重要になってくるのは，言語の諸相をバランスよく反映させてコーパスを作るということである。こうした方針で構築されたコーパスを均衡コーパス（balanced corpus）と呼ぶ。Brown Corpus は均衡コーパスの祖でもある。

■標本抽出の考え方
　では，具体的にどのようにすれば言語の諸相をバランスよく反映させることができるのであろうか。コーパス学者を悩ませてきた問題は，単に言語学

の問題ではなく，一般的な統計的問題と同質である。

　統計学では，調査しようとする対象の全体を母集団（population），そこから抽出された小規模なデータ群を標本（sample）と呼ぶ。仮に母集団が完全に均質ならば，無作為に一部を選べばそれが標本となる。壺の中に白玉が20個と黒玉が80個，合計100個の玉が入っているとしよう。ここから個数10の標本を作ろうと思えば，目隠しをして壺に手を入れて10個を取り出せばよい。10個の内訳は，理論上，白玉が2個，黒玉が8個になっているはずである。このようなデータの取り方を無作為抽出法（random sampling）と呼ぶ。

　しかし，言語の場合，新聞，雑誌，小説といったテクスト・ジャンルごとに独自の特性を持つため，言語全体から無作為に抽出するという方法では精度の高い標本は作れない。そこで，Brown Corpusでは，言語をいくつかの下位区分に層化（stratification）し，それらのサイズ比に合わせてサンプルを収集する比例抽出法（proportional sampling）を採用している。たとえば，新聞という母集団の中で政治記事がスポーツ記事の2倍の分量であるとすると，標本の中でも政治記事をスポーツ記事の2倍量とする。これにより，コーパスの中に，言わば，現実の英語の正確な縮尺図が投射されることになる。

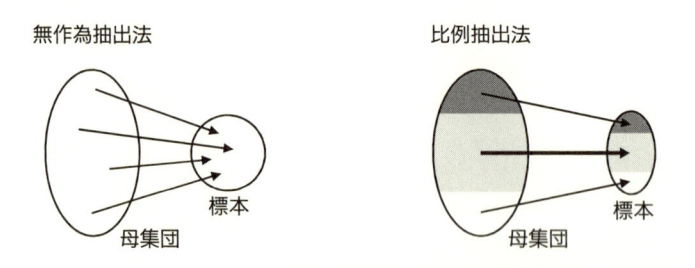

図1　2種類のサンプリングの方法

■Brown Corpus のテクスト・ジャンル

　Brown Corpusは，1961年に米国で出版された書籍や文献100万語を収集したものである。標本バランスを確保するため，1つのソースから取るデ

ータ量は制限されており，全体は500種類に及ぶ2000語のサンプルから構成されている。

500種のうち，374種がノンフィクション散文（informative prose）で，残りの126種がフィクション散文（imaginative prose）である。ノンフィクション散文のセクションは，新聞が88種（全体の17%），各分野の学術書が80種（16%）で，フィクション散文のセクションは，一般小説，冒険小説等，恋愛小説がそれぞれ29種（6%）ずつとなっている。

表1に示されるように，Brown Corpusは，テクスト・ジャンルの区分にあたって大分類，中分類，小分類を立て，新聞であれば日刊紙と週刊紙，小説であれば長編と短編などの媒体タイプを区分した。また，一部についてはさらに細かい内容的区分を行い，たとえば新聞の報道記事は，政治（32%），スポーツ（16%），社会（7%），金融（9%），文化（16%），スポットニュース（20%）に分けた。こうした層化的・段階的な下位区分を行うことで，Brown Corpusは実際の言語の姿を高い精度で再現している。

表1　Brown Corpusのデータ構成

大分類	中分類	小分類	ジャンル	テクスト数
ノンフィクション	メディア	新聞記事	A	44
		新聞社説	B	27
		新聞書評等	C	17
	一般	宗教関係	D	17
		技術・娯楽関係	E	36
		一般・実用	F	48
		書簡集・伝記・回想記	G	75
	学術	雑（政府文書等）	H	30
		学術	J	80
フィクション	小説	一般小説	K	29
		推理小説	L	24
		SF小説	M	6
		冒険小説等	N	29
		恋愛小説	P	29
		ユーモア小説	R	9

■収録データの選定

　では、Brown Corpus はどのようにして上記の A～R のジャンル、ジャンルごとのサンプル数、そして実際に採取するサンプルを定めたのであろうか。Francis & Kučera (1979) に基づき、この点を概観しておきたい。

　「英語」を構成する下位区分を決めるということは、輪郭しか描かれていない白地図に自由に区分線を引くような作業であり、この作業は本質的に主観的なものとならざるを得ない。Brown Corpus の場合も、まずは、作業のたたき台として、ジャンル区分とそれぞれのジャンル数について、主観的立場から原案が作成された。次に、この枠組みに客観的な裏付けを与えるため、ブラウン大学で学術会議を開き、出席した専門家から望ましいサンプル数について意見を聴取した。加えて、北米における図書番号発給機関である Bowker 社が刊行する *Book Publishing Record* などを参照のうえ、1961 年の分野別出版数を量的に調査した。そして、これらをふまえて原案に数次の修正を加え、最終的なジャンル区分と区分ごとに採取するサンプル数を決定したのである。

　枠組みが決まれば、今度はそれぞれのジャンルの中で具体的にどのテクストを資料に採用するかを決めなければならない。資料収集の便宜を考慮し、書籍についてはブラウン大学図書館および米国の会員制図書館 Providence Athenaeum の蔵書から、日刊紙についてはニューヨーク公立図書館にマイクロフィルムが所蔵されている新聞から、技術・娯楽ジャンルおよび大衆読み物ジャンルの雑誌の一部についてはニューヨーク市の大型古書雑誌専門店の在庫からそれぞれサンプル候補を選定した。

　そして、恣意的判断が入りこまないよう、ジャンルごとに利用可能な出版物を一覧リストとしたうえ、乱数表で得られた数字をもとに最終的な使用サンプルを決定し、著作権保持者から著作物使用許諾を取得した。この際、書き言葉としての質的一貫性を保つ立場から、詩や劇に加え、会話文が全体の 50％を超える小説は収集対象から除外した。

　最後に決定すべきは、たとえば 1 冊の本の中から、具体的にどの部分を取るかということである。Brown Corpus は、ここでも無作為抽出の原理を徹底するため、乱数表でランダムにページ数を決め、そのページの最初の文の冒頭（パラグラフ冒頭とは限らない）から 2000 語を数え、2000 番目

の語を含む文の末尾までを収録対象とした。その際，表題，小見出し，脚注，図表，図表解説などは対象外とされた。語数の計算にあたって，語はスペースに両端をはさまれた文字列として，文は大文字から終止記号（ピリオド，感嘆符，疑問符）までと定義した。

このように，Brown Corpus は，ともすれば恣意的になりやすいデータ収集の作業過程を明瞭に規定し，無作為抽出の原理を尊重している。Brown Corpus が考案したデータ選定手法は，さまざまな現実的制約の中では非常に妥当性の高いものであると言える。

■Brown Corpus の資料収集法の問題

もっとも，厳密に統計学的な観点から言えば，Brown Corpus の標本抽出法には疑問点もなくはない。たとえば，資料の母集団を大学図書館等の蔵書に限定したり，主観的立場からジャンルの枠組みを定めたりしたことは，無作為抽出の理念に反する。

Teubert & Čermáková（2007）は，Brown Corpus のデータ収集の問題点として，(1) ジャンル数の問題（なぜ15種類なのか），(2) ジャンルの内訳の問題（他の区分定義もありうるのでは），(3) 母集団の問題（代表しているのは米議会図書館目録であって英語全体ではないのでは），(4) 読者要因の問題（数百万人の読者を持つ新聞と120部しか印刷されなかった書籍を同等に扱ってよいか），(5) 収集対象範囲の問題（印刷物以外の書き言葉や話し言葉を無視してよいか），(6) 米語刊行物という定義の問題（議会図書館に収録されている海外出版の英語書籍をどう考えるのか）などを指摘した上で，代表性という概念の曖昧さを批判している（p.60-65）。

そもそも，Brown Corpus の標本抽出は統計学的妥当性を盲目的に絶対視してなされたものではない（Johansson, 1980, p.26）。しかし，その後のBrown Corpus を利用した多くの言語調査の結果などから判断すると，その資料収集法は現代から見ても一定の信頼が置けるものと言える。だからこそ，「英語やその他の言語において他のデータベースを準備・提示する際に，本コーパスがその標準型になるだろう」（Francis & Kučera, 1979, "Contents"）という製作者の自負通り，Brown Corpus で提案された資料収集法が以後の大型コーパスの基本となってゆくのである。

■機械可読形式でのデータ記録

　次に，機械可読性について考えてみよう。表題に明らかなように，Brown Corpus は構想当時より，機械可読性が意図されていた。そのため，データ入力も，恣意的な方法ではなく，米国商務省による A Notation System for Transliterating Technical and Scientific Texts for Use in Data Processing Systems（科学技術テクスト転写のためのデータ処理システム用表記システム）（Newman, 1959）という当時の標準的なテクスト・データのコーディング手法に準拠している。

　作業の初期段階では，テクストの基本単位は1行80字（コード記録用の10字スペースを含む）で，これを1枚のパンチカードに記録し，磁気テープに変換した。現在の版では，テクストは行ごとに整理番号を付けて記録されている。図2は，一般・実用領域のサンプル（F01）の冒頭7行分である。

```
F01 0010   In American romance, almost nothing rates higher than what the
F01 0020   movie men have called "meeting cute"- that is, boy-meets-girl
F01 0030   seems more adorable if it doesn't take place in an atmosphere of
F01 0040   and acute boredom. Just about the most enthralling real-life exam
F01 0050   of meeting cute is the Charles MacArthur-Helen Hayes saga:
F01 0060   reputedly all he did was give her a handful of peanuts, but he said
F01 0070   simultaneously, "I wish they were emeralds". Aside from the comic
```

図2　Brown コーパスのデータ形式

　なお，コーパスではデータの全体に対して一律の機械処理が行われるが，研究資料としての信頼性を確保するためには，コーパスに含まれる個々のサンプルの出典情報を正確に記録しておくことが重要になる。Brown Corpus は，こうしたテクスト情報についても体系的な整理と記録を行っている。上記の図2のように，各サンプルにはカテゴリを示すアルファベットと，カテゴリ内でのサンプル番号を示す2桁の数字が付与され，さらに，サンプルごとに，図3のような出典データが記録されている。

　図3では，1行目の F01 がサンプル整理番号であり，その後に著者名と著作名が続く。2行目の *Vogue* は出典雑誌名で，後に巻・号数と出版年月が示される。3行目の Used by permission は著作権許諾取得済みであるこ

```
F01. Rosemary Balckmon, "How Much Do You Tell When You Talk?"
     Vogue, 138:1 (July, 1961), 40-41, 100
     Used by permission                    0010-1900
Typographical Error:      X Rays [1820]
2,021 words 85 (4.2%) quotes 1 symbol 5 formulas
```

図3　出典情報

と，0010-1900 はコーパス中での行数を表す。4行目はデータの1820行目に書記上のミスがあることを表し，5行目はサンプルの総語数，会話文に相当する引用符中の語数と全体に占める比率，および，記号等の数を示す。

こうした情報が全てのサンプルに付与されているため，必要があれば，利用者は容易に出典を探して確認を行うことができる。また，出典データ自体に対して機械的な検索を行うことも可能になる。

■Brown Corpus ファミリー

データのバランスに細心の注意を払った Brown Corpus の作成方法は以後のコーパス構築の規範となり，Brown Corpus と同様の方法で複数のコーパスが作成された。Brown Corpus のレプリカないしクローンと呼ばれるコーパスにはいくつかの種類があるが，中でも重要なものは，1961年の英国出版物を収集した LOB Corpus，1991年の英国出版物を収集した FLOB Corpus，1992年の米国出版物を収集した FROWN Corpus である。本書では Brown Corpus とこれら3種のレプリカ・コーパスを総称して Brown Corpus ファミリーと呼ぶことにする。

同様の基準で作成された上記の4コーパスをセットとして使用することで，さまざまな語や表現について，英米差や時代差を見ることが可能になる。これにより，研究上の相乗効果が生まれ，4コーパスは現在でも広く言語研究の基礎資料として使用されている。以下では，LOB, FLOB, FROWN の各コーパスについて簡単に概要を見ておこう。

■LOB Corpus

　LOB Corpus とは，英国で 1961 年に刊行された書籍・出版物を集めた 100 万語のコーパスである。正式名称を The Lancaster-Oslo/Bergen Corpus of British English といい，ランカスター大学，オスロ大学などの共同プロジェクトである。当初は，出版社のマクミラン社と英国学士院の資金援助を受けたランカスター大学の Geoffrey Leech を中心に作業が進められていたが，その後，ノルウェー政府の資金援助を受けた Stig Johansson に引き継がれ，1978 年に完成・公開された。

　LOB Corpus は，Brown Corpus のジャンル区分を踏襲している。ただし，より整合的な区分となるよう，一般・実用分野（F）のサンプルの一部を技術・趣味分野（E）および伝記分野（G）に移動させている。また，英国の新聞事情を踏まえ，新聞サンプルは，日刊，週刊，日曜刊の区別に加え，全国紙と地方紙を区別してそれぞれからバランスよく選んでいる。

■FLOB Corpus と FROWN Corpus

　FLOB Corpus および FROWN Corpus の正式名称は，The Freiburg-LOB Corpus of British English および The Freiburg-BROWN Corpus of American English である。前者は 1991 年刊行の英国の出版物を，後者は 1992 年刊行の米国の出版物を収録したものである。

　FLOB および FROWN の構築は，もともと，LOB を手本として最近の英国の新聞を手作業で機械に打ち込むという「一見すると，ほとんど時代錯誤に思える」ドイツのフライブルク大学の学生の研究から始まった（Hundt et al., 1998, "Aim"）。学生の研究は同大学の Christian Mair によってプロジェクトとして組織化され，約 8 年間にわたる作業を経て，1998 年に FLOB が，1999 年に FROWN が公開された。

　プロジェクトの狙いを Mair は 3 点にまとめている（Mair, 1997, p.196）。

1. 現代英語における言語変化に関し，従来ある仮説の妥当性を検証すること。
2. とくに閉鎖類項目（筆者注：前置詞，接続詞など）の語彙頻度を体系的に比較することで，先行研究が着目していない変化の実相を見つけ

出すこと。
3. 現在進行中の言語変化の研究において，研究手法上の主だった問題の1つは，共時的な地理上の言語変化（ここではイギリス英語と米語の差異）および文体的変化が純粋な通時的な言語変化と相互に依存している点にあるが，この問題を体系的に扱うこと。

BrownとLOBは「共時的な地理上の言語変化」の観察を可能にしたが，FROWNとFLOBが加わることによってさらに「通時的な言語変化」の観察が可能になった。そして，4種類のコーパスを相互比較することで，はじめて，地域と時間という2つの軸にまたがる言語変化のダイナミズムを特定できるようになったのである。フライブルグ大学の学生たちの着想は結果的にコーパス言語学の可能性を大きく広げることになった。

FLOB Corpus および FROWN Corpus においても，Brown Corpus のサンプリング基準が踏襲されている。ただし，レプリカ・コーパスとして，標本抽出の原則と先行コーパスとの対照性の原則が衝突する場合には後者が優先されている。たとえば，雑誌タイトルの選定にあたっては，乱数表を用いて一から無作為に抽出する代わりに，可能な限り，Brown Corpus および LOB Corpus で使用されたタイトルを再利用している。

こうして，FROWN Corpus と FLOB Corpus は，それぞれ単独で使用できると同時に，先行コーパスの対照資料としても使用できるユニークなコーパスとなった。両者は単独で考えれば同時代を切り取る共時的コーパス（synchronic corpus）であるが，Brown Corpus および LOB Corpus と比較することで，言語を歴史的に見る通時的コーパス（diachronic corpus）にもなるのである（Meyer, 2002, p.21）。

■**Brown Corpus ファミリーでわかること**
ここでは，4コーパスを使った研究の可能性を示すために，1つだけ簡単な研究実例をあげておきたい。英語の英米差についてはさまざまな点が指摘されているが，広く知られた違いとして，イギリス英語の -re という名詞語尾が米語では -er になるというものがある。そこで，theatre／theater を例に取り上げて，4コーパスでの頻度（複数形含む）を調べてみよう（図4）。

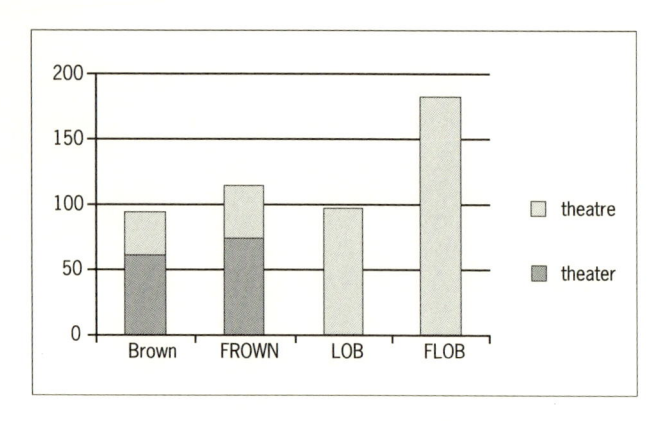

図4 theater/theatre 頻度

　一般にはイギリス英語＝theatre，米語＝theater という単純な図式で理解されているが，コーパスを見ると，言語の実態は必ずしもそうではないことに気付く。確かにイギリス英語ではほぼ全てが -re 型となっているが（-er 型は4例のみ），米語では両者は併存している。しかも，1961年から1992年にかけて30年が経過しているにもかかわらず，米語全体に対する theatre の比率はほとんど変化していない（34.4%→34.5%）。実際，米国では，映画館には theater，劇場には theatre という使い分けが今でも好まれるという報告もある。20世紀後半以降，多くの面で米語が英語の標準となりつつあるが，少なくとも theater／theatre に限って言うと，-re 綴字は予想以上に頑健であることがわかる。
　いかに良いコーパスであっても，単独のコーパスを見ているだけではわかることは限られているが，Brown Corpus ファミリーを「四位一体」で使用することで，言語を固定相ではなく変化相としてとらえ，変化のダイナミズムとメカニズムを研究することが可能になる。なお，本書では，第Ⅳ章・第2節において，Brown Corpus ファミリーのデータを利用している。

■今後の展開：B-LOB の完成
　すでに述べたように，Brown Corpus ファミリーは英米比較のみならず，1961年と1991年（1992年）という時系列比較ができることが最大の特徴

である。ただし，より詳細な現代英語の時系列調査を行うためには，1961年以前の状況も見てみる必要がある。

イギリス英語については，LOB Corpus と同じサンプリング基準を用い，1961年の LOB を起点に30年ずつ過去に遡ってデータを集めるプロジェクトが，ランカスター大学の Leech を中心とするグループによって進められている。このうち，1931年刊行の書籍データを集めた100万語コーパスは2007年中にほぼ完成し，B-LOB という仮称で呼ばれている (Leech, 2007)。また，1901年のイギリス英語コーパスおよび1931年の米語コーパスも作成中とのことである。

表2 Brown Corpus ファミリーの拡大

	1901	1931	1961	1991(1992)
イギリス英語	作成中	B-LOB	LOB	FLOB
米語	検討中	作成中	Brown	FROWN

残念ながら，B-LOB は本稿執筆時点では公開されていないが，時系列変化を3点でとらえられるようになったことで，イギリス英語の言語変化の研究のさらなる精緻化が期待できる。英語の変化という点では30年は十分な長さである (Leech & Smith, 2005, p.87)。4コーパスに B-LOB を加えた検索実例を紹介した Leech (2007) では，(1) upon の減少，(2) n't の増加，(3) 法助動詞の微減，(4) 準助動詞（have to, be going to, need to など）の増加，(5) 's 所有形の増加（前置詞 of の減少と呼応），(6) 名詞＋名詞構造の増加，(7) wh-関係代名詞の減少，(8) that 関係代名詞の（特に米における）急増，(9) suggest＋that＋(should＋)V パタンにおける should の減少などの興味深い具体例が紹介されており，こうした変化の原因として，内容語が機能語化する文法化 (grammaticalization)，口語化 (colloquialization)，米語化 (Americanization)，内容の圧縮化 (densification)，地位の差や区別をなくす民主化 (democratization) という5つの観点が指摘されている。今後，1931年の米語および1901年の英米データが整備されることで，こ

うした傾向がさらに精緻に研究できるようになるであろう。

なお，目下のところ，過去への遡及がコーパス言語学者の主たる関心事であるが，一方で，より新しい英語を見てゆくことも等しく重要である。ウェブの普及で言語変化のスピードはますます速まっており，1991年や1992年のデータだけでは今日の英語の実相をとらえることは難しくなってきている。最新データの収集には著作権処理という難しい問題が伴うが，近い将来，新しい時代の英語についても収集が進み，Brown Corpus ファミリーがいっそう拡充してゆくことが大いに待たれるところである。

■Brown Corpus ファミリーを利用する

4コーパスのうち，Brown Corpus および LOB Corpus を使った検索を手軽に体験したい場合は，香港理工大学が運営するウェブサイト VLC Web Concordancer (http://vlc.polyu.edu.hk) を利用するのが便利であろう。ここでは，Brown, LOB, 英字新聞, 小説, 政府文書, 学生エッセイなど，あらかじめ用意された27種のサブコーパスのうち，いずれか1つを選び，簡単な検索を行うことができる。複数コーパスを網羅的に検索することができないなど，本格的な研究・調査の資料としては十分ではないが，簡単な調査であれば十分に行える。

一方，コーパス・データそのものにアクセスし，言語処理用のコンコーダンス・ソフトウェア（第II章・第2節参照）を使って各種の分析をしようとする場合は，言語テクスト資料の管理団体である ICAME (International Computer Archive of Modern and Medieval English) からコーパス・データそのものを入手する必要がある。Brown Corpus ファミリーは，その他の多様なコーパスと共に，ICAME Corpus Collection, Version 2 (1999) に収録されており，本格的なコーパス研究を志す場合は備えておきたい基本資料である。

第3節　British National Corpus

■大規模コーパスのニーズ

　Brown Corpus ファミリーは，多くの研究者にコーパスの価値を認めさせた。100万語というサイズは，ごく基本的な機能語や基本構文の振る舞いを研究するという目的にとっては十分なものである。たとえば Brown Corpus で前置詞 in を検索すると頻度は 21422 回にのぼり，これだけあれば in のほぼ全ての機能を研究することが可能であろう（逆に言えば，これ以上データがあっても，実際には調べきれない）。

　しかし，少し珍しい単語や表現・構文を調査するとなると，100万語では十分ではない。たとえば play の派生形として，playfulness（陽気さ）や playability（使用可能性）という単語がある。さして難語とも言えないような語であるが，Brown Corpus の 100 万語の中にはこれらは1度も生起しない。仮にこうした語の語法を研究しようと思うと，Brown Corpus は役に立たないことになってしまう。

　こうして，大規模コーパスの必要性への認識が高まることとなった。もっとも，最近のコンピュータの性能の向上や記憶装置の容量増加を考えれば，大量の言語資料を集めること自体はそれほど難しいことではない。しかし，Brown Corpus で試みたような方法を1千万語や1億語の単位で厳密に踏襲しようとすると，その作業量は膨大なものとなる。コンピュータの処理速度がいかに速くなっても，無作為抽出法によって資料を選定し，選定された資料を実際に収集・電子化し，さらには著作権者を一人一人探して許諾を得るという作業はほとんど効率化できないのである。

　となると，コーパスの大型化にはおのずから2つの方向性が出てくる。1つは規模の追求は一定範囲内に抑え，むしろ，コーパスの代表性とバランスを重視する考え方，もう1つは代表性やバランスよりも，絶対的な規模の拡大に重きを置く考え方である。誤解を恐れずに言えば，これらは質重視と量重視という2つのアプローチということになる。

　1990年代に英国において2つの巨大コーパスが整備された。前者の「質

重視」の系譜に属するものが1億語のBritish National Corpusであり，これは英語という言語の標本を目指したサンプル・コーパスである。一方，後者の「量重視」の系譜に属するものが現在6億語を集めてなお収集を継続中のBank of Englishである。これは，英語の言語変化を恒常的に監視するモニター・コーパスと位置付けられる。本節では，まず，BNCの内容について詳しく見てゆくこととしたい。

■BNCの概要

British National Corpus（BNC）は，ランカスター大学とオックスフォード大学が中心となり，辞書出版を手掛けるオックスフォード大学出版局，ロングマン社，チェンバーズ社，それに大英図書館などが協力した共同プロジェクトである。全体の経費の一部は英国政府が供出している。BNCは1991年に構築が開始され，1994年に完成し，1995年2月に公開された。以下，Burnard (2007)に基づき，BNCの概要を見ておく。

BNCは現代のイギリス英語をできるだけ広範囲に代表するという目標のもと，書き言葉と話し言葉を合わせ，4049サンプル，合計1億語（正確には96986707語）を収集した大規模コーパスである。書き言葉と話し言葉の分量比は，サンプル数で78：22，語数で89：11，文数で83：17となっている。

■書き言葉の収集

上記のように，BNCには書き言葉と話し言葉の両方が含まれる。ここではまず，書き言葉の資料収集方法について見ておこう。Brown Corpus以来の標本代表性の考え方に基づき，資料収集は，テクストの領域，媒体，時代という3つの点で厳密に統制されている。

まず，領域に関しては，*British National Bibliography*（英国刊行物年鑑）などを参考に，過去20年間の英国の出版傾向などを踏まえた上で決定した。全体は文芸作品（imaginative）と情報伝達文（informative）に大別されており，両者の分量比はサンプル数で15：85，語数で19：81，文数で27：73となっている。文芸作品の割合は，その文化的価値をふまえ，実際の出版量よりも高めに設定されている。また，情報伝達文は内容によって下

位区分されており，内訳は表1の通りである。

表1　BNCの情報伝達文のジャンル構成

	サンプル数比(%)	語数比(%)
自然科学・純粋科学	5.5	5.5
応用科学	13.9	10.0
社会科学	19.7	19.6
国際問題	18.1	24.1
商業・財務	11.1	10.3
芸術	9.8	9.2
宗教・思想	5.5	4.3
余暇	16.4	17.1

　書籍については，サンプルとして収集したタイトルの半分は内容別カテゴリ比に適合するように選んだもので，残り半分は，統制群として *Whitaker's Books in Print 1992* から無作為抽出したものである。

　次に，媒体については，全体の60%が書籍，30%が新聞・雑誌類であり，残り10%は，印刷済パンフレット類，未公刊文書類（手紙・作文など），講演原稿等から構成されている。一般に，書籍ではより長く硬い文章が多く，新聞・雑誌では短くわかりやすい文章が多いと予想されるが，60：30という構成比で両者を組み合わせることで，過度に硬い文章やくだけた文章だけに偏らないような配慮が行われている。

　最後に，時代についてであるが，BNCは現代イギリス英語を収集するという立場から，情報伝達文は1975年から1993年までのものに限られている。現代に読み継がれている小説については執筆時期が1964年のものも含まれているが，全体では1978年以降のデータが90%を占める。このことから，BNCはおよそ1978年から1993年のイギリス英語を代表する共時的コーパスであると言える。

　書き言葉データの収集にあたっては，単一資料の特徴が過剰に反映されることを防ぐため，サンプル当たりの語数を45000語（標準は40000語）に

制限している。Brown Corpus の上限が 2000 語であったことと比べると，大まかすぎる制限に思えるが，コーパスの総量に占める 1 サンプルの割合で見ると，Brown　Corpus が 0.2%（2000/100 万）であったのに対し，BNC は 0.045%（45000/1 億）となり，個別テクストが全体に及ぼす干渉の可能性がはるかに厳しく抑えられていることがわかる。

■話し言葉の収集

　Brown Corpus と比較した場合の BNC の最大の特徴は話し言葉のテクストが含まれていることである。話し言葉テクストは，分野別発話と日常会話とに大別される。両者の分量比は，サンプル数で 83：17，語数で 59：41，文数で 41：59 である。まず，分野別発話については，内容の多様性を確保できるよう，教育分野（講義，個人指導，教室での討議），産業分野（商品紹介，産業組合の会合，採用面接），公共分野（ニュース番組，牧師説話，議会議事録），余暇分野（スポーツ実況，ラジオ番組への視聴者の電話）などから成っている。収集したデータは，原則として専門スタッフが書き起こした。

　次に，日常会話についてであるが，人々の話す会話を標本として大規模に収集するというのはきわめて革新的な試みであり，模倣すべき枠組みもなかった。そこで，BNC の開発チームは，マーケットリサーチの専門家の協力も得て，イギリスの 38 の地域から，4 種類の社会階層に属する 124 名のボランティアを選定した。男女比，年齢構成，地域はほぼ均等になっている。124 名は，全員が携帯用録音機を持ち歩き，2～7 日分の自分の会話を全て録音した。一つの会話が終わるたびに，専用メモ（log book）にそれぞれの発話の状況や相手などを詳細に記録し，データ使用の許諾を集めていったのである。これを書き起こすことで，124 人（とその話し相手）の自然な日常会話 700 時間分をまるごと収録したユニークなデータが収集された。

　Biber et al.（1999）をはじめとする後年の研究が示すように，話し言葉と書き言葉は語彙，文体，文法などの点で大きな違いがある。しかし，従来のコーパスはともすれば集めやすい書き言葉データに偏り，話し言葉を厳密な計画で収集しようとする取り組みはほとんどなかった。BNC はこの問題に初めて本格的に取り組んだコーパスである。

もちろん，Brown Corpus の代表性に対する批判と同様，BNC の話し言葉収集法にも批判の余地がなくはない。たとえば，そもそも書き言葉と話し言葉のデータ量をサンプル数で 8 : 2，語数で 9 : 1 に固定した理論的根拠ははっきりしないし，124 名というボランティアの数はこうした調査で必要となる人数に比べるとはるかに少ない。BNC の話し言葉収集には，確かに，理想と現実的制約のはざまで見出された妥協という側面もあるが（Aston & Burnard, 1998, p.32），それでも 1000 万語という話し言葉のデータが一定の合理的な基準に基づいて集められたことの意味は非常に大きい。BNC は，それ以前にはほとんど手を付けられていなかった話し言葉という素材をコーパス研究の中に組み込んでゆくきっかけを作ったのである。

■タグ付けと情報の埋め込み

　コーパスの基礎となる二大理念のうち，機械可読性の向上においても BNC は顕著な進歩を遂げている。中でも，収録語の全てに品詞情報が付与されたことは特筆に値する。
　では，品詞タグが付けられていることで，具体的にどのようなメリットがあるのだろうか。たとえば，fine には，形容詞のほかに，意味がまったく異なる名詞（罰金）の用法がある。タグがなければこれらを区別することは不可能だが，タグ付けされていれば，fine の頻度のうち，形容詞の頻度と名詞の頻度を区別して計量することや，fine の名詞用法だけをまとめて取り出すことも可能になる。タグはまた，構文検索にも威力を発揮する。find O+C（O が C であるのがわかる）という構文について調べようとする場合，目的語や補語にはバラエティがあり過ぎて，構文自体を捉えることは非常に難しいが，タグ付きコーパスであれば，find＋（代）名詞＋形容詞などと検索式を入力することで，該当用例を網羅的に検索することが可能になる。
　もっとも，いかに品詞タグが重要であるとしても，1 億語に対して手作業で品詞情報を付与してゆくことはほとんど不可能である。そこで BNC は，ランカスター大学が開発した Constituent Likelihood Automatic Word-tagging System（CLAWS4）という自動タグ付けシステムを利用している。システムによって，英文の前後関係がコンピュータによって判断され，自動的に全ての単語に品詞情報が付与される。分析の精度は非常に高く，主要分

類に関するエラー率は 1.15%，未決率（すなわち，ある語の品詞をある程度までは絞り込んだものの，1つに決定できない率）は 3.75% に留まっている。

CLAWS で使用する品詞タグには，分類の細かさによっていくつかのタイプがある。

表2　CLAWS のタグセット

主要タグセット	タグ数	備考
CLAWS1	132	Brown Corpus 使用タグに原則準拠。
CLAWS2	166	1986 年に完成。CLAWS1 を精緻化。
C5	61	BNC 用に開発した必要最低限のタグセット。
C6	約 160	BNC のサンプル版 BNC Sampler に使用した詳細版。
C7	約 160	C6 の句読点タグを変更。
C8	約 160	C6 の決定詞・代名詞・助動詞タグを精緻化。

BNC では，大量のデータをタグ付けする必要性から，最もシンプルな C5 というタグセットが利用されているが，それでも品詞は 57 種，パンクチュエーションは 4 種類に分類されており，学校文法における品詞区分よりははるかに細かい。

ここで，BNC におけるタグ付けの様子を具体的に見るために，CLAWS の無償デモ版 (http://ucrel.lancs.ac.uk/claws/trial.html) を使い，He is a college student. という英文にタグ付け（C5）を行ってみよう。

　　He_PNP is_VBZ a_AT0 college_NN1 student_NN1 ._.

上記において，アンダーバー（_）の後に付けられた大文字のコードがタグである。この場合，He は人称代名詞（personal pronoun：PNP），is は is/'s 型の be 動詞（verb be：VBZ），a は冠詞（article：AT），college と student は一般名詞単数形（noun：NN）である。また，文尾のピリオドの直後にも句点を示す「.」というタグが付いている。1 億語全てに対してこ

うした情報が付与されているので，たとえば冠詞＋名詞の組み合わせを取り出したり，be 動詞の頻度だけを数えたりすることも容易にできる。

　BNC はまた，国際的なデジタル・テクスト記録方式である Text Encoding Initiative（TEI）に準拠する Corpus Document Interchange Format（CDIF）というフォーマットを採用することによって，品詞情報以外にも，テクストの出典情報や発話者情報，書き言葉における段落・セクション・見出し情報や，話し言葉における発話順・ポーズ・抑揚情報など，多様な付加的情報をテクストに埋め込んでいる。品詞タグ付けと並んで，こうしたテクストへの情報埋め込み（markup）により，機械可読形式の持つ可能性が最大限に引き出されている。

　なお，今日ではタグ付けやマークアップは，コーパスの価値を引き出す不可欠の情報と認識されているが，こうしたメタ情報の付与に対して否定的な立場を取る研究者もいる。たとえば Sinclair（1991）は，いわゆる未加工テクスト原則（clean-text policy）を主張し，メタ情報がないほうが，研究者は独自の視点で言語データを見ることができると指摘している（p.21）。

■BNC の 3 つの版

　BNC は 1994 年に完成し，1995 年にはヨーロッパ圏内の研究者を対象に公開された。これを BNC 第 1 版（1995）と呼ぶ。BNC の第 1 版は幅広い言語研究者の関心を呼んだが，著作権の制約からヨーロッパ圏外にデータを公開できなかった。そのため，一部のデータを差し替えたり，間引いたりして，2001 年に第 2 版となる World Edition が公開された。現在，日本からウェブ・インタフェースを介在してアクセスできる BNC はこの第 2 版である。

　第 2 版が出た 2001 年以降，コンピュータの世界では，データ記述の形式が，それまでの Standard Generalized Markup Language（SGML）から，より拡張性・柔軟性の高い eXtensible Markup Language（XML）に急速に移行した。こうした動きに対応し，かつ，機械可読性をより向上させる目的で，2007 年には BNC 第 3 版となる BNC XML Edition がリリースされた。第 3 版のリリースにあたっては，第 2 版までで確認されている細かい誤りが修正されたほか，簡略版品詞情報，語の基本形を示すレマ情報（第 III

章・第1節参照），イディオム的なつながりを1つとみなす複数語連結単位（multi-word unit）タグが改良・追加されている。

■**BNC でわかること**

　ここでは，BNC ならではの調査として，（1）低頻度語調査，（2）品詞別調査，（3）書き言葉／話し言葉調査という3種類の研究実例を紹介したい。

　まず，1つ目の低頻度語調査として，playability の語義を考える。通常の辞書には playability は見出し語として掲載されておらず，語義のニュアンスははっきりしないが，BNC を検索すると38の用例を得ることができる。これらを目視で確認すると，次のような用例が典型例であるとわかる。

It features a highly aerodynamic wide-body graphite frame for easy manoeuvrability...and so improve playability and ball control. (*Tennis World*)
The difficulty level is pitched on the right side of frustration, adding a great deal of playability, but the cassette multiload is a pain in the bum. (*Zzap64!*)
The nut is still miles too high, and the strings choke off badly...but it's within the realms of playability. (*Guitarist*)

　1例目はテニスラケット，2例目はテレビゲーム，3例目はギターに関する文章である。これらの例文を根拠に考えると，playability は単なる「使用可能性」と言うよりも，専門的な器具や道具の「操作性」を主として意味するようである。こうした低頻度語の語義調査は BNC の1億語というサイズがあって初めて可能になったことである。

　2つ目として，fine と minute の品詞別頻度を比較してみたい（表3参照）。fine の名詞用法と minute の形容詞用法はいずれも特殊な用法であるが，それぞれどの程度出現しているのであろうか。

　fine の名詞用法は，fine 全体の3.7%程度である。一方，minute の形容詞用法は minute 全体の8.6%に相当する。つまり，それぞれ基本語の副次的用法と言える fine の名詞用法と minute の形容詞用法については，後者のほ

表3　fine/minute の品詞別頻度

	名詞	形容詞
fine	472	12392
minute	7840	739

うがより一般的だということになる。こうした検索が容易に行えるのは，BNC に品詞タグが付与されているからである。

　3つ目は書き言葉と話し言葉の比較である。例として婉曲助動詞である would と might の頻度を比較してみよう。これらの助動詞はいずれでより多く使用されるのであろうか。100万語あたりの（per million word：PMW）頻度を算出したところ，結果は表4のようになった。

表4　would/might の頻度（100万語あたり）

	書き言葉	話し言葉
would	2128	2892
might	513	715

いずれの語も，話し言葉のほうで多く使用されるようである。また，書き言葉と話し言葉における頻度比率は，would が 1：1.36，might が 1：1.39 となってほぼ一定である。こうした調査も，書き言葉と話し言葉の両方をデータに含む BNC でなければできない検索である。

　以上で見てきたように，BNC は Brown Corpus 以来の代表性と機械可読形式というコーパスの基礎理念をいっそう深化させることで，従来は実施が困難であった多くの新しい言語研究を可能にしたのである。

■**BNC を利用する**
　現代の英語研究にとってもはや不可欠な基礎資料となりつつある BNC で

あるが，手元において自由に検索を行いたい場合は，BNC のウェブサイト (http://www.natcorp.ox.ac.uk/) より最新の BNC XML Edition を DVD の形態で入手することができる。

あるいは，ウェブを通して BNC を検索する方法もある。国内であれば，小学館コーパスネットワーク (http://www.corpora.jp/~scn/) という有償サービスが利用できる。これは，独自に開発された検索インタフェースを使用しており，通常では難しい品詞タグの指定や，サブコーパスを区分した検索などが簡単に行えるように工夫されている。

米国のブリガムヤング大学の Mark Davies 教授が開発・運営する BYU-BNC (http://corpus.byu.edu/bnc/) という無償の検索インタフェースを利用することもできる。ここで，その基本的な検索方法を概略しておこう。BYU-BNC の画面は左右に分かれており，左側が検索語入力パネルとなっている。中央に図１のような検索語入力欄があるので，WORD(S) のボックスに調べたい単語を入力して SEARCH を押すと，右側の結果表示画面の上部に当該語と頻度が現れる（図２）。当該語をクリックすることで，下部画面に当該語を含む用例が表示される。１列目は行番号，２列目は出典を表すコード，３列目が実際の用例である。２列目の出典コードを押せば，詳細な出典情報とより詳しい前後の文脈を読むことができる。

また，左側上部の DISPLAY 設定画面において CHART を選ぶと，５種類のテキスト・ジャンル別の頻度が表示され，COMPARE を選ぶと，２語の頻度および特徴度の高いそれぞれの共起語を一覧して比較することができる。

なお，Davies 教授が運営する CORPUS. BYU. EDU (http://corpus.byu.edu) では，BNC に加えて，BYU Corpus of American English (1990 年以降，毎年 2000 万語のデータを収集し，2008 年 2 月現在，総語数は 3 億 6000 万語) と Time Magazine Corpus (1923 年から現在に至る *Time* 誌の記事を収集。現在 1 億語) などが公開されている。これらのコーパスは同一の検索インタフェースで利用可能である。

こうしたウェブ上の各種の BNC インタフェースを用いて身近な語や表現を自分で調べてみることで，BNC に対する理解は一層深まることであろう。本書では，第Ⅳ章・第 2 節の研究実例において BNC のデータを分析に利用

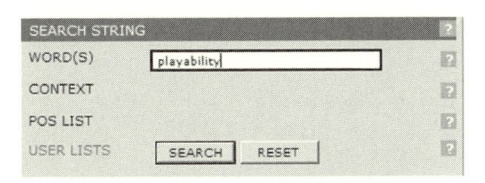

図1　BYU-BNCの検索語設定画面

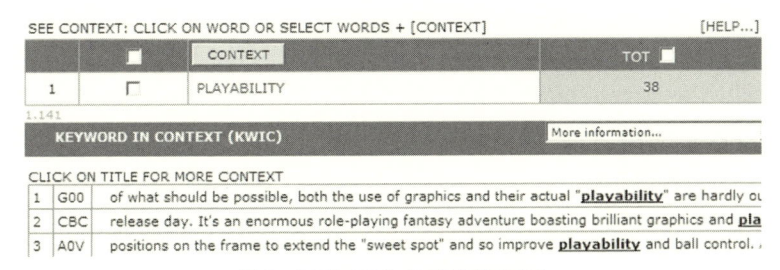

図2　BYU-BNCの結果表示画面

している。

第4節　Bank of English

■BNCの限界

　BNCは高い学術的信頼性を持ったコーパスであるが，その性質上，米語をはじめとする英語変種，1994年以降の英語，それに，ごく低頻度の言語現象については調べることができない。これは，とくに現代英語の調査を行う上で大きなネックになりうる。こうした問題点を解決してゆくためには，BNC以上に大型のコーパスが不可欠である。Kilgarriff & Grefenstette (2003) も強調するように，低頻度の語や表現を研究しようとする場合，1億語は決して十分な大きさではないのである。

　現時点において，BNCの3つの限界を克服したコーパス，すなわち，米語をはじめとする英語の変種を含み，1994年以降の最新のデータを含み，

かつ低頻度項目の生起も観察しうる圧倒的なデータサイズを持ったコーパスに最も近いのが，以下で見てゆく Bank of English である。Bank of English は，標本代表性よりもまずは規模の拡充を目指し，それによって現実の言語変化をリアルタイムで監視しようとするモニター・コーパスの代表格である。

■Bank of English の概要

BNC の構築に 3 つの辞書出版社が関わっていたことにもうかがえるように，コーパスは辞書編纂と深い関係を持つ。英国には，外国語としての英語 (English as a Foreign Language：EFL) を学ぶ学習者を対象にした教育用辞書の長い歴史があるが，多くの辞書出版社の中で初めてコーパスを使った辞書開発計画を立てたのがコリンズ社である。1987 年に出版された *Collins COBUILD English Language Dictionary* は世界初のコーパス準拠辞書とされる。

この辞書の開発のために作られたのが COBUILD Corpus（別称 Birmingham Corpus）である。COBUILD とは Collins Birmingham University International Language Database の略称で，コリンズ社とバーミンガム大学のまさに協働作業 (co-build) によって作成されたものである。バーミンガム大学の側の責任者を務めたのがコーパス言語学の父とされる John Sinclair である。

COBUILD プロジェクトの発端は 1980 年にまで遡る。プロジェクトの当初の段階では，いわゆるメイン・コーパスと補完用のリザーブ・コーパスの 2 種類が開発されていた。前者は約 730 万語，後者は約 1300 万語のサイズである。このうち，メイン・コーパスは，Brown Corpus や BNC のように英語を代表する標本を目指したもので，とくに学習者や教師，研究者に資するよう意図されている (Renouf, 1987, p.3)。メイン・コーパスではジャンル間のバランスに配慮が払われ，全体の 25%が話し言葉で 75%が書き言葉，また，全体の 70%がイギリス英語，20%が米語，残りの 10%がオーストラリア英語となっている。一方，リザーブ・コーパスについては，厳密な意味での代表性は問題にされず，さまざまな話題のフィクションやノンフィクション資料を継続的に収集することが行われた。

1987年の辞書の完成からしばらくたった1990年，Sinclairはこれまでに構築されたCOBUILD Corpusを発展させ，Bank of Englishと呼ばれる2億語程度のデータベースを構築する計画を発表した。実際にBank of Englishプロジェクトが始動したのは1991年であり，これはBNCプロジェクトの開始年と同じである。辞書の改訂のたびに新語や新用法を収録してゆくためには，コーパスは拡張してゆく必要がある。こうして，COBUILD Corpusのリザーブ・コーパスの特色を強く引き継ぐ形で，Bank of Englishは，「静的・固定的ではなく，不断に更新されることで，英語に新語や新しい語義が常に加わっているという事実を反映する大規模コーパス」(Meyer, 2002, p.15) として位置付けられることとなったのである。

　Bank of Englishはその後も，古くなったデータが削除される一方，主として新聞データなどが継続的に補充され，1994年に2億語，1997年に3億語，2001年に4億語，2004年に5億語，2008年に6億語を突破し，現在も拡張を続けている。最近では，コリンズ社はBank of English以外にも，フランス語版（La banque de français moderne）やスペイン語版（El Banco de Español）のコーパスを開発しており，コリンズ社はそれらを総称してCollins Word Web（総語数25億語）と呼んでいる。

　では，現在のBank of Englishの中身はどのようになっているのであろうか。英語の変種については，イギリス英語を中心としつつ，米語，オーストラリア英語，カナダ英語などが含まれている。また，書き言葉と話し言葉の両方が収録されており，書き言葉は，教科書，小説，ノンフィクション，新聞，入門書，雑誌，ウェブサイト，パンフレット，報告書などから取られている。Bank of Englishはとくに外国語教育という視点を重視しており，各種の英語教材や非英語圏の各国で読まれている英語文献などが多く収集されている。話し言葉については，主としてテレビ，ラジオ，会議，面接，議論，会話などからデータが取られている。

　また，機械可読性という点については，コーパス中の2億語に品詞および構文情報のタグが付与されている。これは，ヘルシンキ大学で開発された構文解析（parsing）システムを利用したもので，システムは，英文形態解析器（English morphological analyser：ENGTWOL）および英文制約文法解析器（English constraint grammar parser：ENGCG）からなる。前

処理，語彙分析，処理用辞書調整，形態解析，統語解析といった処理モジュールを自動で実行することにより，文の構造的曖昧性（可能な読み方の幅）が段階的に解消され，最終的に正しい唯一の構造解釈が導かれる。システムの精度は高く，たとえば，挿入句を含んだ The situation at Stanford, to be examined in more detail later, is hardly unique. というような複雑な形態の文であっても正しく構造を解析できる (Järvinen, 1994)。ENGCG の無償デモ版 (http://www2.lingsoft.fi/cgi-bin/engcg) による処理結果は下記の通りである。

```
"<*the>"   "the" <*> <Def> DET CENTRAL ART SG/PL @DN>
"<situation>"  "situation" N NOM SG @SUBJ
"<at>"  "at" PREP @<NOM
"<*stanford>"  "stanford" <*> <Proper> N NOM SG @<P
"<$\,>"
"<to>"  "to" INFMARK> @INFMARK>
"<be>"  "be" <SV> <SVC/N> <SVC/A> V INF @-FAUXV
"<examined>"  "examine" <SVO> <P/in> <P/on> PCP2 @-FMAINV
"<in>"  "in" PREP @ADVL
"<more>"  "much" <Quant> DET POST CMP SG @QN>
"<detail>"  "detail" N NOM SG @<P
"<later>"  "late" ADV CMP @ADVL
"<$\,>"
"<is>"  "be" <SV> <SVC/A> V PRES SG3 VFIN @+FMAINV
"<hardly>"  "hardly" ADV @AD-A>
"<unique>"  "unique" A ABS @PCOMPL-S
"<$.>"
```

to be examined の部分に注目すると，to は不定詞標識 (INFMARK : infinitive marker) として，be は，自動詞（SV）・名詞を補語に取る連結詞（SVC/N）・形容詞を補語に取る連結詞（SVC/A）・動詞（V）・不定詞（INF）・非定形述部補助詞（@-FAUXV : nonfinite auxiliary predicator）として，examined は他動詞（SVO）で in＋名詞または on＋名詞を伴う動詞（P/in, P/on）である examine の ed 形（PCP2）で非定形

述語基幹詞（@-FMAINV：nonfinite main predicator）としてそれぞれ解析されている。

Bank of English は以上のようなユニークな特徴を持つ世界最大級の大規模コーパスであるが，収集したテクストの著作権処理の問題もあり，現在のところ，バーミンガム大学関係者や特別の契約者を除き，データの総体へのアクセスはできなくなっている。代わりに，Bank of English の一部である5600万語のデータが Wordbanks*Online*（旧称 COBUILD Direct）という名称で公開されている。

■研究資料としての信頼性

Brown Corpus や BNC の場合，どのようなテクストをどの程度取り入れるかという問題から始まって，コーパスの設計，データの収集，データのタグ付けなど，コーパス構築に関わる全てのプロセスが広く公開されており，それがコーパスの学術的価値を高めている。

一方，Bank of English は，基本的にはコリンズ社が辞書製作用に構築した社内コーパスであるため，情報公開には総じて消極的である。たとえば，総語数という基本的情報についても，近刊の *Collins COBUILD Advanced Dictionary of American English, English/Japanese*（2008）の序文では6億5000万語とされているが（p.xii），現時点においてそれが何語になっているのかは不明である。また，ジャンルのバランスが現時点においてどのようになっているかも明らかにされない。

このため，言語研究の基礎資料としての Bank of English の信頼性は BNC に比べて限定的であり，地域変種などの比較の目的に使用するのは不適切である（Hunston, 2002, p.29）。Bank of English では，各新聞社から1カ月に250万語の電子データが追加されているが，日々拡大を続けるモニター・コーパスであるということは，昨日と今日とで検索するデータの母集団が異なるということであり，学術研究の基本となる再現可能性（reproducibility）を求めることは難しい（Kennedy, 1998, p.47）。

■Wordbanks*Online* の概要

すでに述べたように，6億語を超える Bank of English 本体へのアクセス

は制限されているので，われわれが Bank of English を使おうとすると，5600万語の WordbanksOnline を利用することになる。

WordbanksOnline には，英語だけでなく米語やオーストラリア英語が含まれており，BNC にはない1994年以降のデータもある程度入っている。また，基本的にはデータが閉じられているため，結果の再現性も確保されている。Bank of English の最大の強みであるはずのデータ量が圧縮されている点は残念であるが，WordbanksOnline は現代英語における英語変種間の比較の目的に限れば非常に有用なコーパスの1つであると言える。

WordbanksOnline は表1の12種類のサブコーパスから構成されている。これらのサブコーパスを組み合わせることによって，単なる英米比較だけでなく，書き言葉や話し言葉の比較，あるいは，イギリス英語とオーストラリア英語（OZ）の比較なども可能となる。

■WordbanksOnline でわかること

WordbanksOnline を使った検索実例として，3種類の強意副詞の頻度調

表1 WordbanksOnline のサブコーパス

国別	S／W 別	内容
UK	SP	BBC World Service radio broadcasts
US	SP	US National Public Radio broadcasts
OZ	WR	Australian newspapers
UK	WR	UK Sun newspaper
UK	WR	UK Times newspaper
UK	WR	UK Today newspaper
UK	WR	UK books; fiction & non-fiction
UK	WR	UK ephemera (leaflets, adverts, etc)
UK	WR	UK magazines
UK	SP	UK transcribed informal speech
US	WR	US books; fiction & non-fiction
US	WR	US ephemera (leaflets, adverts, etc)

査例を紹介しておきたい。下記は12種類のサブコーパスのうち，イギリス英語（8種）と米語（3種）を比較し，100万語あたりの（PMW）頻度を求めた結果である。

表2　強意副詞の英米頻度比較

	イギリス英語	米語
absolutely	103	79
completely	85	102
definitely	61	28
小計	249	209

興味深いことに，イギリス英語では absolutely＞completely＞definitely である一方，米語では completely＞absolutely＞definitely となって順位が異なる。また，3種類の副詞の頻度合計を見ると，イギリス英語のほうがこうした表現を多用するようである。

　Wordbanks*Online* はデータ量の点で BNC に劣るが，書き言葉と話し言葉の両方に対して英米比較を行えるのは，事実上 Wordbanks*Online* だけであり，この点に Wordbanks*Online* の顕著な価値があると言える。

■Wordbanks*Online* を利用する

　Wordbanks*Online* の概要を知るには，コリンズ社の検索デモ（http://www.collins.co.uk/corpus/CorpusSearch.aspx）を利用するのが簡単である。イギリス英語書き言葉（3600万語），米語書き言葉（1000万語），イギリス英語話し言葉（1000万語）の3種類のサブコーパスを選択して英米間の頻度比較を行うことができるが，結果は40例までしか表示されない。

　Wordbanks*Online* をより本格的に使用するためには，BNC の項で紹介した小学館コーパスネットワークを介してアクセスするのが便利である。BNC と共通の検索インタフェースが採用されていて初心者にも使いやすい。本書では，第Ⅳ章・第2節他で Wordbanks*Online* のデータを利用している。

■大規模コーパスの行方

　Brown Corpus や BNC では，無作為抽出により幅広く書籍や雑誌を入手し，タイピングや光学スキャニングで入力してゆくのがデータ収集の基本であった。しかし，著作権の関係もあって，こうした方法で大規模コーパスを構築することはますます難しくなっている。たとえば，BNC と比較可能な米語の大型データベースを作るという American National Corpus （ANC）のプロジェクトは 1999 年に開始され，Second Release として 2200 万語分（書き言葉 1800 万語，話し言葉 400 万語）を先行公開したが，その後の進捗は停滞している（投野，2007a）。

　こうした状況をふまえ，Bank of English を含む Collins Word Web は，契約した新聞社から定期的に送付される記事データ（1 か月あたり 3500 万語）やウェブ上の資料に依存するようになってきている。コリンズ社が強調するように，言語変化の先頭に立ち続け，言語の姿を可能な限り鋭く忠実に描き出そうとする以上，ウェブの利用は避けられない。しかし，ウェブへの依存が高まるにつれ，資料バランスや標本代表性はどうしても二義的にされがちである。

　ANC の停滞や Bank of English の変質が示唆するように，今後の大規模コーパスの行方ははっきりしない。最近の方向の一つは，ウェブをコーパスと見立てることである。たとえば，WaCky というプロジェクトでは，BNC の頻度リストから無作為抽出された内容語を組み合わせて Google 検索を行い，表示されたサイトを巡回（crawling）して言語データを収集するという方法によって，一定の内容的バランスを確保した 20 億語のイギリス英語のコーパス（ukWaC）を構築している（Ferraresi, 2007）。また，2005 年からは WaC（Web as Corpus）と呼ばれる国際ワークショップも開催され，既存コーパスとは比べものにならない新しさと話題性を提供しうる自己更新型言語資料（Fletcher, 2004）としてのウェブに対する関心は次第に高まりつつある。Renouf（2007）は，ウェブを，BNC や Bank of English などの超大型コーパス（super corpus）に続くサイバー・コーパス（cyber corpus）と呼んでいる（p.42）。

　もちろん，ウェブ上の言語データは何らかの言語変種を代表しているわけではないし，話し言葉がほとんど含まれておらず，元テキストから改変され

たものが多いといった問題点がある（Teubert & Čermáková, 2007, pp.76-77）。また，ウェブ，教育，公共サービスなどの話題に偏る傾向があることが知られている（Ferraresi, et al. 2008, p.59）。しかし，最近では，ファイルタイプやドメインタイプを制限した検索や，学術論文や新聞に限った検索などもサポートされるようになって，信頼性はある程度向上している（Bergh, 2005, pp.42-43）。筆者は，簡易な検証の試みとして，7種類の副詞の頻度をBNCとウェブで比較したが，両者は高い相関を示した（石川, 2008）。

　Googleは2006年に英語の単語連鎖情報を公開したが，その際に解析に利用したデータ量は1兆249億語であった。コーパスが規模の拡大だけを追うのであればウェブを超えることは不可能であり，これからの大規模コーパスは質と量の微妙な均衡を取ってゆく必要がある。

　Bank of Englishは，世界最大級のコーパスとして，また，定評あるCobuild辞書シリーズの基盤データとして，今後もゆるぎない研究上の価値を持ち続けると思われるが，大規模コーパス全体のこれからの展開については見通しが容易ではない。

第Ⅱ章　コーパス研究の技術

　第Ⅰ章では，既存の各種コーパスの概要を紹介した。第Ⅱ章では，手元のデータを使ってコーパスを作成する方法，および，自作コーパスを用いて具体的な研究を行う上での基礎的な技術について概観する。本章は以下の3節から構成される。

　　第1節　コーパス研究の準備
　　第2節　コーパス研究の流れ
　　第3節　コーパス研究の視座

　第1節では，コーパス研究の前提となる言語データの収集方法について概観する。ここでは，入手しやすいデータとして，新聞，文学作品，映画スクリプトを取り上げ，一定の標本バランスを考慮したコーパスの作成方法について述べる。
　第2節では，コーパス・データを分析する際に必要となる言語処理用コンピュータ・ソフトウェア（コンコーダンサ）について紹介したあと，コーパス研究の基礎となるコンコーダンス分析，共起語頻度分析，単語連鎖分析，単語頻度分析，特徴語分析という5種類の分析技術の概要を具体的に解説する。
　第3節では，はじめに，研究における言語データの位置付けに関してコーパス準拠型研究とコーパス駆動型研究があることを紹介する。次に，数量データの扱いに関して質的研究と量的研究の違いを説明する。こうした主要な研究の視座を理解しておくことによって，幅広い視点からの言語分析が可能になる。
　本章の狙いは，データの収集から始めて，手元のデータを使って一通りのコーパス分析を行うまでの手順を段階的に説明し，あわせて関連する分析技

術や方法論を概説することにある．とくに第2節では，コンコーダンサを用いた分析実例を取り扱っているので，同じデータを使って処理を実際に体験してみることで本章の内容がよりよく理解されるであろう．

第1節　コーパス研究の準備

■既存コーパスから手元のデータへ

　第Ⅰ章で紹介した各種のコーパスは，学術的な方針と理念に基づいて構築されたもので，言語資料としての信頼性や代表性が高いものである．しかし，British National Corpus（BNC）のようにオンラインで無償利用できるものが存在するとはいえ，本格的なコーパスへのアクセスは必ずしも容易ではない．また，研究上の必要から，既存コーパスに加えて，手元のデータをコーパスとして分析したい場合も多いことであろう．本章では，手元のデータを用いたコーパス研究を前提として，その流れを具体的に概観してゆく．

　コーパスを構築するためには，まず，言語データを集めることになる．ここでは，個人研究のレベルでも比較的収集しやすい言語資料として，新聞，文学作品，映画スクリプトを取り上げ，簡易なコーパス構築の方法を考えてゆきたい．

■新聞コーパスを作成する

　一般性の高い英語の言語資料を集めようとする場合，最も簡便なのは新聞社のウェブサイトに掲載されている英字新聞の記事データを利用することである．新聞の英語は信頼性が高く，言語教育にも広く利用されている（Scott & Tribble, 2006, p.161）．ただし，手近なサイトから闇雲にデータを集めるだけでは，言語調査用資料としては使いにくい．英字新聞のコーパス構築にあたって最低限考慮すべきことは，（1）地域，（2）読者層，（3）種類，（4）記事内容，（5）時期の5点である．

　まず，1点目については，英語の地域変種への目配りが求められる．少なくとも，現代英語を構成する2大地域変種であるイギリス英語と米語については，両方をバランスよく収集しておく必要があるだろう．既存コーパス

の多くはイギリス英語を優先してきたが，現代の英語コミュニケーションにおける米語の位置を考えれば，米語を無視することは現実的ではない。

　英米データのバランス比についてはさまざまな考え方がある。Bank of English のデータの一部を公開している Wordbanks*Online* では，イギリス英語と米語のデータ量はそれぞれ 38976620 語と 9482666 語となっており，約 4：1 でイギリス英語が優先されている。しかし，この比率は絶対的なものではなく，研究者の判断によってさまざまに変化しうる。たとえば，英米の人口に基づけばおよそ 1：5 という比率になるし，英連邦と米国の人口に基づけば逆に 5.7：1 という比率となる。また，ウェブ上の情報発信量などをふまえると，米語の比率が極端に高くなるかもしれない。あるいはまた，英語を構成する 2 大変種を同等に位置付け，あえて 1：1 で収集するという立場もあろう。英米比のバランスについて唯一の正解というものはなく，最終的には研究者が調査の目的を踏まえて決定することになる。

　次に 2 点目の読者層について考えてみよう。新聞の読者層は幅広く，主として教養ある知識階層が読む高級紙（クオリティー・ペーパー）もあれば，中流階層や労働者階層が好む大衆紙もある。これらは体裁や内容が異なるだけでなく，使われている言語もかなり異質なものである。英国の場合，かつてのような判型差はなくなってきたが，高級紙（broadsheet paper）と大衆紙（tabloid paper）の言語差は今でも大きい。コーパス構築の視点から重要になるのは，読者層のバランス，つまり，高級紙と大衆紙の比率をどのように決めるかという問題である。コーパスを使って英国の高級紙と大衆紙の語彙の比較を行った高見（2003）によれば，発行部数では高級紙と大衆紙の比率は 1：4.4 になるという。しかし，「発行部数は少なくても高級紙の記事に対する信頼は高く，質的な社会的影響力は大きい」(p.75) という観点もありうるため，読者層の比率の決定はやはり研究者の判断にゆだねられる。

　続いて 3 点目の種類であるが，新聞には全国紙・地方紙，一般紙・専門紙などの種類や区分があり，これらをどう収集するかの方針を決定する必要がある。たとえば，全国紙と狭い地域を対象にした新聞をどのようなバランスで組み合わせるか，あるいはまた，*New York Times* や *London Times* のような一般紙・総合紙と *Wall Street Journal* や *Financial Times* のよ

うな影響力の大きい経済紙をどう組み合わせるかなども検討の課題になろう。

4点目は記事の内容である。たとえば *New York Times* のウェブ版では，記事の種類は，国際，国内，地域，ビジネス，技術，スポーツ，科学，健康，論説，芸術，流行，旅行の12領域に分かれている。現実の英語におけるジャンル間のバランスを再現しようと思えば，紙版の新聞を見て，それぞれに割り当てられたページ数を調べたり，ウェブ版で各セクションの記事数を調べたりして，各ジャンルから採取するデータ量の比率を決定することが必要になる。あるいはまた，便宜的な方法として，あえて内容の吟味を行わず，トップページに掲載された記事のみを無作為に収集するという方針もあり得る。

最後に問題になるのは，5点目の時期である。新聞には，それぞれの時期に発生した出来事や事件に関連する語彙が集中的に出現するという特性がある。たとえば米国の大統領選挙年であれば，それに関係した政治・経済関係の語彙があふれ，オリンピック期間であれば，スポーツ関連の語彙の頻度が異常に上昇する。このことから，ある1日のデータを集めただけでは語彙のバランスが歪みを見せる可能性が強い。こうした問題点を軽減するためには，たとえば，数か月にわたって特定曜日の記事を集めたり，過去数年間の特定日の記事だけを集めたりするような工夫が必要になろう。

以上で述べたように，厳密に代表性を重視して新聞コーパスを作ろうと思えば，事前にデータ収集法を細部に至るまで決定しておく必要がある。一方，新聞を通して現代英語の特徴を大まかに概観するという目的で，とりあえず一定サイズのコーパスを作成する場合には，ある程度汎用的な収集基準が利用できる。下記は，データ収集の作業負担の軽減を重視した新聞コーパスの設計案である。

(1) 地域：語数ベースで英国新聞50%，米国新聞50%とする。
(2) 読者層：米国については考慮せず。英国については語数ベースで高級紙50%，大衆紙50%とする。
(3) 種類：一般紙に限り，経済紙などは含めない。
(4) 記事内容：記事内容については判断を行わず，決められたアクセス日にトップページから直接リンクが張られていた記事を全てダウンロ

ードする。
(5) 時期：4週間にわたって，毎週日本時間の月曜日と木曜日の午前にサイトにアクセスし，データを採取する。

　以上の基準で複数の新聞社のサイトからデータを集めていけば，最終的に集まるデータ量が不ぞろいになる可能性があるが，その場合は，収集量が最も少ない新聞の語数に全体を揃えておくことで，特定の新聞が過剰代表されるという問題が回避できる。
　コーパスのデザインさえ決まれば，後のデータ収集は容易である。決められた日時にサイトにアクセスし，決められた記事をダウンロードしてゆけばよい。その際に注意すべきは，画像や文字修飾情報などは省き，ascii ファイル（テキストファイル）の形式で保存しておくことである。また，ウェブサイトのページには，記事本文以外に，広告や各種の関連記事へのリンクなども混在していることが多いが，そのつどこれらを削除しながらデータを収集することでデータの質が高まる。
　一般に，新聞は短期間で大量のデータを集めやすいデータ・ソースであるが，無計画に大量のデータを収集するよりも，標本抽出の枠組を明確にした上で一定量のデータを収集したほうが研究には使いやすい。Kennedy (1998) は，いかに大きなコーパスであっても，得られた結果を研究者が処理しきれなければ意味は薄いとした上で，10万語あれば語の韻律（prosody）の調査が，50万語程度あれば動詞形の形態研究が，50万語から100万語程度あれば統語変化の過程や高頻度語の語彙調査が可能になるとしている（p.68）。

■文学作品コーパスを作成する

　新聞とともに集めやすいデータは文学作品である。著作権の関係もあり，電子データとして公開されている文学作品は時代的に古いものが多いが，現代に読み継がれているという点でそれらは現代に通じているものでもある。文学作品の収集には Project Gutenberg (http://www.gutenberg.org/) を利用するのが便利である。これは，当時イリノイ大学にいた Michael Hart 氏が，大型コンピュータの空き時間を利用して 1971 年に始めた書籍電子化プ

ロジェクトである。当初は Hart 氏自身が米国独立宣言文や聖書などを手作業で入力していたが，やがて大勢のボランティアがテキストの入力や校閲に協力するようになり，現在では，純文学，大衆文学，公共文書などを中心に，25000 種以上，提携プロジェクトを含めると 10 万種以上のテキスト・データがダウンロード可能になっている。

　文学作品コーパスの場合も，特定のデータを過剰に反映することがないよう，バランスのとれたデータ構成が重要である。ここでは (1) テキスト量，(2) 作家，(3) 作品，(4) 時代，(5) 文学性という 5 つの観点に絞って考えてゆきたい。

　まず，1 点目のテキスト量についてであるが，個々の作品から取るデータ量を制限し，サンプルの多様性を確保することが重要である。文学作品の中には数十万語を超える長編も少なくないが，仮にそうした長編を 1 つ採用したとすると，それだけでデータの全体が大きく偏ることになる。1 サンプルの量は，100 万語の Brown Corpus では 2000 語に，1 億語の BNC では 45000 語に制限されていたが，厳しい制限はデータ収集にかかわる作業量の増大に直結するため，一定の妥協も必要になる。仮に 100 万語程度の文学作品コーパスを構築するなら，1 万語程度が上限値の目安になろう。

　2 点目として，作家についてもできるかぎり幅広く集める必要がある。文学のテキストは作家の文体と強く結びつきやすいので，同一作家のサンプルは 1 つに限るべきである。また，作家の選定にあたっては，英米のバランスを考慮することに加え，比較的，無名の作家も加えておくほうが，全体としてのバランスが良くなる。言語研究のためのコーパスは一般的・匿名的であるべきで，特定作家のコーパスであってはいけない。

　3 点目は作品の選び方である。ある作家が長編と短編の両方を書いているような場合には，短編を取るか長編の一部を抜き出すかを決定する必要がある。後者の場合は，冒頭部を抜き出すか，中間部を抜き出すか，結末部を抜き出すかといった判断も必要になる。Brown Corpus はこの作業を乱数表に基づいて行ったわけであるが，簡易にコーパスを構築する場合でも，特定の表現や語彙が出やすい冒頭部や結末部を避けるような配慮は必要であろう。

　4 点目は時代である。既に述べたように，電子データが公開されている文学作品には古いものが多いので，現代英語の研究資料とする場合は，たとえ

ば20世紀以降とか1920年代以降というように，テクストの書かれた時代を限定しておく必要がある。Project Gutenbergで著者別検索を行うと，主要作家については生没年が表示されるので，この情報を使えば，テクストの時代を比較的新しいものだけに限定することができる。一方，より長い時間的スパンで広義の現代英語を広く集めようとする場合は，たとえば，1801年から10年ごとに1つの作品を選び，一定語数をそこから抽出してゆくといった資料収集法も考えられる。

5点目はテクストの文学性を統制することである。コーパス中に極度に特徴的な文学作品のテクストが多く含まれていると，言語的規範よりも文体的効果に引きずられて分析結果が歪む可能性が指摘されている（Tognini-Bonelli, 2004, pp.13-14）。Project Gutenbergには，幅広いテクストが公開されているので，文学者の書いたノンフィクションやエッセイなどを一定の割合で混ぜておくことでデータの全体的バランスが高まると思われる。

コーパス資料としての文学作品の評価についてはさまざまな立場があるが，時代を超えて読み継がれているという点において，文学作品が英語を構築する重要な一部であることは間違いない。極端に実験的な作品でなければ，文学作品であっても十分に一般の言語研究資料として使用することができる。

■映画コーパスを作成する

言語研究においては，書き言葉だけでなく，話し言葉についても一定の配慮をしてゆくことが望まれる。厳密な意味で自然発話を収集しようと思えば，BNCのように，広範な話者の自発的な会話を録音し，書き起こしをする必要があるが，個人研究のレベルでは現実的ではない。

われわれが当面できることは，真の話し言葉に準ずるデータを収集することである。その際，映画のスクリプトは有力なデータ・ソースとなりうる。もちろん，映画のセリフには，自発性が伴わない，偶発的な言い誤りがない，言い淀みなどのコミュニケーション阻害（communication breakdown）がないといった問題があるが，文体的特徴はあくまでも話し言葉のものであり，映画を口語英語の研究資料に使用することは十分可能である（井村，2001, p. 77）。

ウェブ上で映画スクリプトを公開しているサイトもあるが，テクストの信

頼性が未検証であることに加え，著作権法に抵触する恐れも指摘されている（Guadamuz, 2002）。ゆえに，書籍として販売されている台本などをスキャニングしてデータ化することがより確実な方法であろう（なお，データの使用は個人研究の範囲に限定される）。

新聞コーパスや文学作品コーパスの構築に関して述べた注意点は映画コーパスにも共通である。映画作品の選定にあたっては，英米や時代バランスを十分に考慮する必要があるし，特定作品が過剰に全体に影響しないように，1種類のテキスト量に制限を設ける必要がある。

■コーパスを自作することの意味

第Ⅰ章で紹介したように，信頼性の高い大規模コーパスがすでにいくつも存在するわけであるが，にも関わらず，コーパスを自作することにはやはり意味がある。ここでは2つの利点について述べたい。

1点目は，コーパスの自作によって，標本サンプリングにおける代表性への理解が飛躍的に深まるという点である。実際，いざ自分でデータを集めようとすると，考慮しなければならない要因が無限に出てくることに気付くことであろう。たとえば，映画コーパスを作るとして，映画の内容バランスは検討したであろうか。ラブロマンスと刑事ものとSFでは使用される言語が質的に異なる可能性は十分にある。また，ジェンダー・バランスは検討したであろうか。主人公の性別，登場人物の男女の人数比，さらには台本作者の性別もまた言語に影響を及ぼす可能性を持っている。あるいは，登場人物の年齢，社会階層，教養の程度，性格，人間関係などは検討したであろうか。厳密に言えば，これら全てが言語に対する潜在的影響要因となりうる。

もちろん，ある意味で代表性の議論は迷路のようなものであり，既存の大規模コーパスであっても統計学的な意味での標本代表性が完全に達成されているとは言い難い面があるが，だからといって代表性の問題に無自覚でいるわけにはいかない。コーパスを自作する体験は，コーパス構築における代表性の重要性とその実現の困難性を理解する不可欠なステップとなる。

2点目は，たとえ小型の簡易コーパスであっても，自作コーパスを再現性検証の目的で使用できるということである。コーパス研究では，1つのコーパスで得られた結果を一般化することには慎重でなくてはならない。BNC

のように細心の注意を払って構築されたコーパスであっても，得られた結果は一定の言語条件に制約されたものと考えるべきである。

　この場合，BNC で得られた結果の妥当性や普遍性を検証する最も良い方法は，異なるテキストで構成されたコーパスと比較することである。一般に，言語には，テキストやジャンルごとに変化しうる部分と，言語全般にわたって安定的に見られる部分とが存在する。仮に，BNC の結果が自作コーパスでも同様に確認できたとすると，結果の一般性・普遍性は飛躍的に高まる。ゆえに，新聞コーパス，文学作品コーパス，映画コーパスというように，性質の異なる複数の自作コーパスをあらかじめ構築しておくことは，既存コーパスを使った研究の信頼性を高めるためにも必要なのである。

第 2 節　コーパス研究の流れ

■コーパス研究のツール

　コーパス研究の応用範囲は広いが，使われる分析技術そのものは単純で数も限られている。ゆえに，基礎的な分析技術に十分に習熟することがコーパスに自在に切り込んでゆく鍵となろう。本節では，個別語，つまり，テキストのミクロレベルの語彙構造の理解に有用な［1］コンコーダンス分析，［2］共起語頻度分析，［3］単語連鎖分析，および，テキストのマクロレベルの語彙構造の理解に有用な［4］単語頻度分析，［5］特徴語分析という 5つの基礎的分析技術を順に紹介してゆく。

　大規模なコーパスになると，数百万語，場合によっては数億語のデータを扱うことになるが，人手による分析には限度があるため，コンピュータの力を借りて分析を進めるのが普通である。コーパス分析に使われるコンピュータ・ソフトウェアを一般にコンコーダンサ（concordancer）と呼ぶ。コンコーダンサとは，テキストの各所に現れる語の情報を一括して取り出すコンコーダンス（concordance）作業を自動化するソフトウェアのことである。

　コンコーダンスという語そのものは実は新しいものではない。文学研究の世界では，古くからシェイクスピア・コンコーダンスというような本が存在していた。これらは，作家による特定語の使用例を収集した一種の辞書索引

であって，たとえば blood という項目を調べると，有名な『マクベス』のシーンを含め，シェイクスピアが作品中で blood という語を使用した場所や文例が一目でわかるようになっている。かつては手作業で調べあげ，書籍の形でまとめられていたこうした情報をコンピュータによって自動的に抽出するのがコンコーダンサというソフトウェアなのである。

　コンコーダンサにはさまざまな種類があるが，内外の研究者に広く使用されているのは表1のようなものである。

表1　主要コンコーダンサ

コンコーダンサ名	開発者	ウェブサイト
Wordsmith Tools	Mike Scott	http://www.lexically.net/wordsmith/
AntConc	Laurence Anthony	http://www.antlab.sci.waseda.ac.jp/
MonoConc	Michael Barlow	http://www.athel.com/mp.html
Txtana	赤瀬川史郎	http://www.biwa.ne.jp/~lagoinst/

　最近では，このうち，早稲田大学の Laurence Anthony 氏の開発による AntConc というソフトウェアに注目が集まっている。AntConc は高度な検索機能と，初心者にも使いやすいシンプルなインタフェースを実現した無償のコンコーダンサである。執筆時点でのバージョンは 3.2.1 で，Windows 版，Mac 版，UNIX 版がそれぞれ開発されている。

　以下では，AntConc を使ってサンプルデータの解析を行いながら，基礎的なコーパス分析の技法を紹介してゆく。なお，AntConc の各種の機能解説については Anthony (2004) や水野・阿出川 (2006) が詳しい。

■分析サンプルデータの作成

　分析に先立ち，使用するサンプルデータを作成しよう。ここでは，一般に入手が容易なサンプルとして，Clinton 第42代米国大統領が1994年から2000年にかけて行った7回分の一般教書演説（State of the Union Address）のデータを利用する。読者も実際に同じデータをダウンロードし，本書の記述と照らし合わせながら読み進めていただきたい。

第II章　コーパス研究の技術　51

　まず，Project Gutenberg にアクセスし，Online Book Catalog を開き，左側の EText-No 検索ボックスに 5048 と入力する。次に，テキストファイル（us-ascii）形式のデータを選んで各自のコンピュータにダウンロードする。ファイルの冒頭部および末尾には，著作権関係の注意やデータ整理情報などが書き込まれているので，これらを削除し，本文部分（通例，*** 記号で前後と区切られている）のみを抜き出して別名（Clinton.txt）でファイルに保存する。なお，本来は本文テキストとその付属情報は一体の形で公開されているもので，これを恣意的に加工することは適切ではない。データの加工はあくまでも個人研究の範囲に限ることに留意したい。

■ [1] コンコーダンス分析

　テクストの中の個別語の振る舞い，すなわち，ミクロの語彙構造の理解のために使用しうる分析手法には，コンコーダンス分析，共起語頻度分析，単語連鎖分析がある。ここではまず，コンコーダンス分析に注目する。

　コンコーダンス分析とは，文脈の中央に検索対象語を，その左右に前後の文脈を配置する KWIC（Key Word in Context）という形式で対象語の生起例を表示する分析手法である。コンコーダンス分析は語の意味分析，および，共起語分析に威力を発揮する。以下，2種類の分析実例を示そう。

　まず，意味分析の例として，test という多義語を取り上げる。test には学科の「試験」，科学的な「検査」，耐えるべき「試練」，判断の「基準」といった意味のほか動詞用法もあるが，Clinton 演説サンプルにおいて意味ごと

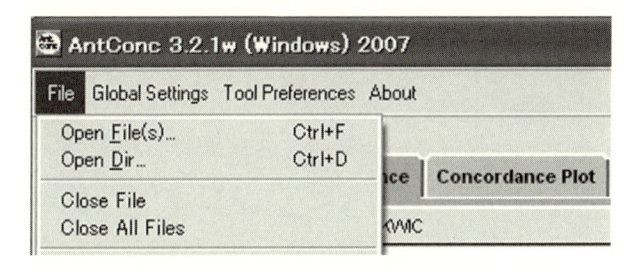

図1　検索対象ファイルの指定

の頻度はどのようになっているのであろうか。なお，ここでは tests や testing の形は考慮しない。

　AntConc でコンコーダンス分析を行う場合は，はじめに分析対象ファイルを指定し，次に分析対象語を指定する。まず，ツールバーより File＜Open　File(s)を選び（図1），分析対象となるテキストファイル（Clinton.txt）を指定する。

　次に，上部のタブメニューより Concordance（コンコーダンス検索）を選び，画面下部にある Search　Term のボックスに検索語を入れる。最後に Start を押すと検索が行われる。

図2　タブメニューの選択

図3　コンコーダンス検索語指定

以上の設定で検索を行うと，図4のような画面が表示される（1行の語数はウィンドウサイズや表示設定などによって変化する）。ここでは，Clintonの演説サンプル中に見つかった16個の test という語がそれぞれ行の中央位置に揃えられ，その両側に一定範囲で文脈が表示されている。これがKWIC の具体的な姿である。なお，こうして表示された各行のことをコンコーダンスラインと呼ぶ。

　では，16例の意味を検討してみよう。コンコーダンス分析では，当該語が文脈とともに表示されるので，意味判定の作業はずいぶん楽になる。まず，品詞に注目すると，5番目の用例は「試験をする」という意味の動詞になっ

```
1  w Americans, this is really a test for all of us. The American
2     Americans. And let the final test of everything we do be a si
3  enact a comprehensive nuclear test ban, and to eliminate chemi
4  a truly comprehensive nuclear test ban treaty--this year.  As
5  d by 1999, every state should test every 4th grader in reading
6     and Science Study. That's a test that reflects the world-cla
7  o.  Now we must rise to a new test of leadership--ratifying th
8  I ask all of you to meet this test: approve only those priorit
9  st time, a voluntary national test based on national standards
10 ower, a Comprehensive Nuclear Test Ban is within reach. By end
11 ools and a voluntary national test is being developed to measu
12 ina made the biggest gains in test scores in the nation last y
13 ce I signed the Comprehensive Test Ban Treaty. If we don't do
14 ance to take the same college test-prep courses wealthier stud
15 r students use to boost their test scores.  To make the Americ
16    of the Comprehensive Nuclear Test Ban Treaty.  A fourth chall
```

図4　test のコンコーダンス検索結果

ており，他の15例は全て名詞である。前後の文脈をふまえて分類を行うと，15例のうち，学科の「試験」を指すものが6例（6, 9, 11, 12, 14, 15番目），核兵器の「実験」を指すものが5例（3, 4, 10, 13, 16番目），耐えるべき「試練」を指すものが2例（1, 8番目），判断の「基準」を指すものが2例（2, 7番目）あることがわかる。

　2番目の用例のように，短い文脈だけでは判断がつかない場合はより大きな文脈を表示させればよい。コンコーダンスライン内の当該語をクリックすると，自動的に File View（テクスト確認）画面に切り替わり，元ファイル中での当該語の生起部分を表示させることができる（図5）。

```
My fellow Americans, without regard to party, let us rise to the occasion.
Let us put aside partisanship and pettiness and pride. As we embark on this
course, let us put our country first, remembering that regardless of party
label we are all Americans. And let the final test of everything we do be a
simple one: Is it good for the American people?
```

図5　test の文脈拡張表示

ここでは，党派に関わらず，米国民のためになるかどうかが自分たちの行動の最終的な test であるとされていることから，この test は「基準」の意味であると確認できる。元ファイルの確認後は，タブメニューの Concordance を押せば，再びコンコーダンス画面に戻る。

分析サンプルについて言えば，16 例の test 用例中，動詞が 1 例，名詞が 15 例で，名詞の語義頻度は「試験」（6）＞「実験」（5）＞「試練」「基準」（2）という順であることが明らかになった。test ＝「試験」という一面的な理解では語の姿を正しくとらえられていないことになる。このように，語をコンコーダンスラインの中で見ることで，語の意味の研究は大いに促進される。さらに大型のコーパスで同様の調査を行い，test に限らず，主要語の意味別頻度を正確に特定することができれば，辞書記述の改善はもちろん，効果的な外国語教材開発などにも大いに役立てることができるだろう。

次に，コンコーダンスラインを用いた共起語分析の例として，助動詞 should を取り上げる。最近の言語研究や語彙意味論の研究では，検索対象とする語を個別的・孤立的にとらえるのではなく，共起語とのつながりの中でとらえることの重要性が指摘されている。コンコーダンス分析は語の生起環境を質的に観察する上で必須の分析手法である。

分析に先立ち，共起語（collocate）の概念を整理するために，簡単な例文を使って，中心語と共起語の位置関係を図式化してみよう。

I	have	thought	that	you	should	begin	to	prepare	for	it
N-5	N-4	N-3	N-2	N-1	NODE	N+1	N+2	N+3	N+4	N+5
5L	4L	3L	2L	1L		1R	2R	3R	4R	5R

図 6　中心語・共起語モデル

コーパス研究では，検索対象語を node と呼ぶ。node とは，本来，ネットワークなどの結節点を意味する語であるが，日本語では，KWIC の中央に表示される語であることもふまえ，中心語と呼ぶことが多い。図 6 では，中心語を基準として左右に 5 つずつ語が並んでいる。このうち，you は文

の流れの中で中心語が現れる1つ前に出現するからN-1 (nodeマイナス1語位置)，あるいは中心語の左側（left）1つ目であることから1Lと呼ばれる。同じように，beginはN+1 (nodeプラス1語位置)，あるいは右側（right）1つ目であることから1Rと呼ばれる。なお，L1，R1などと表記する場合もある。

このように共起語に連番を振ることで，共起語の範囲（span）を客観的に整理することができる。共起語範囲は数字とコロンを使って表記するのが慣例で，左右1語ずつの場合は1：1，左右3語ずつの場合は3：3となる。一般に，コーパス言語学では，4：4の範囲に注目することが多いが（Jones & Sinclair, 1974)，どの範囲までを見るべきかについては研究者間でも見解が一致しているわけではない（Stubbs, 2002, p.29)。われわれとしては，状況に応じて範囲を縮めたり広げたりすることが重要であろう。

では実際に，Clinton演説サンプル中のshouldの用例を見てゆくことにしよう。shouldをコンコーダンス分析にかけると，188例が見つかる。

```
pported this economic plan should be proud of its early resu
t everyone in this chamber should know and acknowledge that
  who depend on welfare, we should offer ultimately a simple
e United States of America should have to lose everything th
. None of this--none of it should be put at risk. But we're
   their employers--and that should continue. And if your empl
```

図7　shouldのKWIC検索結果（部分）

shouldの前後には様々な語が無秩序に出現しており，上記のような画面を見るだけでは，全体の傾向をつかみとることは難しい。

ここで重要なのは，ソート（sorting）を行い，特定位置にある語を基準としてコンコーダンスラインの全体を並べ替えることである。AntConcでは，検索語入力ボックスの下にKwic Sortの範囲指定ボックスがあるので，ボックスの右側にある上下の矢印をクリックして基準位置を指定し，Sortのボタンを押せばソートが実行される。

初期設定ではLevel 1だけが選ばれているが，Level 2やLevel 3の左側にチェックを入れて基準位置を指定することで，3段階までの複合ソートを

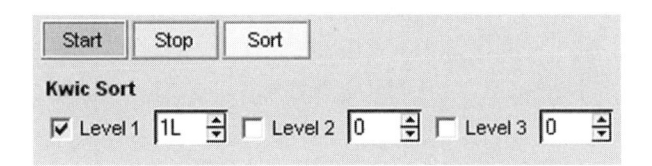

図8 コンコーダンスラインのソート条件指定

行うことができる。たとえば，Level 1 を 1L，Level 2 を 2L，Level 3 を 3L とすれば，まず 1L 語のアルファベット順でソートがかかり，1L 位置に同じ語が 2 例以上出ていた場合は，2L 語のアルファベット順でソートされる。さらに 1L，2L 位置ともに同じ語が並ぶ場合は 3L 語のアルファベット順でソートがかかる。

　ここではまず，中心語の直前位置（1L）で並べ替えてみよう。下記はソートされたコンコーダンスラインの一部である。

```
prescription drugs, and we should take the first steps in cove
r kids to get immunized. We should all take advantage of prever
policy of the Congress. We should continue it. Europe That i
and I'll sign that, too. We should require lobbyists to tell th
pending, what they want. We should also curb the role of big mo
ve said for three years, we should work to open the air waves s
```

図9 コンコーダンスラインの並べ替え（左側）

画面をスクロールして，コンコーダンスライン全体を概観すれば，should の主語としては we が圧倒的に多いことがわかる。その数は 105 例に及び，should の全用例の過半数を占めている。政権と国民を一体化させて we should... と呼びかけるのが，この演説の特徴の 1 つとなっている。

　さらに，ソートの基準位置を変えることで，多くの興味深い共起パタンを発見することができる。たとえば，左側 2 語目（2L）でソートすると，no＋名詞＋should（7 例），now＋we＋should（6 例）などのパタンが，左側 3 語目（3L）でソートすれば，I think［believe］＋we＋should（8

例）というパタンがそれぞれ見つかる。また，右側1語目（1R）でソートすれば，should all...（8例）というパタンが，また共起動詞としてはbe（31例），do（7例），have（6例）などが多いことがわかる。同様に右側2語目（2R）の位置でソートすると，should＋動詞＋every＋名詞（4例）などのパタンが見つかる。

　これらの共起パタンは，shouldを使用する際の一般的文型についてのヒントを与えてくれる。shouldはそれ自身で強い意味を持った助動詞であるが，noやeveryを含む名詞句，あるいはallやnowと同時に使用することで意味をさらに強めることができる。あるいは逆に，shouldを含む節をI thinkなどの目的語として埋め込むことで，意味の直接性を緩和することもできる。このように，さまざまな基準位置でソートを行うことによって，コンコーダンス画面を一覧しただけではわからなかった重要な共起パタンが目に見える形でくっきりと浮かび上がってくる。一般に，初級の外国語学習者は，語は知っていても語の使い方を知らないと言われるが，コンコーダンス分析で見つけられる共起パタンは語の使い方の実例そのものであり，こうしたパタンを幅広く収集・調査することは言語教育の観点からも重要である。

■［2］共起語頻度分析

　共起語の数が増えてくると，コンコーダンスラインの目視では全体の傾向がつかみにくくなる。こうした場合，コンコーダンサで共起語頻度分析を行えば，指定範囲内にある全ての共起語の頻度を機械的に調べて一覧表の形で結果を示すことができる。

　共起語頻度分析では，観察対象とする共起語の範囲を決定しなければならない。範囲を狭めれば，中心語に直接的に結びついている統語的関連語が抽出され，範囲を広げれば，当該語に緩やかに結びついている意味論的関連語が抽出される。ゆえに，共起語頻度分析は，語の統語パタンの研究だけでなく，生起環境の意味傾向の研究にも利用できる。

　はじめに，統語パタンの分析例として，Clinton演説サンプルにおける動詞sayの後続語を調べてみよう。統語上，sayには名詞，that節，wh節，to＋人などが後続しうるが，どの統語パタンが最も高頻度なのであろうか。

　まず，AntConc上部のタブメニューよりCollocatesを選び，画面下部

の Search Term に say を入力する。ここでは右側1語目のみを検索したいので，Window Span を 1R～1R と指定して Start を押すと，say（活用形含まず）の 1R 位置における共起語の頻度表が作成される。

図10　共起語頻度分析の条件設定画面

表2　say の後続語

to	20	We	2	let	1
that	10	they	2	is	1
yes	5	the	2	I	1
something	5	government	2	from	1
we	4	What	1	Follow	1
again	4	tonight	1	especially	1
a	4	there	1	employer	1
no	3	six	1	Don	1
it	3	our	1	And	1
you	2	or	1	America	1

　表2を見れば，Clinton 演説においては，say to（＋人）の統語パタンが最も多く，say that（S＋V）のパタンがそれに続くことが一目でわかる。共起語頻度検索を行うことで，コンコーダンスラインによる目視検証では見落としがちな統語パタンも漏れなく検証することが可能になる。
　次に，中心語の生起環境の意味傾向の調査例として，名詞 children の共起語を調べてみよう。調査する共起語の範囲は 5：5（5L～5R）とする。中心語を取り巻く共起語を見ることで，テクストにおける子供の意味付けや位置付けを探ることができる。共起語頻度分析の結果は表3の通りである。
　表3をざっと見るだけで，Clinton 演説の中において，子供が「家族」や

表3 childrenの共起語（上位40語）

children	177	we	22	million	14	not	10
to	95	more	21	families	14	is	10
our	83	all	18	who	12	And	10
and	58	with	17	on	12	help	9
the	52	I	17	have	12	health	9
their	47	are	17	must	11	they	8
for	36	that	16	do	11	right	8
of	35	a	15	care	11	out	8
in	25	up	14	your	10	know	8
s	24	parents	14	will	10	you	7

「両親」のものであると同時に，「我々の」ものとして位置付けられており，子供に必要な「世話」や「助力」を国家として提供する「義務」が強調されていることがわかる。このように，共起語頻度分析は，語の統語パタンのみならず，ある語がどのような全体的意味傾向の中で出現しているかも明らかにする。

　以上で見てきたように，共起語頻度分析は，語の統語的・意味的振る舞いの調査にとって有益なものであるが，注意すべき点もある。1点目は頻度表だけで解釈を行わず，必ずコンコーダンスラインや元テクストで文脈を確認することである（Baker, 2006, pp.118-119）。2点目は，共起頻度が1や2のものについては偶然的出現の可能性を疑うことである。3点目は，共起頻度だけでなく，必要な統計指標を併用して考察することである（第III章・第4節参照）。こうした点に注意を払えば，共起語頻度分析は，語の振る舞いを見る有効な分析手法となり得る。

■ [3] 単語連鎖分析

　テクスト内のミクロレベルの語彙構造を探る3つ目の手法は単語連鎖分析である。これは，中心語を含むあらゆる語のつながりの頻度を数える分析手法である。いわゆる「語のつながり」にはさまざまな程度があり，big houses や go to といった組み合わせには一定のまとまりが感じられるが，a big や to　the などにはそれは感じられない。伝統的に英語学では前者を句（phrase）として扱い，後者については分析対象外としてきた。

　単語連鎖（cluster）はこれらを区別しない総称的概念であり，テクスト内で連続する語群の全てを指す（Scott, 2007）。コンピュータは，まとまりがあるかどうかという主観的判定を行わず，語の連鎖の頻度を機械的に数え上げるのである。なお，類似の概念として，n 語の単語連鎖を指すN-Gram がある。AntConc では，何らかの指定語を含む連鎖を cluster，テクスト内の全連鎖を N-Grams と呼んで区別している。このうち，とくに2語からなるものを bigram，3語からなるものを trigram と呼ぶこともある。

　コンコーダンサが単語連鎖の頻度を調べる方法は機械的で，ピリオドやコンマによって遮られず，指定された語数が連続している語の組み合わせが順番に数え上げられる。たとえば He went to UK and learned English. という文で2語連鎖を取れば，He　went／went to／to UK／UK and／and learned／learned English という6種類の連鎖がそれぞれ頻度1として数えられる。

　以下では，Clinton 演説サンプルから，in を含む3～5語の単語連鎖を調べてみることにしよう。まず，AntConc 上部のタブで Clusters を選び，Search　Term のボックスに対象語を入力する。ついで，右側の Cluster Size の部分を指定する。ここでは，最小サイズを3，最大サイズを5とし，Min. Cluster Frequency（最小頻度閾値）は初期設定の1のままにしておく（図11）。

　上記の設定で検索をかけると，表4のような結果が得られる。

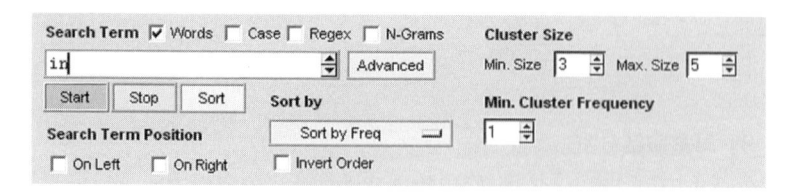

図11　単語連鎖分析の条件設定例

表4 in を含む単語連鎖（上位20連鎖）

in the world	19	country in the world	6
in this chamber	10	in the global	6
in a row	9	in the last	6
in the 21st	8	In the last	6
in the new	8	In the past	6
years in a	8	in this country	6
years in a row	8	first time in	5
in the 21st century	7	in our country	5
and in the	6	in the new economy	5
country in the	6	in the next	5

　この中には，文法的まとまりがないもの（in the new, years in a など）もあるが，それらを除くと，in を含む一般的な句のパタンが浮かび上がってくる。in the world, in this chamber, in a row, in the 21st century などが，in を含む高頻度句のパタンである。なお，とくに高頻度の単語連鎖を語結束（lexical bundle）と呼ぶことがある。語結束とは「イディオム性や構造的状態は問わず，ともかく反復して生起する表現」であり，「自然な談話の中で，通例一緒に起こる語の表記形のつながり」と定義される（Biber, et al., 1999, p.990）。

　語を孤立的単位としてとらえるのではなく，単語連鎖としてとらえることは，言語教育の観点からも重要である。近年の研究では，自然言語における談話は，個々の語というよりも，高頻度の単語連鎖（語結束）から構成されていることが指摘されている。つまり，単語連鎖は言語を組み立てるブロックのようなものであり，それらに習熟することによってはじめて，学習者は自分で談話を組み立てられるようになるのである（Reppen, 2001, p.23）。単語連鎖分析は，言語教育の分野でも応用範囲の広い手法と言える。

■ [4] 単語頻度分析

　以上の3つの分析手法は主として個別語のミクロな振る舞いを見るもの

であったが，テクスト内の語彙の全体に対してマクロな観察を行う場合に使用できる手法として，単語頻度分析と特徴語分析がある。

　このうち，単語頻度分析とは，テクストに含まれる全ての語の頻度を調べて頻度表を作成する手法である。実際の手順としては，まず，AntConc 上部のタブから Wordlist を選ぶ。画面の下部には図 12 のような設定パネルが表示されるが，テクストを構成する全ての語を対象にする場合は Search Term の指定は不要である。右側にある Display Options は，Treat all data as lowercase（全て小文字扱い）にチェックを入れておく。普通は he や He を別語として区別する必要がないためである。

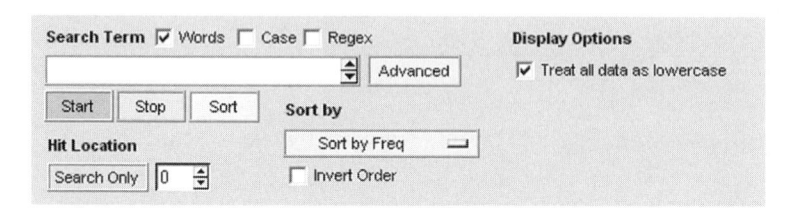

図 12　単語頻度分析

　Start を押すと頻度計測が始まり，単語頻度表が自動的に作成・表示される。その際，画面の上部には，図 13 のように 2 つの情報が表示される。

図 13　語数表示

　これは，当該サンプルが 4595 種類の異なり語で構成されており，その延べ語数が 52565 語であることを示している（語数計量単位については第Ⅲ章・第 1 節参照）。

　作成された頻度表は，Sort by の指定を変えることで，Sort by Freq（頻度順），Sort by Word（語頭のアルファベット順），Sort by Word End（語末のアルファベット順）の 3 種類の基準で並べ替えることができる。また，Invert Order（逆順）のボックスをチェックすることで昇順（1,2,3...；

a,b,c...）と降順（100,99,98... ; z,y,x...）を切り替えることができる。

ただし，AntConc の上でできることには限りがある。自分で頻度表を自由に分析・加工しようとする場合は，上部のツールバーより File＜Save Output to Text File を選び，語・頻度・順位のデータをテキストファイルで保存するとよい。これを Excel で開けば，オートフィルタの機能を使って特定の接辞を持つ語だけを抽出したり，LEN 関数を用いて各語の文字数を調査したりすることができる。また，個々の語の頻度がコーパス全体に占める比率を計算することも可能になる（Scott & Tribble, 2006, pp.15-18）。

今回のサンプルデータから頻度上位 30 語を取り出すと，次のようになる。

表5　単語頻度表

the	2474	i	644	will	315	america	235
to	2233	it	433	are	303	new	235
and	1817	have	400	on	294	do	229
of	1273	s	375	their	294	as	222
we	1218	is	373	must	289	by	218
in	952	this	373	people	279	work	206
a	931	all	367	they	266	who	201
our	929	you	343	be	263	year	191
for	669	with	316	can	252	from	189
that	668	more	315	but	245	should	188

頻度表は自然言語における単語の生起に関して，さまざまな興味深い事実を教えてくれる。たとえば，最も頻度の高い語は the であり，その他の上位語も大半が機能語である。また，全体では 4595 種類もの語が使われているにもかかわらず，わずか上位 10 語（累計頻度 13164）でテクスト全体（52565 語）の 25% を占め，上位 40 語（累計頻度 22017）で 42% を占める。一方，表には記載していないが，頻度 1 の語が 1989 語あり，これらはテクストに現れる全語種の 44% を占める。自然言語における語彙は，機能語中心の一握りの高頻度語と，圧倒的多数の低頻度語から構成されていると言えるだろう。

ところで，14位のsとは，he'sや1980sなどの語の一部である。コンコーダンサの中には，このように語中のアポストロフィやハイフンなどの記号を分離して処理するものと，含めて処理するものとがある。下記は3種類のコンコーダンサによる縮約形・複合語のカウント方法を比較したものである。

表6 縮約形・複合語の処理

	AntConc	Wordsmith	MonoConc
he's	he + s	he's	he's
isn't	isn + t	isn't	isn't
A-bomb	A + bomb	A + bomb	A-bomb

初期設定では，AntConcは記号を含まない文字列を語とみなしている。ただし，上部ツールバーのGlobal Settings＜Token［Word］Definitionにおいて，語の定義を変更することもできる。語の単位認定（tokenization）に関するコンコーダンサ間の違いは分析の本質を歪めるような性質のものではないが，それによって語数が大きく変わってくるので，混乱を避けるため，1つの研究の中では同じコンコーダンサを一貫して使い，研究をまとめる場合には使用したコンコーダンサとバージョンの情報を正確に記載することが重要であろう。

以上で示したように，コンコーダンサで単語頻度表を作成することによって，テクスト全体の語彙出現のパタンを読み取ることが可能になる。頻度表の応用可能性は広い。たとえば，代表性の高いコーパスに対して単語頻度分析を行えば，教育用語彙表を策定するための基礎資料を得ることもできるであろう（第V章・第1節参照）。

■［5］特徴語分析

特徴語（keyword）とは，他のコーパスと比較した場合に，あるコーパスの中で頻度が特徴的に高いものを言う（低頻度特徴語についてはここでは

触れない)。コーパスから特徴語を抽出することで,当該テクストの全体的な語彙特性をより詳細に検証することが可能になる。特徴語の検出基準となる特徴度(keyness)の計算を行うためにはいくつかの統計的概念が関わってくるが,計算の仕組みについては第Ⅲ章・第3節で扱うことにして,ここではまず,コンコーダンサを使った分析の手順を簡単に紹介しておきたい。

特徴語分析では,分析しようとする対象コーパス(target corpus)を他の参照コーパス(reference corpus)と比較し,対象コーパスだけで顕著に高頻度に出現する語を選び出す。一般に,対象コーパスには特殊で小規模なデータを,参照コーパスには一般的で大規模なデータを当てるが(Hunston, 2002, p.68),ここでは,資料入手の容易さをふまえ,参照コーパスに第41代,第43代米国大統領であるBush父子の演説を使用する。同時代の米国大統領の演説を比較することで,両者の政治姿勢の違いが特徴語に反映されると考えられる。

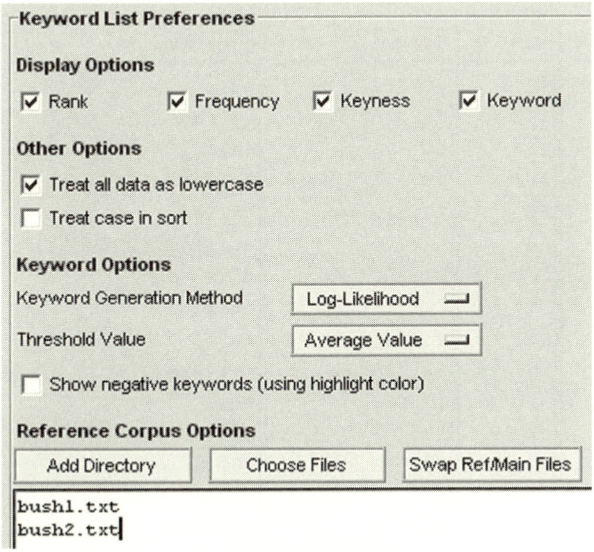

図14　特徴語分析の設定

最初に，Project Gutenbergより，第41代大統領のBush演説（EText-No 5047）と第43代大統領のBush演説（同5049）をダウンロードし，本文以外のデータを削除してテキストファイルとして別名で保存する（Bush1.txt；Bush2.txt）。次に，前項で述べた方法によって対象コーパス（Clinton.txt）の単語頻度表を作成しておく。そして，ツールバーからTool Preferences画面を開き，左側のCategoryの中からKeyword Listを選ぶと，右側に図14のような設定画面が出てくる。

ほとんどは初期設定のままでよいが，Other Optionsの1行目にある「全て小文字扱い」にチェックを入れ，Reference Corpus Optionsより，参照コーパスを指定する。ここでは，参照コーパスが2ファイルになるので，Choose Filesを押してBush父子の演説データを順に指定すればよい。設

Rank	Freq	Keyness	Keyword
1	2233	40.379	to
2	182	36.340	years
3	294	30.396	their
4	188	26.546	should
5	56	23.410	college
6	64	22.789	million
7	206	22.753	work
8	78	22.125	challenge
9	61	21.338	st
10	87	20.239	welfare
11	120	17.656	care
12	32	17.496	ought
13	176	16.778	children
14	40	15.328	bipartisan
15	39	14.832	medicare

図15　特徴語分析結果画面

定が終われば，右下の Apply を押して設定画面を閉じる。次に，AntConc 上部のタブより右端の Keyword List を選び，Display Options の欄の「全て小文字扱い」にチェックが入っていることを確認して Start ボタンを押すと，結果画面が表示される。

　図 15 は，2 種類のデータにおける全ての語の頻度を出した後，それらを互いに比較し，Clinton 演説サンプルの中において特徴的に頻度が高い語を順に表示した結果である。上記に示された特徴度（keyness）とは，参照コーパスと対象コーパス間での頻度差の著しさを表す統計的な指標である（詳細は第III章・第 3 節参照）。

　図 15 の特徴語リストを見ると，大学，福祉，介護，子供，医療保険など，当時の Clinton 政権が掲げていた重点政策に関連する語が非常にうまく抽出できていることに気が付く。また，should や ought など，話者が特徴的に多用している語も含まれている。特徴語分析では，機械的に語の頻度を統計処理するだけであるが，得られた特徴語は，結果として，テクストの内容的・言語的特性を反映したものとなっている。

　このように，特徴語分析はコーパスを分析する際の強力な手法であるが，他の分析技術と同様，最終的に得られたリストだけで解釈を行うのは危険である。たとえば，特徴度が最も高いとされる to が名詞を導くものであるのか，to 不定詞の一部であるのかは，実際にテクストやコンコーダンスラインで確認しなければわからない。AntConc では，Keyword リスト内の語

```
et to bring down costs and to achieve lasting health sec
.r arsenals. We are working to achieve a Korean Peninsula
tration will do all we can to achieve a comprehensive an
background, an opportunity to achieve their own greatnes
ric bipartisan legislation to achieve a landmark for our
working with other nations to achieve common goals. If w
rganized criminals seeking to acquire them. Saddam Huss
appen. I think we're ready to act now. I believe that yo
 believe that you're ready to act now. And if you're rea
 say it tonight but we have to act, not for the Mexican p
```

図 16　特徴語を含むコンコーダンスライン

をクリックすれば，自動的に Concordance 画面に切り替わって，対象コーパスにおける当該語のコンコーダンスラインが表示されるので（図 16），ソートなどを使って語の実際の使われ方を同時に見ておく必要がある。

このように，処理によって得られた数量的データを常に文脈に返して検証する研究姿勢を取る限りにおいて，特徴語分析はテクスト全体の語彙をマクロ的に観察する上で大きな可能性を持つものと言える。

第3節　コーパス研究の視座

■言語研究とデータ

言語研究において，コーパスは豊富な情報を提供してくれるが，コーパスだけに頼ることは時として危険である。Aarts（2003）は，言語研究に使用できるデータを直観データと観察データに二分した上で，前者に言語学的省察とインフォーマント・データを，後者に伝聞データ（anecdotal data）とコーパス・データを含めた（p.4）。しかし，直観と観察は必ずしも相反するものではなく，両者をうまく組み合わせることで，コーパス研究の可能性はさらに広がる。ここでは，コーパス研究のタイプを整理しながら，この点を考えてみよう。

■コーパス準拠型とコーパス駆動型

一般の言語学においては，先行研究を踏まえて自らの直観に基づき仮説を立て，それを実例となるデータで検証する。つまりは直観→観察という方向である。しかし，コーパス言語学では，コーパス自身の情報量が膨大であるため，ある仮説の検証の目的でデータを眺めているうちに，当初の問題意識とは別の新しい発見をしたり，新しい仮説を思いついたりすることが珍しくない。これは観察→直観という方向である。コーパスは研究者に「意味のある脱線」を促す。

たとえば，前節で Clinton と Bush の演説データを比較した。当初は，それぞれの政治姿勢が特徴語に反映するという大まかな仮説に基づき分析を行ったわけであるが，意外なことに Clinton 演説において最も特徴度の高い

語は，テクスト内容に影響を受けるとは考えにくい to であった。前節ではそれ以上の分析を行っていないが，to のような基本語が Clinton 演説において特に頻出する理由を探ることは新しい研究の出発点になるであろう。

　ここで，事前にしっかりした仮説を立て，それをコーパス実例で検証しようとする方向をコーパス準拠型研究（corpus-based study）と呼ぶ。逆に，コーパスのデータからもたらされた思いもかけない発見や問題意識を出発点に，新しい仮説を作り上げてゆくことをコーパス駆動型研究（corpus-driven study）と呼ぶ。

　コーパス研究の醍醐味はとくに後者にある。コーパス駆動型研究を支えるのは「先入観なしにコーパスを眺める」という態度である。仮説にせよ理論にせよ，あらかじめ強い思い込みを持ってコーパスを見ると，自分が見ようとするものしか見えてこない。Sinclair (2004) は，理論なしにパタン化されたデータを研究することはできないとしながらも，理論の主要な欠点は「特定のパタンを特権化し，他のパタンを見えにくくする」ことだと指摘している (p.10)。さらに，Scott & Tribble (2006) は，英字新聞コーパスを分析した論考の冒頭で，「ここでは，とくに検証しようとする特定の仮説というものはない。ただ，新聞の英語は他の種類の書き言葉とはいくつかの点で異なるだろうということと，新聞の編者は何かを報道するときに，可能なもののなかから何らかの選択を行っているだろうと一般的に考えているだけである」(p.162) と述べている。このように，むしろ白紙の状態でデータを眺め，さまざまな分析技術を使ってデータをあれこれ加工してみることによって，思いもかけない発見に出会うチャンスが広がる。

　コーパス準拠型研究とコーパス駆動型研究は必ずしも相反するものではない。コーパス準拠型で始めたはずの研究が自然にコーパス駆動型に切り替わり，そこからまた新しいコーパス準拠型研究が展開してゆくというように，コーパス研究では，直観と観察が次々とスイッチしながら，結果として言語に対する洞察がより深化してゆくのである。

■質的研究と量的研究

　コーパス研究はまた，コーパス・データのとらえ方によって，質的研究（qualitative study）と量的研究（quantitative study）とに分けることがで

きる。前者は，コーパス・データを質的なものとみなし，文脈やテクストを読み込むことから何らかの言語傾向を直観的に探り出そうとするもので，後者はコーパス・データを量的なものとみなし，数値データを解析することから言語傾向を客観的に見つけ出そうとするものである。

　一般に，質的研究では，コーパス・データは定性的・抽象的・直観的に解釈されるが，量的研究では定量的・具体的・客観的に処理される。質的研究には伝統的な言語学の知見が密接に関わり，逆に量的研究ではしばしば統計学や情報理論の知見が援用されることとなる。

　もっとも，コーパス準拠型研究とコーパス駆動型研究の関係にも似て，質的研究と量的研究もまた対立的なものではない。たとえば，最初に量的アプローチで言語事実を集め，それをふまえて質的アプローチで分析・解釈を行うこともあれば，逆に質的アプローチから入り，立てられた仮説や議論の説得力を高めるために，量的アプローチを通して言語的証拠を集めるという方向もある。重要なのは，2つのアプローチが1つの研究の中で有機的に融合し，互いを補完しあうということである。直観だけに頼った研究や，数字だけに頼った研究など，いずれかを欠いた形ではコーパスの真価は発揮されない。直観と観察の融合こそがコーパス研究の価値を引き出す方向と言える。

■コーパス研究者に必要な資質

　以上で見たように，コーパス研究には観察と直観にまたがる幅広い視座が求められる。ゆえに，コーパス研究者に必要な資質とは，データを処理できる数学的・工学的素養と，データを解釈・応用できる言語学的・教育学的素養の両方だということになる。

　内外のコーパス研究を見ていると，コーパスが内包するこうした2つの側面がうまく噛み合ってきたとは言いにくい。たとえば，情報や工学の世界ではコーパスの問題が盛んに議論されているのに，その場に言語学者や言語教育学者はほとんどいない。そのため，高度な情報理論を駆使していながら，肝心の議論の基盤が言語学的に見るとかなり危ういということもなくはない。逆に，言語系の研究者は，数字を扱わずに主観的に議論を進める傾向が強く，その豊富な研究の蓄積は工学研究者にはあまり有益とみなされない。

　こうした現状を変えてゆくためには，両方からの歩み寄りが不可欠である。

われわれ人文系の研究者にとって，数字を扱うことは高いハードルであるが，コンコーダンサから得られる結果を正しく理解するためには，やはり，前提となっている数学的・統計的処理の概要を知っておく必要があるだろう。最近のコンコーダンサは非常に親切に作られており，前提知識がなくても，ボタンを押すだけで大量のデータが吐き出される。しかし，ブラックボックス的に行われている処理の中身を理解してこそ，意味のある質的解釈が可能になる。こうした観点に基づき，次章では言語計量の手法について考えてゆくことにしよう。

第Ⅲ章　コーパスと言語の計量

　第Ⅱ章・第3節で述べたように，人文系研究者にとっては，コーパスの量的分析がしばしばハードルになる。そこで本章では，量的分析の基本となる言語計量手法を検討する。本章は以下の4節から構成される。

　　第1節　語数の計量
　　第2節　頻度差の計量
　　第3節　特徴度の計量
　　第4節　共起強度の計量

　第1節では，言語計量の基本となる「語」に注目し，語と語彙，延べ語数，異なり語数，表記形，語彙素，レマ，見出し語，単語家族など，語にまつわる各種の単位を紹介しながら，語の定義をめぐる考え方を整理する。
　第2節では，2種類のコーパス間での特定語の頻度に意味のある差（有意差）が存在するかどうかを統計的に判定する手法として，カイ二乗検定と呼ばれる検定方法を紹介する。
　第3節では，コーパス中での語の頻度の特徴度を計量する指標として，カイ二乗値と対数尤度比を紹介する。これらはコーパス中から特徴語を抽出する際に重要な目安となるものである。
　第4節では，2語の共起の強度を計量する指標として，ダイス係数，対数尤度比，Tスコア，相互情報量などを紹介する。共起強度の計量によって，自然言語においてある語がどのような語と共に使われるのかが明らかになる。
　以上のうち，計算を伴う第2節〜第4節は，ともすれば難解になりがちな内容であるが，言語を「研究する人」と「教える人」の垣根を取り払うという観点から，できる限り具体的かつ実践的に話を進めてゆく。また，単に言語計量の考え方を理解するだけでなく，読者が手元のデータを使って自由

に量的分析が行えるよう，本章を通して，汎用的な言語計量用の Excel ファイルを作成することを目指したい。

　量的処理は，説明を読み流すだけでなく，実際に自分でデータを触ってみることによって理解が深まるものなので，読者には，本章の解説手順に沿って実際に数値の入力を行い，結果を照らし合わせながら読み進めていただければと思う。

第1節　語数の計量

■語数を計量する

　テクストの語数を数えたり，その中に現れる個々の語の頻度を数えたりすることは，言語を量的に把握・分析するための第一歩である。物の数や量を測る場合には計量単位を吟味することが重要になる。たとえば，ある物体の長さを測って「1」という値が得られたとしても，それがセンチ・メートルであるかフィートであるかによってその意味はまったく異なる。

　言語の場合も同様のことが言える。単語を数える単位は言うまでもなく「1語」であるわけだが，「1語」とはそもそも何なのであろうか。1語をどう定義するか，1語に何を含めるかについてはさまざまな考え方があり，さまざまな語の計量単位が存在する。

　以下ではまず，語と語彙の概念を整理する。次いで，テクスト全体の語数の数え方として，延べ語数と異なり語数という計量単位を紹介し，その後，個々の語の数え方として，表記形，語彙素，レマ，見出し語，単語家族などの単位を概観してゆく。

■語か語彙か

　語数の計量の問題を考える前に，最も基本的な用語の問題を片付けておこう。語と似た意味で語彙という用語が使われることがあるが，そもそも，語と語彙はどこが違うのであろうか。

　語（word）とは，言語を構成する単位の一つで，意味や機能を持った文字列の集合である。われわれが普通にイメージする単語がこれにあたる。一

般的な辞書の定義を確認しておこう。

> 言語の最小構成単位で，話したり書いたりすればそれだけで理解されるもの（*Longman Dictionary of Contemporary English*）

つまり，語とは，I, is, Japan のように個別的・自立的な言語単位であるということになる。

一方，語彙（vocabulary）は，語が集まってできた総体を意味する。そもそも「彙」とは同種・同類の集合のことで，たとえば，英語の語彙と言えば，英語という言語に包含される全ての語の総和であり，子供の語彙と言えば，平均的な子供が知っている語の総和である。辞書は「語彙」を次のように定義している。

> 個人が知っている語，または使用している語の全て／特定の言語における語の全て／特定の話題について話す場合に典型的に使われる語群（同上）

定義にもあるように，個人の語彙や特定言語の語彙というのが，「語彙」という用語の本来的な使い方である。
　この意味において，「語彙を数える」と言うことは厳密にはできない（伊藤, 2002, p.27）。慣用的に「語彙を数える」と言う場合は，語彙を構成する個々の語を数えることを指す。われわれが以下で検討しようとするのも，何らかの語彙を構成する個別的な語の数の計量である。

■延べ語数と異なり語数

ここではまず，テキストやコーパスの総語数を数える場合に使われる単位として，延べ語数と異なり語数という概念を検討したい。一般に，Brown Corpus は 100 万語であるとか，British National Corpus（BNC）は 1 億語であるなどと言うが，テキストやコーパスの語数を数える際には 2 つの異なる考え方がある。たとえば，John went to his school to meet his homeroom teacher. という文は普通に数えれば 10 語であるが，ここには his が 2 度，to が 2 度繰り返されており，単語の種類としては 8 語というこ

とになる。ここで，前者を延べ語数（token），後者を異なり語数（type）と呼ぶ。延べ語数とはテキストに現れる語の累計数であり，コーパス総語数もこれによる。一方，異なり語数とは重複を除いた語種の数である。

なお，延べ語数と異なり語数というのはコーパス言語学の用語としてかなり確立したものであるが，絶対的なものではない。延べ語数の意味で総語数，姿語数，単位語数など，異なり語数の意味で語種数，単語数，見出し語数などの用語を使う場合もある。また，混乱を避けるため，あえてトークンとタイプというカナを利用する研究者もいる。本書では，原則として，延べ語数と異なり語数という用語を使用する。

■延べ語数と異なり語数の関係

自然言語では同じ語が頻繁に反復されるので，当然ながら，異なり語数は延べ語数より少なくなる。上記の例では10語が8語になるだけだが，長い文章になればその差は大きくなる。ここでは，第Ⅱ章・第2節で扱ったBush父子とClintonの一般教書演説のデータ，およびBrown Corpusのデータを利用し，それぞれの延べ語数と異なり語数を調べてみよう。なお，「全て小文字扱い」とする。

AntConcで単語頻度表を作成すれば，延べ語数と異なり語数の情報は自動的に表示される。図1はBrown Corpusの語数，表1は4種類のデータの語数の一覧である。

いずれの場合も異なり語数は延べ語数に比べて大幅に少なくなっているが，Bush1演説の場合は約5分の1，Clinton演説の場合は約11分の1，Brown Corpusの場合は約26分の1というように，両者の比率はそれぞれのサンプルで異なる。

語彙研究では，延べ語数と異なり語数の関係を量的に把握するために，しばしばTTR（Type/Token Ratio）という指標を使う。TTRは異なり語数を延べ語数で割った百分率で，テキストの中にどのくらい異なる語が含まれているか，つまりはテキストの語彙多様性（lexical variety）を示す。上記のデータで言うと，TTRはBush1演説では18.5%，Bush2演説では31.2%，Clinton演説では8.7%，Brown Corpusでは3.7%となる。

ただし，延べ語数が増えればTTRは自然に低下するので，サイズの異な

図1 AntConcによる延べ語数／異なり語数の表示

表1 延べ語数と異なり語数

	延べ語数	異なり語数
Bush1 演説	12570	2327
Bush2 演説	3956	1235
Clinton 演説	52565	4595
Brown	1116165	41506

るテクスト間で語彙多様性を比べる場合には，Wordsmith Tools で算出される Standardized TTR のように，テキストを小サンプルに分割して各 TTR の平均値を求めたり，Guiraud 値（Guiraud, 1960）を用い，異なり語数を延べ語数の平方根で割ってサイズ差を圧縮したりする調整が行われる。この場合の Guiraud 値は，3種類の演説がそれぞれ 20.8, 19.6, 20.0, Brown Corpus が 39.3 となり，実際の語彙多様性は，演説ではほぼ同一で，Brown Corpus がその2倍程度であったことがわかる。Guiraud 値は各種の語彙多様性指標の中で最も安定した結果を返す（Van Hout & Vermeer, 2007, p.114）。

■表記形・語彙素・レマ

次に，個々の語を計量する単位について考えてゆきたい。はじめに扱うのは表記形，語彙素，レマという3つの概念である。なお，これらの用語の定義には研究者によってかなり差があるので，ここでは Baker, et al. (2006) の定義を基本とする。

表記形（word-form）（表記語［graphic word］とも言う）とは，テクス

トの中で実際に表記される形のことを言う。表記形は綴りに着目した語の単位であるため，綴りが異なれば全て別語となり，たとえば study, studies, studied, studying は異なる4語と数えられる。

　語彙素（lexeme）とは，各種の活用形に共通する基底形（base form）のことで，テクストの中でそれぞれの表記形を生み出す「語の素」となる。表記形は実際に書いたり読んだりすることができるが，語彙素は語のプロトタイプであり，抽象的な概念である。

　レマ（lemma）とは，活用形や綴り字の違いを問わず，語幹と語類を同じくする各種の表記形を包含する基準形（canonical form）のことである。レマもまた，実際には読んだり書いたりできない抽象的概念であるため，コーパス研究では，通常の表記形と区別するために，全大文字で記載するのが通例である。また，レマが辞書の見出し単位になりやすいことから，ほぼ同じ意味で見出し語（headword）という用語が使われることもある。

　以上の3種類の語の単位を整理するため，モデル図を作成しておこう。

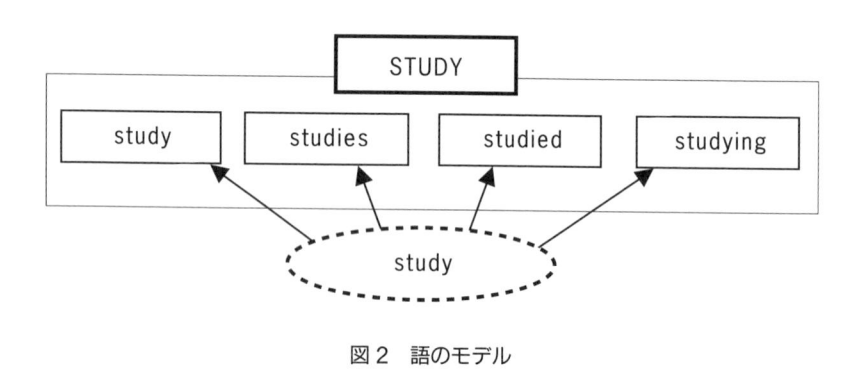

図2　語のモデル

ここで，破線部（study）が語彙素，実線部（study 他）が表記形，太実線部（STUDY）がレマを表す。語彙素は目に見えないテクスト深層部に，表記形は実際に読み書きされるテクスト表層部に，レマはテクストを超えた上位レベルに存在していると考えることができる。

　なお，表記形をレマ単位にまとめる作業をレマ化（lemmatization）と呼ぶ。表記形をレマ化する場合，各表記形の頻度は合算される。

言語教育の観点から言えば，レマ化をすることで，語数をめぐる議論はより現実的なものとなる。たとえば，表記形で1万語からなるテクストを読むからといって，1万語の異なる語の知識が必要なわけではない。study を知っている学習者であれば，studies, studying も同時に知っていると考えて差し支えないであろう。この意味で，レマは語彙学習の文脈における語の概念に非常に近いものである。

■**レマ化の方法**

　レマ化を自動的に行うためには，1つのレマが包含する表記形の情報を全て書き込んだレマ・リストという単語一覧表を入手（あるいは自作）しておく必要がある。コーパス言語学の分野では，染谷泰正氏が作成した English lemma list (1998) が内外ともに広く使用されている。同リストは，染谷氏のウェブサイト（http://www.someya-net.com/）などから，e_lemma.zip というファイルをダウンロードして解凍することで利用できる。レマ・リストには下記のような内容が書き込まれている。

　　abandon -> abandons, abandoning, abandoned

　これは，「->」という記号の右側に書いてある語を記号の左側の語にまとめるという意味で，リストには a から Zulu まで，14762 語のレマ（合計で 40569 語の表記形）が包含されている。

　なお，すでに見たように，AntConc の初期設定では語は記号を含まない単位と定義されている。一方，レマ・リストにはハイフン語やアポストロフィ語が入っており，両者の基準にずれが見られる。そこで，レマ・リストから当該語を除去して基準をそろえておくことにしよう。

　まず，解凍した e_lemma.txt の冒頭のコメント行（23行）を削除して上書き保存する。次に Excel を立ち上げ，開く＜ファイルの種類：すべてのファイル＜e_lemma.txt と進む。すると，テキストファイルウィザードが開くので，元データの形式としてカンマタブ区切りが選ばれていることを確認し（第1画面），区切り文字としてスペースを選び（第2画面），データ形式として文字を選んで（第3画面）ウィザードを完了すると，Excel 上でレ

マ・リストを開くことができる。

　ここで，1行目に空行を挿入し，A1のセルに「レマ」と見出しをつけた後，ツールバーのデータからフィルタを選んでオートフィルタを適用する。そして，A1のオートフィルタボタン（▼）をクリックし，テキストフィルタ＜指定の値を含む，と進む。指定値を入れるボックスに「-」（半角）を入れてOKを押すと，ハイフン語552語が抽出されるので，これらの行をすべて削除する。その後，A1のオートフィルタボタンを押し，すべて選択＜OKと進むと，削除後の全データが表示される。同様の手順によって，今度は「'」（半角）を含む2語を削除し，削除後の全データを表示させる。最後に，見出しをつけた1行目を削除して上書き保存する。これで，レマ・リストをAntConcに適合した形に編集できた（レマ総数は14206語となる）。以下ではこの編集済みのファイルを使用する。

　AntConcでレマ・リストを使用するためには，ツールバーのTool Preferencesより，Word Listのカテゴリを選ぶ。すると，右側に設定画面が現れ，その中央にLemma List Optionsという欄がある（図3）。

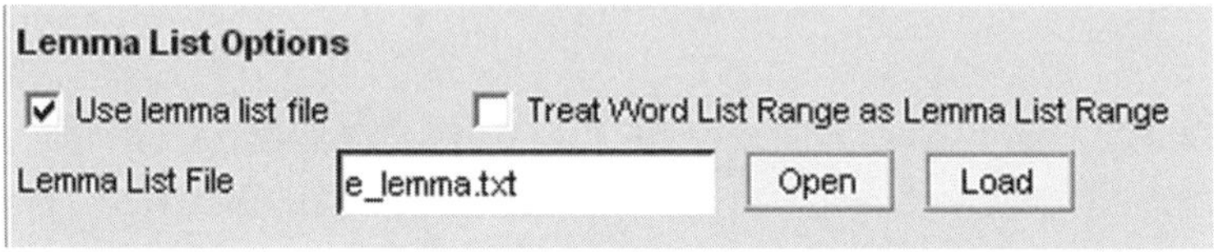

図3　レマ・リストの指定

　まず，Use lemma list fileにチェックを入れた後，Lemma List Fileの入力ボックスの横にあるOpenを押して編集済みのe_lemma.txtのファイルを選び，Loadを押してデータをソフトウェアに読み込ませる。その後，設定画面の下部にあるApplyを押せばレマ・リストの利用準備が整う。

　その後は，Word Listの画面で，通常どおり，単語頻度表を作成すると，自動的にレマ化済リストが作成される。たとえばallyの例（図4）で言うと，右側に記載されている表記形のalliedの1回とalliesの12回を合算した結果が，左側のレマのallyの頻度13回として表示されている。なお，レ

Freq	Lemma	Lemma Word Form(s)
2	alliance	alliance 1 alliances 1
9	allow	allow 8 allowed 1
13	ally	allied 1 allies 12

図4　レマ化済み単語頻度表

マ化によってもサンプルの延べ語数は変わらないが，異なり語数は4595語（表記形単位）から3464語（レマ単位）に減っている。このことは，平均して，レマの1語が表記形の1.33語に相当することを示唆している。

■**単語家族とは**

　活用形を1つにまとめたものがレマであったが，さらに幅広く，接辞付加型の派生形を全て1つにまとめる計量単位を単語家族（word family）と言う。これは Palmer（1931）の見出し語（headword）を拡張した概念で，player（選手），playable（プレーできる），replay（再演）など，play から派生した語とその活用形は全て play の「家族」であり，それゆえ play の1語にまとめられることとなる。

　単語家族という概念の前提にあるのは，基本形である play を知っていれば，同じ語根を共有する派生語もわかるはずだという考え方である。これは，基本的に母語話者を念頭に置いた発想である。確かに母語話者であれば，接辞や造語ルールの知識が備わっているので，1つの語から関連する他の派生語を類推して理解したり，それらを産出したりすることがかなりの程度までできるであろう。

　単語家族という単位は，関連する多くの語を圧縮して整理できるので，母語話者や ESL（English as a Second Language：第2言語としての英語）学習者を対象にした研究・教育において広く用いられている。たとえば，West（1953）は General Service List（GSL）という 2000 語の基本語リストを作成したが（第Ⅳ章・第1節参照），ここで言う 2000 語とは単語家族である。また，Laufer（1992）は，語彙研究に関する有名な論文の中で，「標準的な英語の文章を読解するには最低 3000 語が必要である」と述べて

いるが，これもまた単語家族である。さらに，英英辞書の定義語彙の語数なども，通例，単語家族で計算されている。一方，日本のような非アルファベット圏の EFL (English as a Foreign Language：外国語としての英語) 学習者には，単語家族という単位はなじみにくい。

　単語家族という単位を導入すると，語数が大きく変わってしまうので注意が必要である。Laufer (1992) によれば，「単語家族の 3000 語はおよそ見出し語（レマ）の 5000 語に相当する」とされる。この換算によれば，単語家族単位の 1 語はレマ単位の 1.67 語に相当することになる。Clinton 演説サンプルを使った先の検証では，レマの 1 語は表記形単位の 1.33 語に相当する。このデータに基づくと，単語家族単位の 1 語は，およそ表記形単位の 2.2 語（1.67×1.33）に等しいことになる。なお，このように単語家族単位による語数計量を基本形方式，一方，派生形を別個に数え上げる計量を派生形方式と呼ぶことがある。

■語の計量に伴う問題

　以上で，語数の計量にまつわる基本的な概念を概観してきたわけであるが，これで全ての問題がすっきり片付いたわけではない。たとえば，下記の文の語数をどう考えるべきであろうか。

(1) A new bank has opened on the bank.（川岸に新しい銀行がオープンした。）

(2) I paid a $100 fine to the police officer, who was a fine lady with a fine skin.（私は警官に 100 ドルの罰金を払った。彼女は，肌理の細かな肌を持った美しい女性であった。）

(3) He didn't like the painter's still-life.（彼はその画家の静物画が気に入っていなかった。）

(4) He dialed 123-4567.（彼は 123-4567 とダイヤルした。）

　(1) には銀行という意味の bank と土手という意味の bank が，また (2) には罰金を意味する名詞の fine に加え，美しいを意味する形容詞の fine と，細かいを意味する形容詞の fine が使われている。これらはそれぞ

れ1語と数えるべきであろうか。あるいは同一品詞は1語として数え，品詞が異なるものだけを別語と数えるべきであろうか。(3) に含まれる didn't や painter's は1語であろうか2語であろうか（第II章・第2節参照）。さらにハイフンつき複合語（hyphenated compound）である still-life はどう数えるべきであろうか。(4) には数字の羅列があるが，声に出して読まれるときにはそれぞれ one two three... となるはずである。ならば，この文の語数は2語だろうか9語だろうか。

　これらの例は，語数計量の難しさを示唆している。計量単位に関して唯一の決定的な立場は存在しないが，われわれにとって重要なことは，自らの研究目的に最も適切な語の基準を明示的に定め，それを首尾一貫して維持することである。

第2節　頻度差の計量

■「差がある」とは？

　コーパスの語数，コーパスを構成する各語の頻度，あるいは各品詞の頻度など，コーパス研究では多種多様な数字を扱うことになるが，数字を評価する上で重要になるのは比較である。

　筆者の手元には2006年から2007年にかけて作成した米国新聞コーパス（延べ語数851227語）があるが，その中でレマとしての GO の頻度は1824回である。しかし，この情報だけでは何の解釈も行うことができない。これに加えて，同じように作成した英国新聞コーパス（延べ語数891185語）での GO の頻度が1941回であることがわかれば，2つの値を比べることができる。この場合，それぞれのコーパスの延べ語数が異なっているので，100万語あたりの（per million word：PMW）頻度に換算すると，米国は2143回，英国は2178回となって，英国新聞のほうが GO の頻度が高そうであるとわかる。

　2つの値を比較する際に重要なことは，一方が他方より明らかに多いかどうか，言い換えれば両者に本質的な差があるかどうかということである。この場合で言うと，英米の新聞における GO の頻度差は100万語あたり35回

であり，これは誤差の範囲かもしれない。

　最近のコーパス研究では，数値比較に伴うこうした微妙な問題に対して，単なる差があるかどうかを見るのではなく，意味のある差，すなわち「有意差」があるかどうかを統計学的計算によって決定することが行われている。このように，有意差の有無を統計的に判定することを統計的検定と呼ぶ。

　検定に使用できる手法は数多くあるが，頻度差の検定の目的で広く使用されているのは，カイ二乗統計量（chi-square：略記 χ^2）を用いたカイ二乗検定（chi-square test）である。これにより，2要因が独立しているかどうか，つまり，比較する2つの頻度が互いに意味のある程度に異なっているかどうかが評価できる。

■**統計的検定の流れ**

　最初の例に戻って，米国新聞コーパスの GO と英国新聞コーパスの GO の頻度に有意差があるかどうかを検定してみることにしよう。有意差検定では，次のように独特の議論の進め方をする。

(1) まず，「有意差はない」という仮説を立てる。
(2) 仮説を否定する際の危険性の大きさを計算する。
(3) 危険性が基準値未満なら仮説を否定。「有意差はある」と結論。
　　 危険性が基準値以上なら仮説を採用。「有意差はない」と結論。

有意差検定の作業の中心は，(2) において，「差はない」という仮説を否定する危険性の大小を評価することである。この判断は，後述する計算によって求められる特別な統計値に基づいて行われる。

　なお，最初に立てる「有意差がない」という仮説は，検定結果によって無に帰す可能性があるため，これを帰無仮説（null hypothesis）と呼ぶ。また，帰無仮説を否定して捨て去ることを棄却（rejection）と呼ぶ。そして，棄却すべきでない帰無仮説を誤って棄却してしまう危険性のことを危険確率（probability：通例 p と表記）と呼ぶ。

　帰無仮説を棄却するかどうかを決める危険確率の基準値には 5%，1%，0.1% の3種類がある。危険確率が 5% 未満とは 95% 以上の確率で有意差あり

と言い切れること，危険確率が1%未満とは99%以上の確率で有意差ありと言い切れること，そして，危険確率が0.1%未満とは99.9%以上の確率で有意差ありと言い切れるということである。ゆえに，検定水準としては5%が最も緩く，0.1%が最も厳しい。言語研究では，5%水準で有意差の有無をまず求め，有意差ありの場合は，さらに，1%ないし0.1%水準で有意差が出るかを調べてゆく。

■計算の流れ

危険確率の評価は，検定しようとするデータから計算で求められるカイ二乗統計量と，危険確率（5%，1%，0.1%）ごとにあらかじめ決まっている基準統計量との比較に基づく。データから得られた統計量が基準統計量を上回っていれば有意差あり，同じか下回っていれば有意差なしとなる。

カイ二乗統計量とは，2つのコーパスで実際に観測された頻度（実測値）と，2コーパス間に頻度差がないと仮定した場合に予測されるそれぞれの頻度（期待値）とのずれの大きさを数値化した値である。期待値と実測値の差が十分に大きければ，カイ二乗統計量は大きくなり，「有意差なし」という仮説を棄却する危険確率は小さくなる。逆に，期待値と実測値の差が小さければ，統計量は小さくなり，危険確率は大きくなる。

カイ二乗統計量の計算はいささか煩瑣なので，本節では，計算の仕組みを理解しながら，だれでも簡単に検定が行えるよう，汎用的な言語計量用の計算ファイルを作成してゆくこととしたい。以下ではExcelを利用するが，同様の表計算ソフトであれば同じように使用することができる。読者も実際に同じデータを入力しながら読み進めていただきたい。

カイ二乗統計量を計算して有意差判定を行うまでの大まかな流れは下記の通りである。

（1）実測値表を作成する。
（2）期待値表を作成する。
（3）実測値と期待値の差からカイ二乗統計量を計算する。
（4）危険確率の各水準に相当する基準統計量を求める。
（5）基準統計量とカイ二乗統計量とを比較して有意差を判定する。

以下、5つのステップを順に実行してゆく。

■ <STEP1／5> 実測値表を作成する

ここでは、米国新聞コーパス（851227語）のGO頻度（1824回）と、英国新聞コーパス（891185語）のGO頻度（1941回）を比較するわけであるが、これらの数値は実際にコーパスで観測された値であるので、これを実測値と呼ぶ。

最初にすることは、すでにわかっている各種の実測値を整理して、実測値表を作成することである。Excelの新しいワークシートを開き、まずは下記のような表を作成しよう（表1）。

表1　実測値表の準備

	A	B	C	D
1	(1)実測値表			
2		X頻度	X以外頻度	総頻度
3	対象コーパス	1824		851227
4	参照コーパス	1941		891185
5	合計			

2つのコーパスを比較する場合、主として注目するコーパスを対象コーパス、比較相手のコーパスを参照コーパスと呼ぶ（第II章・第2節参照）。ここでは、前者を米国新聞コーパス、後者を英国新聞コーパスとしておく。なお、表中のXは単語のことである。

表1で、4つの値がわかれば、他の空欄も埋めることができる。たとえば、X以外頻度は総頻度からX頻度を引いたものであるから、C列については、まず、C3=D3−B3（つまり、C3のセルに=D3−B3）と入力する。また、同様に、C4=D4−B4と入力する。次に、5行目に入る値は3行目と4行目を足したものであるから、B5=B3+B4、C5=C3+C4、D5=D3+D4と入力する。すると、表2のような計算結果が表示される。

表2では、各コーパスの総頻度はX頻度とX以外頻度に分割され、両コーパスにおけるX頻度の合計とX以外頻度の合計はそれぞれ対象コーパス

表2　実測値表の完成

	A	B	C	D
1	(1)実測値表			
2		X 頻度	X 以外頻度	総頻度
3	対象コーパス	1824	849403	851227
4	参照コーパス	1941	889244	891185
5	合計	3765	1738647	1742412

表3　分割表の概念

	X 頻度	X 以外頻度	総頻度
対象コーパス	1824	849403	851227
参照コーパス	1941	889244	891185
合計	3765	1738647	1742412

と参照コーパスに分割されている。ゆえにこうした表を分割表（contingency table）と呼ぶ（表3）。

　なお，表3で色を付けた部分は，2列2行から構成されているので，こうした表をとくに2×2の分割表と呼ぶ。また，通例，列方向にある X 頻度と X 以外頻度のことをカテゴリ，行方向にある対象コーパスと参照コーパスのことを変数（サンプル）と呼ぶ。STEP1 はこれで終了である。

■ **＜STEP2／5＞ 期待値表を作成する**

　統計検定では，最初に2つの値に差がないという仮説を立てるわけであるが，差がない，つまり2つの値が同じであるとすると，英米の新聞コーパスにおいて GO の頻度はそれぞれいくつになるはずだったのであろうか。このように，差がないと仮定した場合に予測される頻度のことを期待値と呼ぶ。

　それでは，実測値表と同じ要領で期待値表を作成していこう。まず，さきほど作成した実測値表の下に期待値表の枠を作成する（表4）。

表4　期待値表の枠の作成

	A	B	C	D
1	(1)実測値表			
2		X 頻度	X 以外頻度	総頻度
3	対象コーパス	1824	849403	851227
4	参照コーパス	1941	889244	891185
5	合計	3765	1738647	1742412
6				
7	(2)期待値表			
8		X 頻度	X 以外頻度	総頻度
9	対象コーパス			
10	参照コーパス			
11	合計			

　実測値表でも期待値表でも総頻度や合計頻度は不変である。ゆえに，期待値表内の X 頻度の合計には B11＝B5，X 以外頻度の合計には C11＝C5，そして総頻度の列には上から順に D9＝D3，D10＝D4，D11＝D5 と入力する。これで実測値表のデータが自動的にコピーされる。また，実測値表の場合と同様，X 以外頻度は総頻度から X 頻度を引いたものであるから，C 列には C9＝D9－B9，C10＝D10－B10 と入力しておく。すると，表5のようになるはずである。

　残るは2つのコーパスにおける X 頻度の期待値である。ここで行うことは，対象コーパスと参照コーパスのサイズ比（総頻度比）をふまえて，3765 という GO の合計頻度を2つに按分することである。対象コーパス，参照コーパスそれぞれにおける単語 X の期待値は次の式で求められる。

$$\text{両コーパス中の単語 X の合計頻度} \times \frac{\text{当該コーパスの総頻度}}{\text{両コーパスの総頻度}}$$

　仮に2つのコーパスが全く同じサイズなら按分比は 1/2 ずつとなる。サイズ比が 1：2 であれば按分比は 1/3 と 2/3 となる。ここでは，両コーパスの総頻度が 851227＋891185＝1742412 であるから，按分比は，対象コーパ

表5　期待値表の準備

	A	B	C	D
7	(2)期待値表			
8		X頻度	X以外頻度	総頻度
9	対象コーパス		851227	851227
10	参照コーパス		891185	891185
11	合計	3765	1738647	1742412

スが851227／1742412，参照コーパスが891185／1742412となる。

　手計算に比べると，Excel上での計算はずっと簡単である。上記の公式のうち，両コーパス中の単語Xの合計頻度はB11に，両コーパスの総頻度はD11に，当該コーパスの総頻度はD9とD10にそれぞれ表示されている。よって，空欄になっているX頻度のセルに，B9＝B11＊D9/D11，B10＝B11＊D10/D11と打ち込めば自動で計算が完了する。表6では，Excelのツールバーより，ホーム＜数値＜セルの書式設定＜分類：数値＜小数点以下の桁数（D）と選び，表示する桁数を2桁に固定しているが，桁数は任意である。

表6　期待値表の完成

	A	B	C	D
7	(2)期待値表			
8		X頻度	X以外頻度	総頻度
9	対象コーパス	1839.33	849387.67	851227
10	参照コーパス	1925.67	889259.33	891185
11	合計	3765	1738647	1742412

　ここで実測値表と期待値表のX頻度を比べてみよう。両コーパスでの頻度に差がなく，2語がまったく等しい出方をしていると仮定すると，GOは対象コーパスでは1839.33回出現するはずであるが，実際には1824回しか出ていない。一方，GOは参照コーパスでは1925.67回出現するはずであ

るが，実際には 1941 回出ている。以下では，このずれ幅を統計的に評価してゆく。STEP2 はこれで終了である。

■ **＜STEP3／5＞ カイ二乗統計量表を作成する**

以上で実測値表と期待値表が完成したので，今度は，両者のずれ幅の値を検定用に加工したカイ二乗統計量と呼ばれる値を計算してゆく。まず，期待値表の下に新しい表を作成する（表7）。

表7　カイ二乗統計量計算の準備

	A	B	C
13	(3) χ^2 統計量表		
14		X 頻度	X 以外頻度
15	対象コーパス		
16	参照コーパス		
17	χ^2 統計量		

カイ二乗統計量は次のような式で求められる。

$$\chi^2 = \Sigma(実測値 － 期待値)^2 ／ 期待値$$

Σ（シグマ）とは，総和の意味であるから，分割表内の4つのセル，すなわち，対象コーパス X 頻度，参照コーパス X 頻度，対象コーパス X 以外頻度，参照コーパス X 以外頻度の4種類について，それぞれ（実測値－期待値）^{2}／期待値を計算し，それらを合計したものがカイ二乗統計量となる。

では，カイ二乗統計量の式を入力していこう。n の二乗は n^2 と書けばよいので，対象コーパス X 頻度については B15＝(B3-B9)^2/B9 と入力する。後は，B15 のセルをコピーして，B16，C15，C16 の3つのセルに貼り付ければ良い。最後に，以上の4つの値を合計するため，カイ二乗統計量のセルに B17＝sum(B15:C16) と入力する。計算が自動で行われ，表8のような結果が得られるはずである。

表8のように，0.25 というカイ二乗統計量が得られれば，STEP3 は終了

表8　カイ二乗統計量表の完成

	X 頻度	X 以外頻度
対象コーパス	0.13	0.00
参照コーパス	0.12	0.00
χ^2 統計量	0.25	

である。

■ <STEP4／5> カイ二乗基準統計量表の作成

　カイ二乗統計量は一定のカイ二乗分布に従うことがわかっているので，計算で求められた統計量と，危険確率の水準ごとに決まる基準統計量を比較して有意差を判定する。得られた 0.25 という値が，基準統計量を上回っていれば有意差あり，同じか下回っていれば有意差なしと判断するわけである。

　すでに述べたように，基準統計量は 3 種類の危険確率ごとに求める。基準統計量は統計学の教科書などにも記載されているが，ここでは同じく Excel 上で基準統計量を出す方法を考えよう。まず，表 9 のようなカイ二乗基準統計量表の枠を作成する。

表9　カイ二乗基準統計量表の準備

	A	B
19	(4) χ^2 基準統計量表	
20	危険確率	χ^2 統計量
21	5%水準	
22	1%水準	
23	0.1%水準	

　基準統計量を求めるには，危険確率と自由度（degree of freedom：df）という 2 つの値が必要になる。危険確率はすでに述べたように 0.05（5%），0.01（1%），0.001（0.1%）の 3 つである。自由度とは，自由に選べるデータの個数のことである。たとえば 2 つの値を自由に選べる場合，自由度は 2

であるが，2値の合計や平均があらかじめ決まっている場合は，1つを選ぶと残りの1つは自動的に決まってしまうので，自由度は 2−1=1 となる。ここでは，2×2 の分割表が対象であるから，全体の自由度は (2−1)×(2−1)=1 となる（南風原，2002, p.212）。

Excel でカイ二乗の基準統計量を求めるには，chiinv（危険確率，自由度）という関数を使用する。つまり，危険確率5%に対応する基準統計量は B21=chiinv(0.05,1)，1%に対応する統計量は B22=chiinv(0.01,1)，0.1%に対応する統計量は B23=chiinv(0.001,1) として求められる。正しく入力ができていれば，表10のような結果が表示されるはずである。以上で3種類の基準統計量がわかった。後は比較だけである。

表10　カイ二乗基準統計量表の完成

危険確率	χ^2 統計量
5%水準	3.84
1%水準	6.63
0.1%水準	10.83

■ <STEP5／5> 有意差の判定

最後に行うことは，頻度データから得られたカイ二乗統計量（0.25）と，3つの水準ごとの基準統計量を比較することである。この場合，カイ二乗統計量（0.25）は，5%水準の基準統計量（3.84），1%水準の基準統計量（6.63），0.1%水準の基準統計量（10.83）のいずれも上回っていない。ゆえに，どの水準においても，「2つの値に差はない」という帰無仮説は棄却できないことになり，有意差なしというのが最終的な結論である。

英米新聞コーパスにおける GO の頻度は100万語あたり2143回と2178回で，そこには35の差があった。主観や直観で言えば，これは十分な差に見えたかもしれないが，カイ二乗検定を行うことで，35という差は見かけ上の誤差であって，両コーパスにおける GO の頻度はほぼ同じであるという最終的な結論が得られたのである。

ここで強調しておきたいのは，統計的な有意差というものが非常に狭い概

念だということである。直観的に差があると思われる事象であっても有意差が検出されないことは珍しくない。有意差が出るためには，2つの値の間にかなりの差が必要なのである。表11のような枠を作成し，B27〜B29のセルに判定結果を入力しておくとよいであろう。

表11　判定結果

	A	B
25	(5)有意差判定	
26	危険確率	判定
27	5%水準	有意差なし
28	1%水準	有意差なし
29	0.1%水準	有意差なし

　なお，カイ二乗統計量（B17）と基準統計量（B21〜B23）の比較・判定作業は，IF 関数と呼ばれる関数を使って自動化させることができる。IF 関数は，IF（論理式，真の場合，偽の場合）という形で入力する。論理式の条件を満たしていれば「真の場合」に書かれた内容が，満たしていなければ「偽の場合」に書かれた内容が実行される。文字列を表示させるには引用符で括ればよいので，判定結果を表示するセルにB27＝IF（B17＞B21，"有意差あり"，"有意差なし"），B28＝IF（B17＞B22，"有意差あり"，"有意差なし"），B29＝IF（B17＞B23，"有意差あり"，"有意差なし"）と入力しておけば，次回以降は自動的に判定結果が表示されるようになる。

■危険確率をより正確に求めるには

　以上でカイ二乗検定は終了したが，同じ「有意差なし」という場合であっても，危険確率が5.1%で限りなく「有意差あり」に近いこともあれば，危険確率が30%で有意差には程遠いということもある。そこで，最近では，危険確率を直接的に求め，結果をより細かく解釈する場合がある。
　ここでは，危険確率の直接算出の方法について簡単に触れておこう。まず，有意差判定表の下に，表12のような危険確率表の枠を作成する。
　危険確率を直接計算する関数は chitest（実測値範囲，期待値範囲）であ

表12 危険確率表の準備

	A	B
31	(6)危険確率表	
32	危険確率	
33	危険確率（%）	
34	判定	

る。この場合，実測値範囲とは，実測値表における2×2の分割表部分，期待値範囲とは期待値表における2×2の分割表部分になる。よって，危険確率のセルに B32＝chitest(B3:C4, B9:C10) と入力すればよい。

なお，危険確率は小数で出てくるので，値が小さい場合に読み間違える可能性がある。そこで，読みやすい百分率で表示させるために，危険確率（%）として B33＝B32＊100 と入力しておこう。後は危険確率（%）の値が，5%，1%，0.1%未満であるかどうかを判断して判定欄に結果を記入すればよい。

表13 危険確率表の完成

危険確率	0.62
危険確率（%）	61.68
判定	有意差なし

今回の例で言うと，「有意差がない」という帰無仮説を棄却する危険性は実に62%近くに上る。裏返して言うと，「有意差がある」と言える確実性は38%にすぎないことになる。

先ほどと同様，IF関数を使って判定結果を自動で表示させることもできる。式が複雑になるが，B34＝IF(B33＞＝5,"有意差なし",IF(B33＞＝1,"5%水準で有意差あり",IF(B33＞＝0.1,"1%水準で有意差あり","0.1%水準で有意差あり")))のように入力しておけば次回以降の判定が自動化できる。

■カイ二乗検定の留意点

なお，カイ二乗検定の使用には留意点がある。1つ目は，分割表の中でいずれかの期待値が4以下になる場合は利用できないということである。4以下のものがある場合はフィッシャー検定という別の検定手法が用いられる（武藤，1995, p.433）。カイ二乗検定が安定した結果を返すためには，頻度がある程度高いことが前提になる。

2つ目は，自由度の問題である。今回のように，2変数・2カテゴリからなる2×2の分割表の場合，自由度は (2−1)×(2−1)＝1 となるが，これだと1変数・2カテゴリの場合の自由度 2−1＝1 と同じになり，本来の統計量より，若干，高めに計算されてしまうことが知られている。この点を修正するため，イエイツ補正式（Yates' correction）と呼ばれる式を使う場合がある。これは，$\chi^2=\Sigma$（実測値−期待値）^{2}／期待値 という公式の代わりに，Yates＝Σ（|実測値−期待値|−0.5）^{2}／期待値 という公式を使う（斎藤他，2005, pp.106-107）。ただし，イエイツ補正式の利用の是非については，慎重な見解も示されている（武藤，1995, p.434）。

3つ目は，カイ二乗で使用できるのは，加工されていない粗頻度（raw frequency）だけであって，100万語あたりの頻度や％など，比率的頻度を使用することはできないということである。検定の実施にあたってはこれらの点に注意しておく必要がある。

■基本動詞の頻度差を調べる

以上，5＋1の6つのステップでカイ二乗検定用のExcelのファイルを作成してきたが，今後は同じ作業を繰り返す必要はない。実測値表のX頻度と総頻度のセル（B3, B4, D3, D4）内のデータを削除した状態で保存しておけば，以後は4つのセルに新しいデータを書き込むだけで何度でもファイルを再利用することができる。なお，表14で0が表示されているセルには計算式が入力済みなので，これらを削除してはいけない。

上で見たように，GOについては有意差が確認できなかったが，他の基本動詞ではどうであろうか。以下では，同じ米国新聞コーパス（851227語）と英国新聞コーパス（891185語）を使い，各種の基本動詞（レマ）の頻度差を検定してみることにしよう（表15）。読者も，各自で作成したファイル

表 14 実測値表の保存

	A	B	C	D
1	(1)実測値表			
2		X 頻度	X 以外頻度	総頻度
3	対象コーパス			0
4	参照コーパス			0
5	合計	0	0	0

表 15 基本動詞の頻度

レマ	粗頻度		PMW	
	米国新聞	英国新聞	米国新聞	英国新聞
BE	24266	30440	28507	34157
DO	2616	2724	3073	3057
GET	1813	2051	2130	2301
HAVE	9717	11348	11415	12734
LIKE	1366	1321	1605	1482
SAY	8372	5600	9835	6284
TAKE	1343	1789	1578	2007

に実際に値を入力し，正しい結果が出ることを確認していただきたい。

　検定は粗頻度データに対して行う。すると，BE（$\chi^2=456.96$），HAVE（$\chi^2=63.35$），SAY（$\chi^2=690.34$），TAKE（$\chi^2=44.81$）の 4 語は 0.1%水準で有意差があり，GET（$\chi^2=5.79$）と LIKE（$\chi^2=4.24$）の 2 語は 5%水準で有意差があるが，DO（$\chi^2=0.04$）の場合は危険確率が 0.84 となって，有意差なしと結論される。

　では，なぜ，米国新聞では SAY，LIKE が多く，英国新聞では BE，GET，HAVE，TAKE が多いのであろうか。ここから先は，質的調査にゆだねなければならない。この中には英米新聞の言語的差異に関係した重要

な違いが含まれているかもしれないし，記事内容によってたまたま有意差が出ただけかもしれない。留意すべきは，カイ二乗検定は2つの値の有意差を機械的に調べているだけで，米国新聞だからXが多い／少ない，といった因果の関係を証明するものではないということである（伊藤，2002, pp. 110-111）。違いを生んだ原因を探るのは調査者に残された仕事である。

■検定で変わる言語研究の姿

すでに述べたように，単なる差とは違って，有意差というのは非常に厳密な概念であり，直観的に差があるように見えても，有意差が出ないケースは多い。統計検定は，言語研究の在り方にも変化を迫る。たとえば，従来の研究では，「Xという語は英国より米国で多用されがちである」とか，「Yという表現は日本人英語学習者よりも母語話者が使いやすい」とか，「Zという文法項目は初級学習者の英作文より上級学習者の英作文に見られやすい」といったことがしばしば表面的な数値比較に基づいて指摘されてきたが，統計検定という科学的なプロセスを挟むことで，こうした主張は根本的に洗い直され，ふるいにかけられる。つまり，検定を行うことによって，「データとしてのテクスト」という視点がいっそう鮮明になり，客観的な基盤に立ったより妥当性の高い議論が可能になるのである。

以上，本節では，2つのコーパス間の語の頻度に十分な差があるかどうかを調べる方法について概略してきたが，ある語が一方のコーパスにおいて有意に，つまりは顕著に頻出するとすれば，その語は当該コーパスにおいて特徴的な使われ方をしているとも考えられる。次節では，頻度差の概念を拡張し，コーパスにおける語の特徴度を計量する方法について考えてみよう。

第3節　特徴度の計量

■特徴度と特徴語

語の中には，当該コーパスに限って特徴的に頻出するものがある。こうした特徴性の度合いのことを特徴度（keyness）と呼び，とくに特徴度が高い語を特徴語（keyword）と呼ぶ（第II章・第2節参照）。

Scott & Tribble (2006) は，テクストの話題 (aboutness) に関わる特徴語を検出するには，対象コーパス内で反復生起していること，参照コーパスのような外部基準と比較すること，対象コーパス内で一定水準以上の頻度があると同時に，参照コーパスと比較して顕著に高頻度であること，という3点が重要であると指摘している (pp.58-59)。

つまり，コーパス言語学で言う特徴度とは，対象コーパスと参照コーパスにおける頻度差の顕著性の度合いと定義できる。こうした視点に立てば，特徴度の計量が，有意差検定の延長線上に位置付けられることに気付くであろう。ある語の頻度について，参照コーパスとの比較から予測される期待値と，実測値とが乖離しており，カイ二乗統計量が大きく，危険確率が小さいということは，すなわち，当該語の特徴度が高いということでもある。以下では，特徴度計量の基準となるカイ二乗統計量および対数尤度比という2種類の統計値について解説したい。

■カイ二乗統計量

前節で詳しく述べたように，カイ二乗統計量は予想される期待値と観測された実測値のずれの幅を検定用に加工した値であり，$\chi^2 = \Sigma$（実測値－期待値）^{2}／期待値という公式で求められる。カイ二乗統計量の計算には，前節で作成した言語計量用ファイルがそのまま利用できる。

カイ二乗統計量の見方は簡単で，値が大きければ大きいほど，当該コーパスにおける特徴度が高いということになる。前節で行った英米新聞コーパスにおける基本動詞の頻度調査結果で言えば，米国新聞では SAY ($\chi^2 = 690.34$)，英国新聞では BE ($\chi^2 = 456.96$) の特徴度が最も高いということになる。

ただし，カイ二乗統計量がいくつであれば特徴語と言ってよいかを一律に決めることは難しい。というのも，比較するコーパスのサイズや性質によって統計量の値が変化するからである。BROWN Corpus と LOB Corpus のように，サイズやバランスの点で等質性の高いコーパスを比較した場合は，最も特徴度の高い語でも統計量は400〜500程度にとどまるが，小規模な医学コーパスと大規模な一般コーパスというように，異質なコーパスを比較する場合には1000を超える統計量が出ることも珍しくない。ゆえに，統計量

だけで機械的に特徴語であるかどうかを決めるのではなく，統計量上位の語群を特徴語候補としてとらえ，個別に特徴語としての妥当性を検討してゆくというアプローチが必要であろう。

なお，参照コーパスのサイズが大きければ，対象コーパスにおける特徴語が見つかりやすくなることが知られている。Berber Sardinha（2004）は，参照コーパスが対象コーパスの5倍以上のサイズであれば十分な量の特徴語が検出できると指摘しているが（pp.101-103），一方で，質的に分析できないほどの大量の特徴語を抽出しても研究上の意味は薄い。このため，先行研究では，上位10語程度から100語程度までを特徴語と呼んで分析の対象にしている例が多いようである。

■対数尤度比

上記のカイ二乗統計量は，厳密にはピアソン（Pearson）のカイ二乗統計量と呼ばれるものであるが，最近の研究では，対数尤度（ゆうど）比カイ二乗統計量（log-likelihood ratio：LL）を使用するものもある。対数尤度比カイ二乗統計量（以下，対数尤度比）は，G^2（G-square）やGスコアなどとも呼ばれる。

Oakes（1998）は，カイ二乗統計量と対数尤度比は数学的にはほとんど同じものであるとするが（p.38），Dunning（1993）をはじめとする一部の研究者は，コーパスの頻度データには偏りがありすぎ，カイ二乗分布に近似させることには無理があるため，対数尤度比を利用するほうが望ましいと主張している。たとえば，British National Corpus（BNC）における語の頻度を分析したLeech et al.（2001）は，対数尤度比の利点として，(1) 正規分布を前提としなくてもよいこと，(2) 稀な事象を過剰評価しないこと，(3) サンプルの分量差が結果に影響しないこと，の3点を挙げている（p.16）。このうち，(2) と (3) は，カイ二乗に比べて対数尤度比が優れているとされる点である。

カイ二乗統計量と同様，対数尤度比（G^2）もまた，実測値と期待値の差に注目するもので，2つの公式はよく似ている。

$$\chi^2 = \Sigma（実測値 - 期待値）^2／期待値$$
$$G^2 = 2 \times \Sigma \ 実測値（\log e（実測値） - \log e（期待値））$$

重要なのは,カイ二乗統計量が頻度差を二乗するのに対し,対数尤度比がそれぞれの頻度を対数(logarithm)に変換している点である。

ところで,対数とはどのようなものであろうか。身近な例として,$\log_2 8 = 3$ という式を考えてみたい。左辺の $\log_2 8$ は「2を何乗すれば8になるか」を表し,右辺は3となる。ここで,2を底(てい),8を真数,3を対数と呼ぶ。こう考えれば,対数とは馴染み深い指数($2^3=8$)の裏返しであることに気付く。つまり,χ^2 は指数(二乗)によって頻度の情報を増幅し,G^2 は対数によって頻度の情報を圧縮していることになる。

頻度研究で対数を使うのは,対数がデータの散らばり幅を小さくしてくれるからである。コーパスでは,頻度1や頻度2といった小さい値と共に,きわめて大きい値を扱うことになるが,対数(底=2)に変換すれば,10万は16.6,100万は19.9,1000万は23.3となって非常に扱いやすくなる。頻度データとして10と1000万を比べるよりも,それぞれの対数をとって3.3と23.3を比べるほうがはるかに安定した比較ができる。対数尤度比は,対数の数学的特性を活かして,頻度に過剰依存するために頻度差やコーパス総語数の差に影響されやすいカイ二乗統計量の問題点を解消しているのである(石川,2006)。

なお,対数の計算は底によって結果が変わってくるが,対数尤度比では,特殊な定数 e(≒2.7)を底とする。e を底とする対数は自然対数(natural logarithm)と呼ばれ,Excel では LN(値)という関数で求められる。

■対数尤度比の計算

いよいよ,対数尤度比の計算に入ろう。すでに作成済みのカイ二乗検定用のファイルを流用して作業を省力化する。作業手順は簡単で,対数尤度比統計量表の作成,計算式の入力,という2つのステップで完了する。

ここでは,日本人大学生英語エッセイコーパス CEEJUS(第Ⅵ章・第1節参照)の一部を対象コーパスに,FROWN Corpus を参照コーパスに指

定して，主語の I の直後に生起する助動詞 can（否定形含む）の特徴度を計量する。CEEJUS のうち使用したデータの延べ語数は 86690 語，can の頻度は 106 である。一方，FROWN Corpus の延べ語数は 1206555 語（行頭 ID・タグ等を含む），can の頻度は 225 である。

まず，先ほどの言語計量用ファイルを開き，実測値表の中に 2 コーパスの X 頻度と総頻度を入力する。すると，計算式があらかじめ入力済みなので他のセルは自動で埋まる。

表1　実測値表

	X 頻度	X 以外頻度	総頻度
対象コーパス	106	86584	86690
参照コーパス	225	1206330	1206555
合計	331	1292914	1293245

次に，対数尤度比の統計量表を作成するため，(6) 危険確率表の下に，下記のような新しい表枠を作成する。

表2　対数尤度比統計量表の作成

	A	B	C
36	(7)対数尤度比統計量表		
37		X 頻度	X 以外頻度
38	対象コーパス		
39	参照コーパス		
40	対数尤度比統計量		

対数尤度比の公式は $G^2 = 2 \times \Sigma$ 実測値（$\log e$（実測値）$- \log e$（期待値））であった。Σ は総和の意味であるから，分割表内の対象コーパス X 頻度，対象コーパス X 以外頻度，参照コーパス X 頻度，参照コーパス X 以外頻度の4種類について，それぞれ必要な計算を行って総和を取れば対数尤度比統計量が求められる。

対象コーパス X 頻度の場合，実測値（B3）と期待値（B9）はすでにわか

っているので，B38＝2＊B3＊(LN(B3)−LN(B9))と入力すればよい。後は，B38のセルをコピーして，B39，C38，C39に張り付ける。最後に4つのセル値の和を出すため，統計量のセルにB40＝sum(B38:C39)と入力すれば，作業は終了である。下記のような計算結果が表示されるはずである。

表3　対数尤度比計算の完了

	X 頻度	X 以外頻度
対象コーパス	331.55	−167.54
参照コーパス	−142.48	167.63
対数尤度比統計量	189.15	

　上記より，CEEJUSにおける助動詞canの特徴度は，対数尤度比で189.15であることがわかった。後で見るように，これは他の助動詞の対数尤度比に比べて非常に高い値であり，日本人大学生が自己について語る場合，助動詞の中ではcanを特徴的に多用していることが示唆される。
　CEEJUSとFROWN Corpusは，データ量が10倍以上開いており，カイ二乗統計量を用いた特徴度の計算では数学的妥当性が十分に確保されない可能性があったが，対数尤度比を使用することで，こうしたサンプル量の差を意識することなく，特徴度の計算が可能になるのである。

■さまざまな助動詞の特徴度を調べる
　言語計量ファイルは，これで，カイ二乗統計量に加え，対数尤度比の自動計算もサポートするようになった。先ほどと同様，実測値表内の，対象コーパス・参照コーパスのX頻度および総頻度の4つのセル内データを削除して保存しておけば，以後は同じファイルであらゆる計算ができる。
　ここで，ファイルが正しく作成されているかどうかの確認をかねて，CEEJUSにおけるI直後の主要助動詞（否定形，'ve形含む。短縮形含まず）について，カイ二乗統計量と対数尤度比の両方を求めてみることにしよう。データと計算結果を表4に示すので，読者も実際に入力を行い，2種類の統計量が正しく得られるかどうか確認していただきたい。
　対数尤度比に注目すると，can（$G^2=189.15$）の特徴度が突出しており，

表4 CEEJUSにおけるI直後の主要助動詞の特徴度

	FROWN	CEEJUS	χ^2	G^2
can	225	106	339.42	189.15
will	99	26	39.72	26.45
may	11	1	0.05	0.05
shall	27	0	1.94	N/A
should	40	11	18.02	11.83
would	148	16	2.44	2.16
could	168	39	48.77	33.79
might	26	0	1.87	N/A

could ($G^2=33.79$) や will ($G^2=26.45$) や should ($G^2=11.83$) がそれに続くことがわかる。論述形式の英文エッセイを集めた CEEJUS において should が高頻度であることは想像がつくが，can や could の高頻度はそれだけでは説明がつかず，むしろ日本人英語学習者の無意識の過剰使用語になっている可能性が高い（この点については，第VI章・第2節を参照）。

なお，2種類の特徴度指標を比較すれば，両指標の長所や短所が確認できる。カイ二乗統計量の利点は，shall や might のように頻度が0でも計算できる点である。一方，対数尤度比の利点は，より狭い範囲で特徴度を比較できる点である。もっとも，いずれの指標を用いても全体の順位はほぼ不変であり，多くの場合，2つの指標の違いはそれほど本質的なものではない。

■ **コンコーダンサを利用した特徴度調査**

上記のように，調べるべき語が決まっている場合は Excel などを使って丁寧に計算を行うことができるが，コーパスを構成する何万という語の全てについて一度に特徴度を計算する場合はコンコーダンサの使用が便利である。

AntConc を使う場合は，第II章・第2節で詳述した手順によってコーパス中で特徴度の高い語を一気に抽出することができる。なお，AntConc では，特徴度の基準として初期設定では対数尤度比を採用しているが，Tool Preferences 画面で，下記のようにカイ二乗統計量に切り替えることができ

るので，必要に応じて使い分けるとよいであろう（図1）。

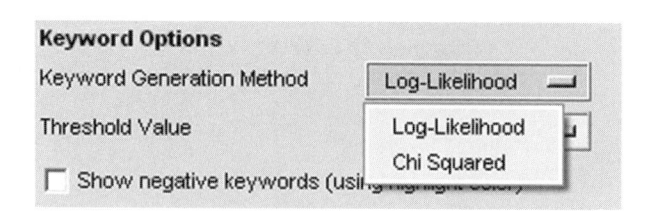

図1　AntConcにおける特徴度計算手法の切り替え

　以上で見たように，特徴度の計量はコーパスの言語的・内容的特性を語のレベルで要約するという点で応用可能性が広い。ただし，量的分析について常に当てはまるように，得られた結果は必ず人間の目で検証する必要がある。

第4節　共起強度の計量

■共起を観察する必要性

　コーパスが明らかにした言語の特質の1つは，語は孤立的に働くのではなく，他の言語的要素と共起（co-occurrence）して共に機能を果たすということである。Sinclair（1987b）は，孤立語の意味について語ることは不可能であるとし，「語は，特定の生起環境の中に置かれることによってのみ，特定の意味を持つ」と主張した（p.xvii）。

　広義では，共起という現象は，テクストの中で語と何かが同時に生起することを指す。Stubbs（2002）は，共起によって生じる語彙的結合態を拡張語彙単位（extended lexical unit）と総称した上で，結合要素の性質によって，それらを4種類に区分している（p.87-89）。

　ここでは，largeという語を例に取り上げ，4つの共起タイプについて具体的に考えてみよう。まず，コロケーション（collocation）とは，large＋boxやlarge＋groupのように，個別表記形同士の共起態である。連辞的結合（colligation）とは，large＋名詞のように，同じ文法範疇に属する語群

表1 共起タイプ

共起タイプ	結合要素
コロケーション	語+語
連辞的結合	語+文法範疇
優先的意味選択	語+意味範疇
談話的韻律	語+話者態度／談話機能

と個別表記形との共起態である。優先的意味選択（semantic preference）とは，large+数量関連語（amount, number, quantity）のように，同じ意味範疇に属する語群と個別表記形との共起態である。そして，談話的韻律（discourse prosody）とは，enormous という語に large にはない驚嘆や感嘆の念が含意されているように，話者の態度などが個別表記形と共起する状態である。

　このうち，言語学者が古くから関心を示してきたのは，語と語が共起するコロケーションである。Firth（1957）は「語の慣習的な結合」としてのコロケーションを本格的な言語学研究の対象に位置付けた。コロケーションはまた，言語教育とも関係が深い。Palmer（1933）は，英語教育の観点から，約 6000 の基本的コロケーションを精選した。Wong-Fillmore（1976）は，コロケーションなどの定型表現が言語学習の中核的位置を占めることを指摘し，Nattinger & DeCarrico（1992）は，第2言語教育では語彙的句の習得への配慮が不可欠であることを強調している。

　もっとも，一般にコロケーションと呼ばれる現象はさらに細かく分類できる。Cowie（1981）はコロケーションやイディオムなどを慣用連語と総称した上で，個々の構成要素間の構成論的・意味論的関係に注目し，関連概念を整理した（表2）。

　純粋イディオム（pure idiom）とは，kick the bucket（死ぬ）のように，語要素の交代が許されず，個々の意味から全体の意味を構成できず，個々の語の選択動機が喪失されているものである。比喩的イディオム（figurative idiom）とは，blow off steam（鬱憤を晴らす）のように，イディオムに準

表2 慣用連語のタイプ

慣用連語	要素交代性	意味的透明性	構成性	動機性
純粋イディオム	不可	不透明	非構成的	非動機的
比喩的イディオム	⇕	⇕	⇕	⇕
制約的コロケーション				
自由結合句	可	透明	構成的	動機的

ずるが，その意味が元の意味の比喩的拡張として推測可能なものである。制約的コロケーション（restricted collocation）とは，meet the demand [requirements]（要求を満たす）のように，各要素の交代がある程度可能で意味も透明であるが，句の中の一部の語（"meet"）の意味が他の語（"demand", "requirements"）から慣用連語的拘束（phraseological binding）を受けて比喩的に変容しているものである。一方，自由結合句（free combination）とは，buy a bucket, generate steam, meet a woman のように，偶然的・一回的な結合である。自由結合句の場合，句を構成する語の交代は完全に自由で，全体の意味は透明で，個々の意味要素から構成されており，個々の語はそれ自身の動機によって選ばれている。

　Cowie (1981) のモデルを概観して気付くことは，広義のコロケーションというものが緩やかな段階的概念であるという事実である。Sinclair (1991) の言葉を借りれば，コロケーションは個別要素の「自由選択原則」と「イディオム原則」という2極の間に層的に存在していることになる (pp.109-110)。こうしたコロケーション性の濃淡，あるいは語と語の共起の強度を考える際，1つの手がかりとして統計値を利用することができる。

　ここでは，共起の有意性や強度を測る指標として [1] 共起頻度，[2] ダイス係数，[3] Tスコア，[4] 相互情報量，[5] 対数尤度比を取り上げる。

■large scale の共起強度を測る：作業の準備

　分析サンプルとして，Brown Corpus ファミリー（Brown, LOB, FROWN, FLOB）における large scale というコロケーションを取り上げ

る。Sinclair (1991) は，中心語に対してそれより高頻度語が共起語に来る場合を上昇コロケーション（upward collocation），その逆を下降コロケーション（downward collocation）と呼び，前者は文法的結合を，後者は意味的結合を反映しやすいとするが（pp.115-116），ここではそうした区別は行わず，仮に large を中心語，scale をその共起語として扱う。

以下では，Excel の言語計量用ファイルを拡張して使用したい。まず，ファイルを開き，カイ二乗検定および特徴度の計算に使用したワークシートに「有意差・特徴度」という名前を付ける。その後，新しいワークシートを開き，「共起強度」と名前を付ける（図1）。次に，共起強度シート上部に，データ入力表および計算結果表の枠を作成する（表3）。

データ入力表にはそのつど分析に使うデータを入力する。今回は large 頻度が 1612，scale 頻度が 470，large scale 頻度（large-scale 含む）が 76 であるから，これらを中心語頻度（B2），共起語頻度（B3），共起頻度（B4）のセルにそれぞれ入力し，コーパス語数（B5）のセルには4コーパスの総語数である 4645953 を入力しておく。なお，本実例で使用する語数・件数には，AntConc による通常の検索で得られた値をそのまま利用している。厳密に言えば，コーパスの総語数に ID やタグなどの数が含まれており，行をまたぐコロケーションの一部が数えられていないという問題もあるが，ここでは無視できるものと判断する。

図1　ワークシートの作成

■ [1] 共起頻度

コロケーションの共起強度を測るうえで，最も単純な方法は，中心語と共起語が並んで生起している共起形の頻度を調べることである。これはデータ入力表中の共起頻度と同じなので，B8＝B4 と入力すれば，そのまま 76 という値が B8 のセルに表示される。

表3　表枠の作成

	A	B
1	(1)データ入力表	
2	中心語頻度	1612
3	共起語頻度	470
4	共起頻度	76
5	コーパス語数	4645953
6		
7	(2)計算結果表	
8	共起頻度	
9	ダイス係数	
10	Tスコア	
11	相互情報量	
12	対数尤度比	

■ [2] ダイス係数

　共起頻度の問題点の1つは，中心語や共起語自体の頻度によって，値が大きく左右されるということである。たとえば，中心語 large や共起語 scale がそもそも高頻度であれば，2語の間に特別な関係がなくても，確率上，large scale の頻度は上昇する。逆に，中心語や共起語がそもそも低頻度であれば，large scale の頻度は自然に低下する。

　共起が中心語と共起語の2つの語によって構成される現象である以上，共起頻度だけではなく，中心語頻度や共起語頻度をあわせて見たほうが指標としての妥当性は高まるはずである。このように，中心語頻度，共起語頻度，共起頻度という3つのパラメタを同時に評価するのがダイス係数（dice coefficient）という指標である（Salton & McGill, 1983）。

　ダイス係数は，ウェブサイト上の関連語の自動抽出アルゴリズムなど，主として工学系・情報系の研究で使用される指標であるが，言語学的なコロケーション研究にも十分に応用しうるものである。ダイス係数の公式は次の通りである。

$$D = 2 \times \frac{共起頻度}{中心語頻度 + 共起語頻度}$$

式を見ればわかるように，分母に置かれた中心語や共起語の頻度が高いと，ダイス係数の値は下がり，それらが低いと，係数の値は上がるようになっている。これによって，共起頻度に影響を及ぼす中心語頻度や共起語頻度の要因を調整していることになる。

Excel 上の作業としては，共起頻度（B4），中心語頻度（B2），共起語頻度（B3）はすでにデータ入力表内に表示されているので，それらを参照しながら，ダイス係数のセルに，B9＝2＊B4/(B2＋B3)と入力する。小数点以下2桁で表示させた場合は，計算の結果，0.07 という値が得られるはずである。

■ [3] Tスコア

ダイス係数は，中心語頻度，共起語頻度，共起頻度という3つのパラメタを総合的に評価したものであった。しかし，実際の共起は特定コーパス内で観察される事象であるということを考えれば，共起の場としてのコーパスの語数をパラメタに組み込むほうがより妥当な結果が得られそうである。こうした観点から，以下で見るTスコア，相互情報量，対数尤度比は全て4種類のパラメタを利用している。

コーパス言語学で言うTスコアとは，平均値の差の検定に使用される統計量に基づくもので，2語の共起が偶然の確率を超えて有意なものであるかどうかを測る指標である（Hunston, 2002, p.73）。一般的なTスコアの公式は下記の通りである（小池, 2003, pp.637-638）。

$$T = (実測値の平均 - 期待値の平均) \div \sqrt{\frac{分散}{総数}}$$

これをコロケーションの例に当てはめてみると，実測値平均とは共起形の実際の出現確率（共起頻度／総語数），期待値平均とは中心語の出現確率と共起語の出現確率の積（[中心語頻度／総頻度]×[共起語頻度／総語数]），分散とは共起形の出現確率とみなせるから，最終的に式は次のように整理でき

る。

$$T = \left(共起頻度 - \frac{中心語頻度 \times 共起語頻度}{コーパス語数}\right) \div \sqrt{共起頻度}$$

それでは，上式をふまえて，Excel に計算式を入力してゆこう。Excel では平方根（square root）の関数は sqrt（数値）である。計算に必要な共起頻度（B4），中心語頻度（B2），共起語頻度（B3），コーパス総語数（B5）はそれぞれデータ入力表中にあるので，T スコアのセルに，B10=(B4-B2*B3/B5)/sqrt(B4) と入力すると，8.70 という値が得られる。

一般に T スコアが 2 以上であれば，有意水準の 5% を満たし，意味のある組み合わせと解釈される（Hunston, 2002, p.72）。この場合の T スコアは 2 を超えているので，large scale というコロケーションは統計的に意味のある組み合わせと言える。

■ [4] 相互情報量

相互情報量（mutual information score：MI）はもともと情報理論から生まれた概念で，事象 A を知ることで事象 B に関する曖昧さ（エントロピー）がどの程度減少するかを指す。言語学の文脈では，ある語が共起相手の語の情報をどの程度持っているかを示す指標として使われる（Oakes, 1998, pp.63-65）。言い換えれば，相互情報量は，任意の語が与えられたときに，その共起語がどの程度予測可能であるかを示す値である。

日本語の例で言うと，仮に「気圧」という語が与えられれば，その左には「高」ないし「低」という語が生起することが強く予測できる。しかし，単に「高」や「低」という語が与えられただけでは，その右に「気圧」という語が来るとはほとんど予測できない。この場合，「気圧」は共起相手である「高」「低」という語の情報をそれ自身の内に多く含んでいるが，「高」や「低」の側では「気圧」という語の情報をほとんど含んでいないということになる。

相互情報量は，実測値を期待値で割り，2 を底とする対数に誘導した値である（対数については本章・第 3 節参照）。

$$I = \log_2(実測値 \div 期待値)$$

前項で述べたように，実測値は共起頻度の出現確率で，期待値は中心語出現確率と共起語出現確率の積であるから，式は下記のように整理できる。

$$I = \log_2\left(\frac{共起頻度 \times コーパス語数}{中心語頻度 \times 共起語頻度}\right)$$

それでは，上式をふまえて計算式を入力してゆこう。Excel では対数関数は log（真数，底）である。計算に必要な共起頻度（B4），中心語頻度（B2），共起語頻度（B3），コーパス総語数（B5）はデータ入力表にあるので，B11＝log((B4＊B5)/(B2＊B3),2) と入力すれば，8.86 という値が出る。

相互情報量については，3 以上の場合に興味をひくコロケーションが成立しているとする指摘がある（Hunston, 2002, p.71）。ここで相互情報量は 3 を超えているので，large scale というコロケーションは一定の共起強度を持った組み合わせと言える。

■ [5] 対数尤度比

すでに特徴度指標として紹介した対数尤度比は，コロケーション指標としてもバランスのとれた指標である。指標の説明自体は前節の通りであるから，ここでは Excel 上の作業手順だけを記しておく。手順がいささか煩瑣なので，行うべき作業ステップを整理して記しておこう。

(1) 共起強度（G^2）ワークシートの作成
(2) 共起強度ワークシートからのデータの取り込み
(3) 実測値表の完成
(4) 計算結果を共起強度ワークシートに書き出し

まず，(1) のワークシート作成から始めよう。対数尤度比の計算には分割表の作成が必要になるので，言語計量用ファイルの新しいワークシートに共起頻度（G^2）と名前を付ける。

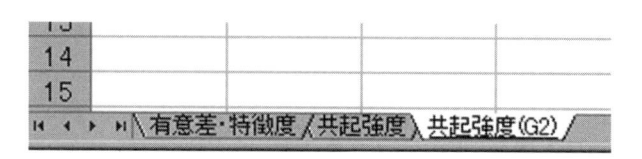

図2　ワークシートの追加

そして，有意差・特徴度ワークシートにある表を全てコピーして，共起強度(G^2) ワークシートに貼り付ける。カイ二乗検定では，対象コーパスと参照コーパスにおける X 頻度と X 以外頻度（すなわち X の出現／非出現）の比率を見たが，共起強度の計算では，中心語出現時（中心語頻度）と非出現時（中心語以外の頻度）における共起語の出現／非出現の比率を比較することになる。ゆえに，対象コーパス→中心語頻度，参照コーパス→中心語以外頻度，X 頻度→共起語頻度，X 以外頻度→共起語以外頻度，の通りに行列の見出しを書き換える。最後に，χ^2 統計量表から危険確率表まで（13〜35 行目）と実測値表内のセル内容を削除する。以上で（1）のステップは終了である。

　続いて，実測値表に必要なデータを入力してゆく。値を手作業で入力してもよいが，自動処理を行わせるため，ここでは（2）のステップとして，共起強度ワークシートからデータを取り込むこととしたい。まず，コーパスの総語数を示す D5 のセルをクリックして「＝」を入力する。その状態で共起強度ワークシートを開き，データ入力表内（表3）のコーパス総語数のセル（B5）をクリックすれば，データが自動的にコピーされる。以下，同じ要領で，中心語頻度（D3），共起語頻度（B5），そして，中心語頻度と共起語頻度の交差セルにある共起頻度（B3）について，それぞれ共起強度ワークシートからデータをコピーしておく。以上で（2）のステップは終了である。ここまでの作業によって，実測値表には表4のように4つのデータがコピーされたはずである。

　次に，(3)のステップとして，上記の実測値表の空欄を完成させてゆく。4行目に入る値は5行目から3行目を引いたものであるから，B4＝B5－B3，D4＝D5－D3 と入力する。また，C 列に入る値は，D 列から B 列を引いた

表4　実測値表の作成

	A	B	C	D
1	(1)実測値表			
2		共起語頻度	共起語以外頻度	総頻度
3	中心語頻度	76		1612
4	中心語以外頻度			
5	合計	470		4645953

ものであるから，C3＝D3－B3，C4＝D4－B4，C5＝D5－B5と入力すれば（3）のステップは終了である。

　対数尤度比統計量表にはすでに計算式が入っているので，以上の手順により，計算は自動で行われ，下記のような結果が表示される。

表5　対数尤度比統計量表

	共起語頻度	共起語以外頻度
中心語頻度	933.93	－148.05
中心語以外頻度	－138.72	151.68
対数尤度比統計量	798.84	

こうして，largeとscaleの共起強度を示す対数尤度比が798.84であることがわかった。対数尤度比は他の統計指標に比べ，絶対的に大きな値を返すので，値の大きさのみで共起度が強いと判断するのは適当でない。

　最後に（4）のステップとして，計算結果を共起強度ワークシートに書き出しておこう。まず，共起強度ワークシートを開き，対数尤度比のセル（B12）をクリックして「＝」を入力する。ついで，共起強度（G2）ワークシートにある，対数尤度比統計量のセルをクリックすると，計算結果がコピーされる。以上で作業は全て終了である。

　これにより，以後はデータ入力表内の4つのセルにデータを入力するだけで，5種類の共起強度指標が表示されるようになる。分析の終了後は，データ入力表内の4つのセルのデータを削除して保存しておけば，ファイル

を再利用することが可能である。

■その他の指標

上記は，共起強度の計量にあたって一般的に使用される統計指標であるが，研究によっては，これ以外の指標を使用することもある。たとえば，British National Corpus (BNC) の検索インタフェースの1つであるBNCwebでは，実測値／期待値比，Zスコア，MI3，log-logなどの指標が併用されている。これらは本質的に新しい指標ではなく，5種類の指標を微修正したものであるが，その内容を簡単に見ておこう。

まず，実測値／期待値比とは，コーパス語数から中心語頻度を引いたものに共起頻度をかけ，中心語頻度と共起語頻度の積で割った値である。これは偶然の生起による期待値と観測された実測値のずれ幅を示し，統計的な性質はTスコアに似たものである。

Zスコアとは，Tスコアを微修正したものである。Tスコアが実測値と予測値の差を分散／総語数の平方根で割るのに対し，Zスコアは分散の平方根で割る。式はTスコアに類似しているが，指標としてはむしろ相互情報量に近い特性を持つとされる (Hunston, 2002, p.70)。

MI3とは，相互情報量の式を微修正したものである。頻度情報により高い評価を与えるため，相互情報量の計算式の中で，真数の分子にあたる「共起頻度×コーパス語数」の部分を「共起頻度^3×コーパス語数」に代えている。これにより，低頻度語を高く，高頻度語を低く評価しがちな対数尤度比の問題点を解消している (Oakes, 1998, pp.171-172)。なお，MI3の名の元になっている3乗という指数値は経験的に導き出されたものである。

log-logもまた，相互情報量の式を修正したものである。log-logでは，相互情報量に対数をかけて低頻度語と高頻度語の差を圧縮し，極端な結果が出ないよう調整されている (投野, 2003；稲垣他, 2004, p.22)。

これらの共起強度指標の統計的解説についてはOakes (1998) を，BNCweb上での指標値の利用方法についてはBaker (2006), McEnery et al. (2006) などを参照されたい。なお，Tスコア，相互情報量，対数尤度比，Zスコアについては，杉浦正利氏が作成したウェブ上のCGIフォーム (http://oscar.gsid.nagoya-u.ac.jp/program/perl/collocation) から計算する

ことも可能である。

■**さまざまなコロケーションの共起強度を調べる**

ここでは，作成したファイルを利用して，Brown Corpus ファミリーにおける large と各種後続語の共起語の共起強度を計量してみることにしよう。最初に，コーパス中の高頻度共起形をサンプルとして，5種類の指標の特性を具体的に例証する。次に，辞書の用例に見られる共起形をサンプルとして，形容詞 large の特性について考える。

まず，高頻度共起形の調査から始めよう。以下は，Brown Corpus ファミリー中において，最も共起頻度の高い 10 種類の共起語と，それぞれの共起強度のデータである。

表6　large のコロケーションの共起強度

共起語	共起語頻度	共起頻度	ダイス係数	T スコア	相互情報量	対数尤度比
scale	470	76	0.07	8.70	8.86	798.84
number	1816	68	0.04	8.17	6.75	507.32
part	2252	38	0.02	6.04	5.60	222.25
numbers	427	37	0.04	6.06	7.96	338.93
extent	414	17	0.02	4.09	6.89	129.46
quantities	95	16	0.02	3.99	8.92	168.99
amount	549	16	0.01	3.95	6.39	110.78
amounts	140	15	0.02	3.86	8.27	143.87
cities	280	13	0.01	3.58	7.06	102.21
area	1165	11	0.01	3.19	4.77	51.66

5 種類の指標間の関係を概観するためには，ピアソンの積率相関係数（correlation coefficient）と呼ばれる統計値が利用できる。相関係数は－1〜＋1 を取る値で，絶対値の 1 に近ければ，変数間に正比例ないし反比例の直線的相関関係が成立している。一般に 0.7 以上の値が出ると 2 つの値が比較的強く対応していると言われる。相関分析の結果は下記の通りである。なお，**は 1％水準で有意であることを示す。

表7　指標間の相関関係

	共起頻度	ダイス係数	Tスコア	相互情報量	対数尤度比
共起頻度	1				
ダイス係数	0.90**	1			
Tスコア	0.99**	0.90**	1		
相互情報量	0.26	0.54	0.27	1	
対数尤度比	0.96**	0.97**	0.95**	0.46	1

　共起頻度を軸に観察すると，Tスコアおよび対数尤度比との相関値は0.95を超えており，3つの指標の類似性は高い。ダイス係数とも高い相関を示しているが，相関値は0.90となって少し下がる。一方，相互情報量との相関は0.26となって，弱い相関しか観察されない。

　この点をふまえると，5つの指標はゆるやかに3つのタイプに分けられそうである。1つ目は頻度型指標（共起頻度／Tスコア／対数尤度比）で，これらは高頻度の一般的コロケーションの評価に強い。2つ目は非頻度型指標（相互情報量）で，これは低頻度でも際立った特徴性を示すコロケーションの検出に強く，とくに低頻度語でありながら，その使用例の大半が特定語との共起に限られるという場合に非常に高い値を返す。そして3つ目が中間型指標（ダイス係数）で，頻度型・非頻度型指標の折衷的な値を返す。

　それぞれの指標ごとに特徴があるため，共起強度の計量にあたって，1つで全ての目的に対応できる指標を選ぶことは難しい。Baker (2006) は，使うべき指標は研究の目的次第であることを強調した上で，高頻度機能語を見たい場合は共起頻度，低頻度内容語を見たい場合は相互情報量，両者の中間を見たい場合は対数尤度比の使用が妥当であるとしている (p.102)。中條・内山 (2004) は，特徴性の抽出に各種の統計値を使用した結果，単独指標としてはダイス係数が最も有効であると指摘している。また，Hunston (2002) はとくにTスコアと相互情報量の差に注目した上で，共起の文法的振る舞いを見るにはTスコア，語彙的振る舞いを見るには相互情報量の使用が有用であるとしている (p.74)。

こうした指標の性質を具体的に確認するため，今回のサンプルについて，各指標が返す共起強度の順位を概観しておこう。

表 8　共起強度順位

共起語	共起頻度	ダイス係数	T スコア	相互情報量	対数尤度比
scale	1	1	1	2	1
number	2	2	2	7	2
part	3	4	4	9	4
numbers	4	3	3	4	3
extent	5	7	5	6	7
quantities	6	5	6	1	5
amount	6	8	7	8	8
amounts	8	6	8	3	6
cities	9	9	9	5	9
area	10	10	10	10	10

表に明らかなように，頻度型の共起頻度，T スコア，対数尤度比の順位は互いに類似している。一方，非頻度型の相互情報量は他と大きく異なった順位付けを行っており，quantities や amounts のように，比較的低頻度の語の共起強度を高く評価する反面，number や part など，高頻度の一般語の共起強度を低く評価している。ダイス係数は，全体としては頻度型指標に準じる順位を返しているが，quantities や amounts の頻度を若干高めに解釈しており，頻度型と非頻度型を折衷するような結果となっている。

以上で，各指標のおよその特徴がわかったので，次に，辞書用例に見られる共起形をサンプルとして large の語法特性について考えてみたい。large の場合，非母語話者はもちろん，母語話者に尋ねたとしても，後続語として直観的に思い浮かぶのは具象名詞であろう。事実，辞書にもこうした用例が数多く収録されている。しかし，共起強度の計量を行えば，large と具象名詞の結びつきが意外に弱いことが明らかになる。

表 9 は，手元の辞書で large の用例にあがっている 10 種の名詞を取り上げ，強度差を敏感に検出する対数尤度比に基づき，共起強度を調査した結果

である（複数形含む）。N/A は共起頻度が 0 で統計量の計算ができないことを示す。

表 9　具象名詞との共起強度

共起語	対数尤度比
company	2.81
crowd	37.95
dog	1.65
family	42.52
house	8.64
lake	3.36
limb	N/A
river	1.80
room	11.68
tree	N/A

　最も共起強度が強い large family（42.52）でも，すでに見た large scale（798.84）や large number（507.32）と比べて指標値は著しく低い。さらに，10 種の中には 400 万語を超えるコーパス中で一度も出現しないものもある。大型コーパスであってもコロケーション頻度は総じて低いという報告があるとはいえ（Barkema, 1993, p.271），large の辞書用例の一部は共起強度の点から再考される必要があるかもしれない。

　以上の結果は，large の共起傾向と意味傾向を如実に示している。つまり， large の標準的な用法は，具体的な事物のサイズを直接的に指し示すことではなく，large scale [number, quantity, part, amount] of... のような定型句ないし表現枠（framework）（Renouf & Sinclair, 1991）を構成して，間接的に事物の量を指し示すことと考えられる。なお，Biber et al. (1998) は，Longman-Lancaster Corpus から取った 570 万語のサンプルを使い，big, large, great の 3 語を共起語から比較したが，large については，本節の分析とほぼ同様の結論に至っている（pp.24-53）。

■コンコーダンサやウェブ検索における共起強度の研究

　コーパス内の全ての共起例に対してその強度を網羅的に測定しようとすると，コンコーダンサやウェブ上のインタフェースを利用することになる。AntConcでは，通常の共起語頻度分析（第II章・第2節）に加え，Tスコアおよび相互情報量を用いた共起強度の計量が可能である。

　統計値を出すには，まず，分析対象のテキストファイルを読み込み，Wordlistで単語頻度表を作成しておく。次に，ツールバーより Tool Preference を開き，左側画面で Collocates を選んで設定画面を開く。Display Options 内の Collocation measure にチェックを付け，Other Options の Selected Collocate Measure で使用する統計量を選び，「全て小文字扱い」をチェックした後で画面下部の Apply を押す。

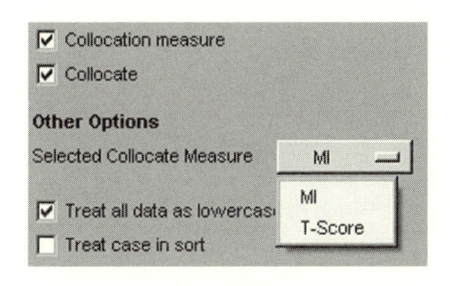

図3　AntConcでの共起強度指標設定

　以上の準備が完了すれば，タブメニューの Collocates を開く。Search Term に中心語を入力し，共起範囲を指定して（large＋Xのように右隣の場合は1R～1Rとなる） Start を押せば，共起頻度と統計値が一覧表示される。Sort by（ソート基準設定）で Sort by Stat を選ぶことによって統計値の降順で並べ替えることもできる。

　また，ウェブ上のコーパス・インタフェースでも，共起強度の計量が可能である。前出の小学館コーパスネットワークでは，共起頻度，Tスコア，相互情報量（M.I.スコア），log-logスコアの4種類を選ぶことができる。図4は，相互情報量を基準として large の共起語を検索するよう条件設定して

いるところである。

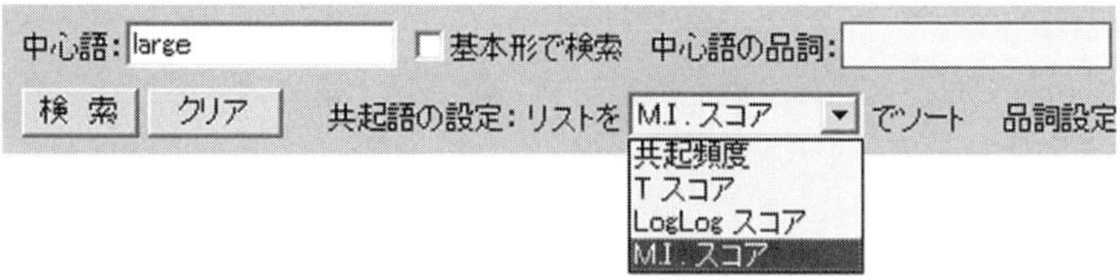

図4 共起語検索画面

結果画面では，5：5の範囲内において共起位置ごとに統計値上位の語が一覧表示されるため，語の共起傾向をより広く観察することができる。

■言語計量の重要性

本章では，語数，頻度差，特徴度，共起強度の計量の問題を扱ってきた。言語を正確に計量することはテクストをデータとして見る前提である。適切な統計処理を行うことによって，コーパスから得られた結果の客観性と信頼性が高まることはもちろん，統計なしでは気づかなかった言語への新たな洞察を得ることが可能になるのである（Meyer, 2002, p.120）。

言語計量には煩瑣な計算作業がつきものであるが，本章で作成した言語計量用ファイルは，頻度差検定，特徴度分析，共起強度分析の3つの目的に汎用的に使用できるもので，以後の計量分析の手間は大幅に軽減されるはずである。ファイルを縦横に駆使し，手元のデータを使った量的分析に取り組むことで，言語計量の理念と手法に習熟していただきたい。

第2部　コーパスと言語教育

第Ⅳ章　コーパスと言語研究

　言語教育に関わる要因には様々なものがあるが，とくに，教育の目標となる言語，教育の手段となる教材，それに，学びの主体となる学習者の3つは最も重要な位置を占める。第Ⅳ章では，このうち，言語のよりよい理解にコーパスがどう貢献できるかを考えてゆく。まず，英語研究における最近の変化とコーパスの関わりを整理したあと，文法や語法の研究におけるコーパスの活用例を検討する。本章は，以下の3節から構成される。

　第1節　研究の背景と視点
　第2節　関係代名詞 which の文法
　第3節　類義語の語法

　第1節では，コーパスと言語研究の関係を考える前提として，言語研究の歴史における規範主義から記述主義へ，可能態から実現態へという変化を概略し，コーパスに基づく実現態としての言語の記述研究のありようを紹介する。
　第2節では，関係代名詞 which を取り上げ，文法研究とコーパスの関係について考える。物を指す関係代名詞 which については，制限節内での使用を制約する立場と問題なしとする立場が併存しているが，コーパス分析によって，使用制約がかかるのは特定の言語環境と構文的条件がそろった場合であることが示される。
　第3節では，SORROW, GRIEF, SADNESS という3種類の類義語を取り上げ，語法研究とコーパスの関係について考える。類義語の使い分けは，非母語話者が特に困難を覚える点であるが，コーパスを活用することで，それぞれの語が持つ独自の意味傾向と振る舞いのパタンが特定化される。
　本章を通して，読者は，コーパスが文法・語法研究をどう変えてきたか，

また，今後どう変えてゆくかについての一つの見取り図を得ることになろう。

第1節　研究の背景と視点

■言語教育とコーパスの関わり

　言語教育を構成する主な要素は，言語，教材，学習者の3点である。コーパスは，これら全ての要素に関与し，言語教育をより合理的で効率的なものへと変化させる可能性を持っている。

　コーパスが辞書を通して言語教育に貢献してきたことは広く知られているが，コーパスはまた，伝統的な教育や教師の役割に対する考え方，教育を提供する文化的文脈，さらには教育における理論と技術の融合のあり方など，言語教育の全般に根本的な変革をもたらす（McCarthy, 2001, p.125）。Howatt（1984）によれば，19世紀以降の言語教育に影響を及ぼしてきたのは歴史的言語学と音韻論であったとされるが（pp.169-170），1990年代以降に限れば，コーパス言語学がその位置に加わっていることは明瞭であろう。

　以下では，コーパス言語学と言語研究の関係に注目し，コーパスを取り巻くこれまでの研究の流れを2つの観点から整理したい。1つは規範主義から記述主義へ，もう1つは可能態から実現態へという流れである。

■規範主義から記述主義へ

　文法研究には，いわゆる伝統文法と新文法という大きな区分がある。前者は規範文法（学校文法）や記述文法に分かれ，後者は構造言語学や変形文法などに分かれる。このうち，伝統文法の枠組みの中では，規範主義（prescriptivism）から記述主義（descriptivism）へという大きな流れが見られる。規範主義とは，言語の全般に関わる規則や正用を厳しく定め，「あるべき」文法を構築しようとするもので，記述主義とは，言語の変種ごとにその「あるがままの」文法を見出そうとするものである。

　言語研究の歴史を振り返ってみると，16世紀後半から18世紀ごろまでの文法研究の基本的立場は規範主義であった。18世紀の英国でも，辞書の編者たちは，辞書によって英語の変化と堕落を抑止し，英語そのものを改良す

ることを理想としていた（Jackson, 2002, p.39）。こうした規範主義は，その後も学校文法に形を変えて現在まで受け継がれている。

　しかし，19世紀に入ると，次第に柔軟な言語観が生まれ，言語のありようをそのまま受け入れ，それを正確に記録しようとする記述主義の考え方が主流になってきた。辞書もまた，「現在の英語の生きた用法を正確に記述し解説」することが主たる目的となったのである（松浪他, 1983, p.915）。

　記述文法は，Henry Sweet（1845-1912）やOtto Jespersen（1860-1943）といった文法家の活躍によって20世紀の前半に一世を風靡するが，その後，20世紀後半になると，新文法，とくに構造言語学によって激しく攻撃されることになる。小西（1972/2007a）のまとめによれば，(1) 意味を基準にしたこと，(2) 書き言葉を中心に分析したこと，(3) 共時的見地と歴史的見地を混同したこと，(4) 部分に目を奪われて全体的な仕組みの認識が不足したことなどが厳しく批判され，とくに米国において，記述文法は「理論文法の制圧下に，地下生活を余儀なく」されるような状態が続いたのである。

　しかし，1964年にBrown Corpusが公開され，以後，大規模コーパスが整備されようになると，こうした記述文法の弱点を補う研究基盤が次第に整ってきた。まず，(1) については，コーパス・データの解析によって，意味と形態の関係が明瞭になり，意味，構造，機能を立体的に分析することが可能になった。(2) については，話し言葉コーパスなどの構築によって，書き言葉と話し言葉を連続的に分析できる体制が整った。(3) については，共時的コーパス，通時的コーパスの構築により，両者を峻別した言語観察ができるようになった。そして，(4) については，かつては想像もできなかった量のデータを解析することにより，マクロな視点で言語の仕組みと働きを捉えることができるようになったのである。

　もっとも，Brown Corpusの公開当時は，直観と内省を重視したChomskyの生成文法が圧倒的な影響力を持っており，コーパスが記述文法の再興に力を貸すまでにはしばらく時間が必要であった。

■可能態から実現態へ

　Chomsky（1965）は，人が生まれながらに持っている抽象的言語能力（competence）の重要性を強調し，コミュニケーションにおける個別的・具

体的・実際的な言語運用（performance）を二義的なものとして研究対象の枠外においた。生成文法が目指したのは，あるべき可能態としての言語モデルを内省や直観を通して解明することであった。こうした立場は一般的なコーパス研究の方向性とはかなり異なるもので，生成文法の強い影響下にあって，記述的な言語研究はなかなか進まなかった。

しかし，1970年代以降になると，さまざまな環境の中で適切に言語を使う言語運用の重要性が再評価され始める。Hymes（1971）は，運用に関わる能力として，伝達能力（communicative competence）という新しい概念を提唱し，人は言語の形式的可能性や実行可能性を判断するだけでなく，その適切性を考慮した上で，言語使用を実行するのだと主張した。ここでHymesが，実行という視点を立てたことは重要である。なぜなら，形式的に可能であり，実行が可能であり，適切であるにもかかわらず，結果として実行される運用と実行されない運用がありうることが示されたからである。こうして，言語にはモデルとしての可能態以外に，実現態という異なる相が存在することが認識されるようになった。

可能態から実現態へという言語観の移り変わりがコーパスへの関心につながったのは必然である。1980年代の後半ごろから，コーパスは多くの可能な組み合わせが実際は生起せず，他の組み合わせが予想外の頻度で生起することを証明するものとして（Johnson & Johnson, 1998, p.203），実現態としての言語研究に不可欠な基本資料とみなされるようになったのである。

コーパス研究を取り巻くこうした状況の変遷は，第Ⅰ章・第1節でも触れたように，ウェブ上のニュースにおけるcorpus linguisticsという語句の生起状況にも典型的に現れている（http://news.google.com/archivesearch）。

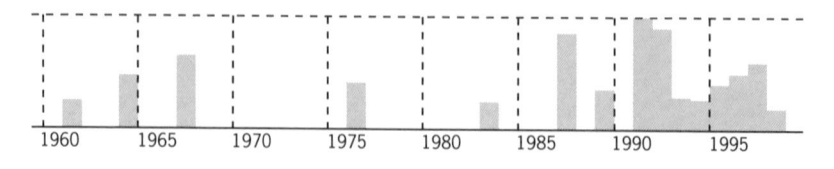

図1　ニュース中の"corpus linguistics"の生起状況（1960-1999）

1964年のBrown Corpusの発表前後にコーパスは一定の関心を集めるが，その後，新文法の影響下で約20年間にわたって研究の進展は妨げられる。しかし，1980年代の後半になって，記述主義の再興と軌を一にして再び関心を集めるようになるのである。

コーパスによって，「現実の英語」，すなわちコミュニケーションにおける実現態として言語を見る立場と，文法研究における記述主義とが結び合わされたのである。

■コーパスに基づく記述的言語研究

実現態としての言語に注目が集まり，言語教育がより直接的にコミュニケーションを志向するようになる中，構造主義や生成文法の影響下で停滞していた記述的言語研究はコーパスと結びつく形で活性化し，コーパスに基づくすぐれた文法書が書かれることになった。たとえば，電子コーパスの原型とも言える Survey of English Usage（英語語法調査計画）からは，Quirk et al. による *A Grammar of Contemporary English*（1972）が生まれ，British National Corpus（BNC）からは，Biber et al. による *Longman Grammar of Spoken and Written English*（*LGSWE*）（1999）などが生まれた。

LGSWE の内容を見ておくことは，コーパスに基づく記述的言語研究のありようを知る上で有用であろう。*LGSWE* は「英語のさまざまな変種における文法的特徴の実際の使用を記述する」ことを目指して編纂された文法書で，「話し言葉・書き言葉からなる大規模なテキストで見出された構造と使用のパタンに基づいて」文法を記述したものである（p.4）。

LGSWE で一貫して重視されているのはコーパスから得られた客観的頻度である。例として疑問詞の who と whom に関する項目を見てみよう（図2）。規範文法であれば，正しくは目的格には whom を使うべきであるといったルールが示されるだけであるが，*LGSWE* が示すのは実際の言語における頻度分布そのものである。

図2に見られるように頻度は，会話（CONV），小説（FICT），ニュース（NEWS），学術文献（ACAD）という4種類の言語変種（テクスト・ジャンル）ごとに示されている。そして，頻度分析をふまえて「疑問詞の

Distribution of interrogative *who* v. *whom*; occurrences per million words

each ■ represents 50   ▫ represents less than 25   – represents options not attested in the LSWE Corpus

	interrogative *who*	interrogative *whom*
CONV	■■■■■■■■■■■■■■■■■	–
FICT	■■■■■■	▫
NEWS	■■■	▫
ACAD	■	▫

図2　whoとwhomの頻度（*LGSWE*）

whoはwhomよりもはるかに一般的である。その差は会話において最も顕著に現れ，会話においてwhomはほとんど存在しない」という観察結果が述べられるのである（p.214）。

　*LGSWE*に典型的に示されるように，コーパスを用いた記述的言語研究では，量的証拠に基づき，コミュニケーションにおける現実の言語のありようや個々の語の振る舞い（behavior）を言語変種ごとに丁寧に観察・記録することが求められる。以下，第2節では関係代名詞whichの用法を，第3節ではSORROWなどの類義語を取り上げ，コーパスに基づく言語記述の実践を行うことにしたい。

第2節　関係代名詞whichの用法

■制限用法whichは避けるべきか？

　学校文法では，関係代名詞whichは制限用法と非制限用法の両方で使用可能とされる。しかし，制限用法whichの使用を制約する立場も存在する。Fowler（1926）は，明瞭性および簡便性の点から，制限節内ではwhichではなくthatを使用すべきであると強調している（pp.634-636）。また，Fowlerほど規範的ではないにせよ，くだけた会話などにおいては，制限節内ではthatを使用するほうが普通だという指摘もある（Leech, 1989；*Long-*

man Dictionary of Contemporary English*, 2005 他)。

　一方，こうした制約を認めない立場も多い。大塚・小西 (1973) は Fowler の指摘に反論して制限用法 which に問題がないことを確認しているし (pp.916-917)，Quirk et al. (1985)，Biber et al. (1999)，Sinclair (2005) などの文法書，また大半の EFL 辞書においても制限用法 which の使用制約は述べられていない。最新の文法書の1つである Huddleston & Pullum (2005) は，一部の用法辞典や文体ガイドが制限用法 which の使用に制約を設けていることをあえて紹介した上で，制限用法 which はあらゆる種類の英語で文法的であり，これに問題があるとする考えは「規範主義者たちの作り事」であると結論している (p.191)。

　以上のように，関係代名詞 which の使用については異なる見解があるわけだが，日本の学校教育の現場を念頭に置いた場合，制限用法 which，あるいは関係代名詞 which と that の関係について，どのように指導してゆくべきなのであろうか。

■**研究の目的と方法**

　以下では，従来の文法における関係代名詞 which に関する見解の齟齬を出発点として，コーパスにおける which およびその代替語である that の使用状況を多角的に検証してゆく。すでに述べたように，記述研究の特色の1つは，様々な言語変種や生起環境における語の使用状況を丁寧に調査してゆく点にある。ゆえに本節においても，地域，時代，文型という基準を立て，語の生起環境ごとの用法差に目配りを行うこととしたい。具体的には下記のリサーチ・クエスチョンを検討する。

　　[1] 一般英語で制限用法 which の使用は制約されているか？
　　[2] 地域要因はどう影響しているか？
　　[3] 時代要因はどう影響しているか？
　　[4] 文型要因はどう影響しているか？
　　[5] 地域，時代，文型の複合要因はどう影響しているか？
　　[6] 関係代名詞 which と that はいずれが標準的か？

本節で主に使用する言語データは，第Ⅰ章で紹介したBrown Corpusファミリーである。筆者は過去に自作の新聞コーパスで同様の観察を行ったことがあるが（石川，2000），ベンチマーク的コーパスに基づいて検証を行うことで，比較や再現性の検証が行いやすくなる。また，同じサンプリング基準に基づき構築された4つのコーパスを組み合わせることで，時代差や地域差の信頼できる比較研究が可能になる（Meyer, 2002, pp.103-104）。

　which用例には関係代名詞と疑問詞が混在しているため，頻度調査にあたっては手作業でデータを1例ずつ検証する必要がある。ここでは，AntConcで表示された全コンコーダンスラインの中から，Excelの乱数関数（rand）で発生させた乱数に基づき，コーパスごとに100例，合計400例を無作為抽出して分析対象用サンプルとする。また，リサーチ・クエスチョン[5] については，再現性検証の観点から，同じく第Ⅰ章で紹介したWordbanks*Online*（WB）のデータを併用する。WBには小学館コーパスネットワークを使ってアクセスし，イギリス英語および米語の書籍セクションから上記の方法で100例ずつを無作為抽出する。

　以下，分析手順に関して述べる。[1] では，4コーパスのサンプルを統合し，制限用法，非制限用法，その他に用例を分類した上で，制限用法頻度と非制限用法頻度を比較する。制限用法と非制限用法は，コンマおよびコンマ相当語句（ダッシュ，コロン，セミコロン，開始カッコ）によって先行詞と関係代名詞間が物理的に切断されているかどうかに基づいて機械的に判別する。名詞＋(,) which...and [but] which... のような構造における2つ目以降のwhichの用法は，and, butの直前位置におけるコンマの有無によって判定する。また，S＋V. Which... のような構文は，直前位置にピリオドがあることから非制限用法の例とみなす。頻度比較にあたっては，第Ⅲ章で作成した言語計量用ファイルを利用してカイ二乗検定を行う（なお，多重比較の際にはボンフェローニ補正を行うべきとする立場もあるが，ここでは基準値の補正は行わない）。

　[2] では4つのサンプルをイギリス英語（LOB＋FLOB）と米語（Brown＋FROWN）に分け，[3] ではそれらを1960年代（LOB＋Brown）と1990年代（FLOB＋FROWN）に分け，制限用法頻度と非制限用法頻度を比較する。

[4] および [5] では関係代名詞が生起する2種類の基本的文型を区別する。1つは I haven't read the book (,) which John gave me. のように，関係代名詞が先行詞の直後に単独で生起する単独型，もう1つは I haven't read the book (,) to which John contributed. のような前置詞共起型である。[4] では4コーパス全体に対して，[5] ではそれぞれのコーパスに対して，文型ごとに制限用法頻度と非制限用法頻度を比較する。また，[5] では WB のデータで再現性検証を行う。

[6] では，コーパスの全データ（約400万語）に対して，制限用法 which，非制限用法 which，that の3種類の頻度を調査する。ただし，3種類の関係代名詞の選択傾向を調べるためには，そのうちの何れか1つが必ず使用される文型に絞って観察する必要がある。the book I wrote のような接触節ないし剝き出し関係節（bare relative）(Huddleston & Pullum, 2005, p.185) の可能性を排除するため，ここでは，検索対象を the book which inspired us のような，＜具象名詞＋(,)＋which [that]＋(副詞や挿入句など)＋動詞＞という文型に限定する。なお，先行詞となる名詞については，Leech et al. (2001) に掲載された British National Corpus (BNC) の高頻度名詞のうち，物や事を含意する10名詞（government, work, life, system, world, house, company, problem, service, hand）に限定する。

分析手順は以上の通りである。以下，リサーチ・クエスチョンに即してコーパス調査の結果を見てゆくことにしよう。

■ [1] 一般英語における which

まず，地域差や時代差を前提としない一般英語における which の使用状況を見るために，4つのコーパスから得られた全400例を対象に，制限用法頻度と非制限用法頻度，および関係代名詞 which の総頻度に占める制限用法の比率を調べたところ，表1の結果となった。

これより，一般英語においては，約6：4の比率で制限用法が多いことが確認された（$\chi^2=20.9$, $p<0.001$）。これは，物語文，報道文，学術文のいずれにおいても which については制限用法のほうが多いという Biber et al. (1999) の指摘とも一致する（pp.609-611）。この結果に限って言えば，

表1　用法別頻度

	制限用法	非制限用法	制限用法率
4コーパス計	239	149	61.6

制限用法 which を制約する Fowler 的な規範は言語の実態に適合していないことになる。

■[2] 地域要因の影響

次に，英米別にデータを観察し，制限・非制限比率に対する地域要因の影響を調べたところ，表2の結果となった。

表2　英米別頻度

	制限用法	非制限用法	制限用法率
イギリス英語	128	65	66.3
米語	111	84	56.9

頻度だけで見ると，英米ともに制限用法の優先は変わらない。しかし，検定にかけると，イギリス英語の場合は制限用法が有意に多いが（$\chi^2=20.6$, $p<0.001$），米語は有意差なしとなる（$\chi^2=3.7$, $p=0.05$）。なお，両用法ともに英米間に有意差はない（$\chi^2=1.2$, $p=0.27$／$\chi^2=2.4$, $p=0.12$）。

■[3] 時代要因の影響

Leech (2007) でも述べられているように（第Ⅰ章・第2節参照），20世紀後半のわずか30年ほどの間にも英語の語法は大きく変化している。そこで，1961年と1991／1992年の英語に分けて検証したところ，結果は表3の通りであった。

興味深いことに，30年の間に，制限用法の頻度は低下し，非制限用法の

表3　時代別頻度

	制限用法	非制限用法	制限用法率
1961年	135	59	69.6
1991/1992年	104	90	53.6

頻度は上昇している（$\chi^2=6.6$, $p<0.05$／$\chi^2=4.4$, $p<0.05$）。1961年時点においては，制限用法のほうが多かったが（$\chi^2=29.8$, $p<0.001$），1991／1992年時点では用法間に有意差は出ていない（$\chi^2=1.0$, $p=0.31$）。

■ [4] 文型要因の影響

次に，関係代名詞が名詞の直後で使用される単独型と，前置詞が介在する前置詞型という2つの文型タイプによって，制限・非制限比率がどのように変化するかを見てみよう（表4）。

表4　文型別頻度

用法	単独型			前置詞型		
	制限用法	非制限用法	制限用法率	制限用法	非制限用法	制限用法率
4コーパス計	155	130	54.4	84	19	81.6

表に明らかなように，前置詞型になると，圧倒的に制限用法が多くなる（$\chi^2=41.0$, $p<0.001$）。このことはまた，一般的な単独型に限って言うと，用法間に有意差はなく，そもそも制限用法の優先は確認できないことを示している（$\chi^2=2.2$, $p=0.14$）。

■ [5] 複合要因の影響

以上より，制限用法 which は全体として非制限用法 which より高頻度で

あるものの，英国より米国において，60年代より90年代において，また，前置詞型より単独型において，制限用法whichの占有比が低下することがわかった。このことは，たとえば米国・90年代・単独型という条件を組み合わせると，制限節whichの比率がより低下する可能性を示唆している。そこで，各要因を総合的に見ながら観察を行うこととしたい。

表5 複合要因の比較

用法	単独型			前置詞型		
	制限用法	非制限用法	制限用法率	制限用法	非制限用法	制限用法率
Brown	46	23	66.7	27	3	90.0
FROWN	16	26	38.1	51	3	94.4
LOB	46	20	69.7	25	4	86.2
FLOB	47	15	75.8	25	4	86.2

4コーパスを個別的に見ることで，興味深い傾向が浮かび上がってきた。これまでの検証では，どの条件下においても，制限用法は非制限用法より高頻度であったが，FROWNの単独型，すなわち，米語×1990年代×単独型という条件がそろった場合には，両者の頻度が逆転したのである。同じ90年代の米語であっても，前置詞型にはこの傾向は確認できない。有意差が出ていないので（$\chi^2=2.4$, $p=0.12$）判断は慎重であるべきだが，3種類の生起要因が特定の組み合わせを構成した場合にわずかながら制限用法率の低下が見られたことは興味深い。

その他の場合は制限用法が多い。単独型の場合，用法間で見ると，Brown（$\chi^2=7.7$, $p<0.01$），LOB（$\chi^2=10.2$, $p<0.01$），FLOB（$\chi^2=16.5$, $p<0.001$）で有意差あり，前置詞型の場合，Brown（$\chi^2=19.2$, $p<0.001$），FROWN（$\chi^2=42.7$, $p<0.001$），LOB（$\chi^2=15.2$, $p<0.001$），FLOB（$\chi^2=15.2$, $p<0.001$）ともに有意差ありとなる。

以上は興味深い結果であるが，コーパス研究では，1種類（1組）のデータから得られた結果を過信することは危険である。異なるデータにおいても同様の結果が得られるかどうか，検証結果に再現性があるかどうかを見ることで，結果の信頼性が担保される。そこで，再現性検証の観点から，WBの

データについても見ておこう。WBには1990年から1998年までのデータが収められているので，FROWN／FLOB以降の英語の変化を見ることにもなる。調査結果は表6の通りであった。また，Brown Corpusファミリーと合わせて，単独型whichの制限用法率の時系列推移を示したのが図1である。

表6　WBにおける英米別頻度

用法	単独型			前置詞型		
	制限用法	非制限用法	制限用法率	制限用法	非制限用法	制限用法率
WB_UK	44	30	59.5	14	8	63.6
WB_US	13	38	25.5	31	11	73.8

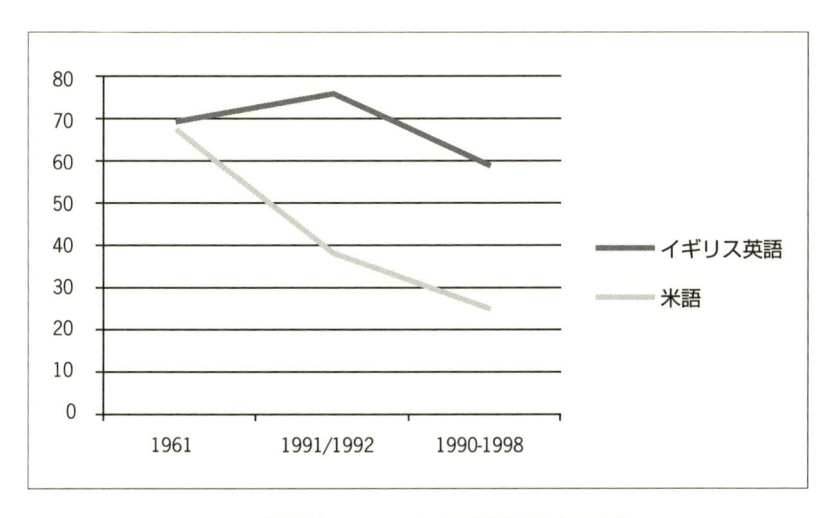

図1　単独型whichにおける制限用法率の変化

　FROWN，FLOBに比べ，単独型における制限用法率は英米ともにさらに低下している。注目すべきは，米語単独型においては，非制限用法

whichの頻度が制限用法whichの頻度を有意に上回っていることである（$\chi^2=12.3$, $p<0.001$）。これは，関係詞whichはすべての書き言葉のテクスト・ジャンルにおいて制限用法としての使用が主になっているというBiber et al. (1999) の報告（pp.610-611）とは異なる結果である。なお，用法間の差は，単独型の場合，英国だと有意差なし（$\chi^2=2.6$, $p=0.1$），米国だと有意差あり，前置詞型の場合は英国だと有意差なし（$\chi^2=1.6$, $p=0.2$），米国だと有意差あり（$\chi^2=9.5$, $p<0.01$）となる。

■ [7] thatへの移行

最後に，高頻度10名詞をサンプルとし，Brown Corpusファミリーの全データを対象に，制限用法which，非制限用法which，thatの3種の関係代名詞の頻度を比較しておくことにしよう。検証の結果は表7の通りである。なお，総数の下に示した割合は，3タイプの頻度計を100としたときのタイプ別占有比である。

表7 whichとthat

タイプ	LOB			FLOB		
	which	, which	that	which	, which	that
総数	30	12	19	40	10	23
割合	40.5	16.2	25.7	46.5	11.6	26.7
タイプ	Brown			FROWN		
	which	, which	that	which	, which	that
総数	35	5	34	5	9	58
割合	36.1	5.2	35.1	6.3	11.3	72.5

まず，表の上段に示されたイギリス英語の2コーパスから見てゆく。LOBとFLOBのいずれにおいても，制限用法whichが最も高い構成比を占める事実は変わらない。30年を経ても顕著な頻度の変化は見られず，コ

ーパス間（時代間）では，制限用法 which ($\chi^2=0.9$, $p=0.36$），非制限用法 which ($\chi^2=0.3$, $p=0.56$），that ($\chi^2=0.2$, $p=0.69$) のいずれも有意差はない。これは，イギリス英語においては制限用法 which が関係節修飾の基本であり，その傾向は現代においても不変であることを示している。Huddleston & Pullum (2005) が，制限用法 which を制約する立場を「規範主義者たちの作り事」(p.191) と呼んだことはこの点においてまったく正しい。

しかし，下段の米語を見ると，過去 30 年間に制限用法 which が 6 分の 1 近くに激減していることがわかる（$\chi^2=25.0$, $p<0.001$）。この減少分は主として that の急増（$\chi^2=4.5$, $p<0.05$）によって説明され，非制限節 which の頻度はほぼ変わっていない（$\chi^2=0.9$, $p=0.36$）。もちろん，which と that には，前者が先行詞の内容を選択・制限する一方，後者は同格的に説明を補うという基本的性質の差があるため（八木，2007, p.89），安易な結論には慎重であるべきだが，少なくとも現象面においては，制限節 which の激減と that の激増が 90 年代以降の米語の特徴であることが明らかになった。

■コーパスから見えてきたこと

とくに言語教育の現場を意識しつつ，本節の調査で明らかになった関係代名詞 which の語用に関する事実を記述的観点からまとめておきたい。

[1] 英語の書き言葉一般について言うと，制限用法 which の使用は制約されているとは言えない。
[2] イギリス英語に比べ，米語のほうが制限用法 which の使用頻度は低下する。
[3] 1960 年代に比べ，1990 年代のほうが制限用法 which の使用頻度は低下する。
[4] 先行詞の後に関係代名詞が直結する単独型の場合，制限用法 which と非制限用法 which の頻度はほぼ同等である。先行詞と関係代名詞の間に前置詞が介在する前置詞型の場合，制限用法が大半を占める。
[5] 米語×1990 年代×単独型という条件下では，制限用法 which の頻度

は非制限用法 which の頻度を下回る。また，1990年代の後半において，単独型の制限用法 which の頻度は英米ともに低下している。
[6] イギリス英語では制限用法 which が標準であるが，アメリカ英語では that が標準で，物を受ける関係代名詞の大半が that である。

これらの知見は，新聞コーパスを使った過去の調査結果や（石川，2000），コーパス準拠の先行研究の結果ともほぼ一致するもので（吉田，1999；田中，2006, p.1074），一定の妥当性を持つものと言える。

こうした which の語用の実相は，言語学的な興味を引くだけでなく，教育的な示唆に富むものでもある。日本の英語教育はもっぱら米語を基準にして行われているが，学校文法では，物を指し示す関係代名詞の標準は which とされ，場合によって that による「代用」を認めるという指導がなされている。しかし，現代米語における単独型の制限用法 which の比率は著しく低下しており，むしろ関係代名詞 that の標準性が高まっている。今後は，こうした事実を指導に反映してゆくことが検討されるべきであろう。

学校文法が規範的性格を持つことはある意味で当然であるが，実現態としての言語をふまえた記述研究の成果を反映させ，「記述的規範主義」（小西，1988/2007b）の視点を取り込んでゆくことで，より自然な言語を学習者に示すことが可能になる。こうしたコーパスに基づく学校文法の見直しは，言語教育がコミュニケーション志向を強める中で，今後ますます重要な研究テーマになるものと思われる。

■応用研究のために

最後に，本節で利用したデータや分析技術をまとめ，応用研究のヒントについて示しておこう。

【利用したデータ】
●Brown Corpus ファミリー（Brown, FROWN, LOB, FLOB）：ICAME Collection of English Language Corpora 2版（1999）に収録。
●Wordbanks*Online*：小学館コーパスネットワークを使用。

【利用した分析技術】
- Brown Corpus ファミリーを組み合わせた地域差・時代差の検証。
- Excel の乱数関数を用いたコンコーダンスラインの無作為抽出。
- 異なるコーパスを用いた再現性検証。

【応用研究のヒント】
- ウェブ上で一般公開されている米語大規模コーパスである BYU Corpus of American English (http://www.americancorpus.org/) を用い，主要名詞を例として，制限用法 which，非制限用法 which，that の出現比を時系列で検証してみよう。
- which と that は単純交換が可能ではなく，先行詞の参照強度に違いがあるとも言われる。これらを比較できるような例文を考え，インフォーマント・チェック（母語話者による許容性判定）を行ってみよう。
- which／that に見られる関係は who／that の関係にも一般化できるか調べてみよう。
- BYU Corpus of American English や TIME Corpus of American English では時系列に沿った検索が可能である。10 年ごと，あるいは 20 年ごとのように範囲を区切って調査し，which／that の頻度がどのように変化してきたかを調べてみよう。
- 目的格関係代名詞は省略されることが多いとされるが，省略される割合は実際にどのぐらいなのか調べてみよう。

第 3 節　類義語の語法

■SORROW／GRIEF／SADNESS の差

　コーパスは語の意味研究にも威力を発揮する。ここでは，SORROW／GRIEF／SADNESS の 3 語を例として取り上げ，各々の意味の違いを量的・質的に探ってゆきたい。大まかに言えば，これらはどれも「悲しみ」という意味を持つわけであるが，3 語のうち，最も強い悲しみを含意するのはどれであろうか。最も長く続く悲しみを含意するのはどれであろうか。哀れ

さやみじめさといった意味に近いのはどれであろうか。

　SORROW／GRIEF／SADNESS のような語のセットのことを synonym と呼ぶ。synonym は同義語と訳されることも多いが，本書では類義語という呼び方をする。というのも，厳密な同義語というものは存在しないからである。語法論や辞書学の領域では，古くから synonym の問題に関心が寄せられてきた。語義基本部（designatum），含意（connotation），使用範囲（range of application）の全てが同一であるとすれば，理論上，それらは完全同義語（absolute synonym）や厳密同義語（strict synonym）となるが，限りなく近い語はあっても，完全な同義性はあり得ないと考えるほうが自然である。

　小西（1976）は，「言語経済」の観点から考えても，あらゆる文脈において交換可能の段階にある語は存在しがたいと述べ，同義語に見えるものも多かれ少なかれ類義語の集団であると指摘している（p.3）。Cruise（1990）もまた，「教養ある人たちが揃って同義だと認めるような語群を探すことはとてつもなく困難である」と述べている（p.154）。さらに，Hatch and Brown（1995）は，同義語のように見える stop と cease を例に取り上げた上で，「子供のいたずらに対して"Cease that!"と言う母親はいない」と述べ，2つの語が存在するのは，「それを使用する方法や状況に何らかの差異があるため」だと結論している（p.19）。

　類義語の使い分けは，非母語話者には難しく，言語教育の場においても適切な指導がなされているとは言い難い。身近な辞書や文法書をひもとけば答えは簡単に得られるように思われがちであるが，はたしてそこに信頼できる情報は見つかるのであろうか。

■辞書における3語の位置付け

　3語の意味の概要を知るために，まずは主要な EFL（English as a Foreign Language）辞書の語義記述を概観しておこう。参照したのは，*Oxford Advanced Learner's Dictionary*（*OALD*），*Longman Dictionary of Contemporary English*（*LDOCE*），*Longman Advanced American Dictionary*（*LAAD*），*Cambridge Advanced Learner's Dictionary*（*CALD*），*Collins COBUILD Advanced Learner's English Dictionary*

（COBUILD），*Macmillan English Dictionary for Advanced Learners* (*MED*)（いずれも現行版）である。なお，*LAAD* の記述内容は *LDOCE* の記述と同一であったので，下記では *LDOCE* で代表させている。

5種類の辞書定義には一定のパタンがあり，はじめに SADNESS を「sad（または unhappy）な状態」と定義したあと，SADNESS の意味に形容詞もしくは理由を付すことで，SORROW と GRIEF の意味のニュアンス差を説明している。なお，下表中の * は名詞形の立項がなく，形容詞の語義からまとめたものである。

表1　辞書に見る3語の定義（拙訳による）

	OALD	LDOCE	CALD	COBUILD	MED
SORROW	とても悪いことが起こったことによる，大きな悲しみの感情	通例，人の死やひどい出来事が起こったことによる，大きな悲しみの感情	((かたく))大きな悲しみや悔恨（またはその原因）	深い悲しみや悔恨の感情	大きな悲しみ
GRIEF	とくに人の死に伴う，大きな悲しみの感情	とくに愛する人の死による，極度の悲しみ	とくに人の死に伴う，非常に大きな悲しみ	極度の悲しみの感情	通例，人の死による悲しみの強い感情
SADNESS	悲しいという感情	悲しみを感じている状態	不幸または残念な状態*	通例，好ましくないことが起こり，不幸を感じている状態*	とくに，悪いことが起こり，不幸を感じている状態

辞書の記述は大筋で一致しているが，細部ではずれも見られる。たとえば，SORROW の意味は「大きな悲しみ」や「深い悲しみ」でほぼ一致しているが，「悔恨」の意味を含めるものと含めないものがある。GRIEF については「極度の悲しみ」や「非常に大きな悲しみ」など，SORROW より強

い形容詞を当てるものが多いが，SORROWと同様，「大きな悲しみ」とするものもある。また，3名詞ともに感情の原因が例示される場合があるが，その内容は一致していない。さらに，スピーチ・レベルを付けているものといないものがある。

非母語話者が3語を適切に使い分けてゆくためには，こうした情報だけでは不十分である。そこで，以下では，大規模コーパスを用い，3語の意味の傾向性を検証してゆくこととしたい。コーパスを用いて類義語の生起環境を比較することは，類義語が交換可能な文脈とそうでない文脈についての学習者の理解を深める上でも重要である（Partington, 2001, pp.66-67）。

■研究の目的と方法

Sinclair (1991) は，高頻度語の意味はしばしば曖昧で非自立的であり，その意味を直接に特定・説明することはできず，われわれはその用法について論じるほかないと指摘している (p.113)。このことは，今回のような類義語の意味分析にも当てはまる。SORROW／GRIEF／SADNESSがどのような語と共起するのか，悲しみの原因としてどのような語が多く現れているかなど，3語と特徴的に結びついた共起語のタイプや用法上の特性を見ることで，類義語間の意味的差異を間接的にとらえることができるのである。

類義語の弁別にあたっては，語義的差異，地域方言的差異，慣用的差異，連語関係的差異，文法構造的差異などの観点が考えられるが（八木，2006, pp.1057-1058），連語関係という最も観察しやすい現象から切り込んでゆくことで，他の観点についても有用な知見を得ることができるであろう。本節で検討しようとするリサーチ・クエスチョンは次の4点である。

[1] 頻度において最も標準的なものはどれか？
[2] 共起名詞にはどのような違いがあるか？
[3] 共起動詞にはどのような違いがあるか？
[4] 共起形容詞にはどのような違いがあるか？

使用するデータについてまとめておく。[1] の頻度比較では，再現性検証の観点から，British National Corpus (BNC), Wordbanks*Online*

(WB)，英文ウェブサイト全体（Google の検索オプションで言語フィルタを英語に限定），米国ニュースサイト（Google News の米国版）の4種類のデータを調査する。ウェブ検証は 2008 年 1 月に実施した。なお，ウェブのヒット件数とコーパス頻度には一定の相関があるとされているので（石川，2008），ここではヒット件数を頻度に準じて扱う。

[2] から [4] では，小学館コーパスネットワークを利用し，BNC から得られた品詞別（名詞，動詞，形容詞）の共起語リストを利用する。共起強度の基準には各種の統計値があるが（第III章・第4節参照），共起頻度および頻度系指標では上位共起語の大半が機能語となる。たとえば，下記は3語の直前位置にくる共起語の頻度上位 10 語であるが，大半が重複するため3語の差は見えにくい。

GRIEF：of, good, the, to, and, her, with, their, his, ","
SORROW：and, of, the, in, their, his, her, with, our, my
SADNESS：of, the, and, with, great, a, ",", deep, his, be

ゆえに，ここでは頻度への依存度が小さく，低頻度でも特徴性の高い共起例を検出できる相互情報量を基準として共起語を選ぶ。

分析データの収集法としては，まず，生起位置別共起語リストをダウンロードする。これは，初期設定で5：5の共起範囲となっているが，中心語と密接に関係している共起語に限って検証するため，手作業で2：2の共起範囲に入っている語のみを取り出し，範囲内での合計頻度表を作成する。ついで，偶然的出現例を省くため，頻度 1 の語（Scott & Tribble, 2006, p.59），および，相互情報量が3未満の語（Hunston, 2002, p.71）を削除する。最後に，それぞれの中心語と排他的に結びついている共起語を取り出すため，2語以上の中心語と共起している語を削除する。これで，[2] から [4] の分析に使用する基礎データが得られた。

以下，調査手順について概観しておこう。まず，[1] については，BNC，WB，ウェブ全体，ウェブニュースの4種類に対して3語の頻度調査を行う。[2] では共起名詞を比較する。sorrow and despair のように，中心語の直近位置に現れる名詞には，中心語の類義語，反義語，関連語が多い。[3]

では共起動詞を検証する。suppress his sorrow や，overwhelmed by sorrow のように，動詞を見ることで中心語の意味傾向をとらえることができる。最後に［4］では共起形容詞を検証する。great sorrow や Our sorrow was huge. など，中心語を直近位置で修飾する形容詞もまた，名詞の意味特性に深く関係している。以上が本研究の手順と方法である。

以下では，4つのリサーチ・クエスチョンに即してコーパス検証の結果を見てゆくことにしよう。

■ ［1］頻度検証

まず，3語の頻度を概観する。類義語の使い分けに悩む学習者にとって，まずもって必要な情報は，最も一般的な語がどれかということであろう。高頻度語は汎用的な語でもありうる。頻度調査の結果は表2の通りである。相互比較の目安として，各コーパス（ウェブも便宜的にコーパスと呼称する）における3語の頻度総計を100とした時の各語の百分率を括弧内に示す。

表2　頻度調査結果

	BNC	WB	ウェブ	ニュース
SORROW	651(20.0)	385(20.9)	2410000(34.5)	4448(17.4)
GRIEF	1835(56.4)	994(53.9)	2860000(41.0)	13592(53.0)
SADNESS	765(23.5)	464(25.2)	1710000(24.5)	7595(29.6)

表に明らかなように，4種のコーパスの全てにおいて，最も多用されている語は GRIEF である。辞書の定義によると，意味強度や原因などの点において最も特殊性が高いと思われる GRIEF が3語のほぼ過半数を占めていることは意外な結果であるが，言語教育の観点からはこれはきわめて有用な情報である。

なお，SORROW と SADNESS の頻度順位はコーパスによって入れ替わる。代表性に配慮した2つのコーパスと，ニュース記事では SADNESS のほうがわずかに多いが，ウェブ全体になると SORROW のほうが高頻度と

なる。ウェブにはくだけた英語表現が多いことを念頭に置けば，SORROWのほうがくだけた文脈で好まれる可能性がある。

■ [2] 共起名詞検証

中心語の直近位置に出現する名詞は，中心語の類義語や反義語，または悲しみの原因に関する語など，中心語と深く意味的に結びついた語である。3語に共通する共起語（agony, anger, anxiety, fear, feeling, guilt, joy, pain, shock, tear）や2語に共通する共起語を省いた後で，前述の条件を満たす共起名詞は表3の通りであった。

3語の意味傾向について順に見ていこう，まず，SORROWは，たとえば

表3　特徴的共起名詞

SORROW			GRIEF			SADNESS		
共起語	MI（頻度）	位置	共起語	MI（頻度）	位置	共起語	MI（頻度）	位置
affection	8.01(2)	R2	bereavement	9.38(3)	R2	acceptance	6.79(2)	R2
cry	7.58(2)	L2	component	6.29(3)	L2	aura	10.09(3)	L2
dismay	9.38(2)	L2	distress	7.37(3)	R2	change	3.87(2)	R2
doubt	6.03(2)	L2	exhaustion	8.37(2)	L2	deck	7.70(2)	R2
face	6.04(2)	L2	experience	5.74(2)	L1	desire	6.01(2)	L2
misery	8.71(3)	L2	horror	6.91(3)	R2	desolation	10.70(2)	R2
mood	6.77(2)	L2	intensity	6.65(2)	L2	disappointment	8.05(3)	L2
pity	10.59(2)	R2	miscarriage	10.26(2)	L2	disgust	8.95(2)	R2
regret	9.08(2)	R2	parents	8.89(2)	R2	heart	4.45(2)	R2
repentance	11.39(2)	R2	process	4.23(5)	R1	hint	9.45(6)	L2
sea	7.93(3)	L2	rage	8.96(7)	R2	mixture	6.50(2)	L2
shame	10.10(2)	R2	reaction	7.24(14)	R1	note	6.00(2)	L2
sickness	8.16(2)	R2	response	4.03(2)	R1	pleasure	5.87(2)	L2
suffering	9.67(5)	L2	sadness	7.74(2)	L2	sense	5.42(6)	L2
trial	7.43(2)	L2	surge	8.04(2)	L2	tinge	12.14(5)	L2
trouble	5.29(2)	L2	traitor	9.39(2)	L2	touch	7.02(3)	L2
war	3.65(2)	R2	widow	6.71(2)	L2	twinge	13.23(7)	L2
						wave	6.36(3)	L2

戦争（war），問題（trouble），病気（sickness）などが引き起こす感情である。その意味の幅は広く，懐疑（doubt），憐憫（pity），恥辱（shame），動揺（dismay），苦悩（suffering, misery），号泣（cry）などと密接な関係があり，愛（affection）の相補的感情でもある。また，単なる悲しみというよりは，時に悔恨（regret, repentance）に近い感情を含意し，このことは一部の先行辞書（*CALD*, *COBUILD*）の記述を裏付けている。SORROW の最大の特徴は，類似の感情を表す名詞と並んで使用されることが多いということである（以下，用例前の 3 文字は BNC 出典コードを示す）。

    G0T：The tension comes from many sources: anger, fear, shame, helplessness, sorrow, repentance....
    AYM：THE MATCH FACTORY GIRL evokes such feelings of sorrow, pity and horror....

SORROW はそれだけで完結した感情を表すというよりは，他の類似の感情との関係の中で類型化された悲しみを表す語である。
  次に，GRIEF で注目されるべきことは，原因として，死別（bereavement），流産（miscarriage），未亡人（widow）など，間接的に人の死を含意する語が含まれることである。これは一部辞書（*LDOCE*）の記述を支持する。

    K54：Women who have had a miscarriage experience grief but they have no record of their unborn child....
    C8Y：The thought of entering the disaster area of an elderly widow's grief...is enough to create feelings of anxiety in anyone....

GRIEF はまた，苦悩（distress），恐怖（horror），憤怒（rage）などと近接した感情で，悲しみの結果としての瞬間的な激しい反応（response, reaction）を伴いやすい。

    B30：... trying to help this woman experience a normal grief reaction after the loss of her husband.

　最後にSADNESSについてであるが，その最大の意味的特徴は，悲しみのかすかな気配（a/an aura [hint, note, sense, tinge, touch] of sadness）が話題化されることが多いということである。SADNESSが含意する悲しみは，しばしば他者によって観察・感知された状態である。

> K5A : There was also a tinge of sadness in Gerry Britton's voice when he was asked about his old club....
> H0C : Scapa was a lonely place with an aura of sadness, forever haunted by its sad history of scuttled and torpedoed ships....
> BMW : There was a hint of sadness now in Madame's eyes....

SADNESSはまた，他の感情と混ざって（mixture）認識されることもある。

> HLW : ...it is with a mixture of sadness, disappointment and disbelief that this motion is required to be brought before Congress today.

　GRIEFがそれ自身で完結する悲しみを含意し，SORROWが類似の感情との関係の中で類型化された悲しみを含意する一方，SADNESSは高次の複合的感情の構成要素になることがある。

■ **[3] 共起動詞検証**

　次に動詞について考えてみよう。動詞には，3語を目的語にとるものもあれば，過去分詞の形で共起するものもあるが，これらの観察を通して，3語が含意する人と悲しみの関係性を見ることができる。動詞の場合，3語に共通する共起語（anger, cause, express, feel, share）や2語に共通する共起語を省いた後で条件を満たす共起語を調べると，数に大きな不均衡があり，GRIEFの共起動詞の多さが目につく。

　以下，共起動詞を手掛かりに3語の傾向を探ってゆく。まず，SORROW

表4 特徴的共起動詞

SORROW			GRIEF			SADNESS		
共起語	MI(頻度)	位置	共起語	MI(頻度)	位置	共起語	MI(頻度)	位置
drown	12.59(38)	L2	add	5.17(2)	L2	fall	6.44(2)	R1
hope	6.67(2)	R2	appear	4.00(3)	R2	involve	6.12(2)	L2
kill	7.17(2)	R2	bear	6.19(4)	L2	leave	5.20(6)	R2
know	3.77(4)	L2	become	4.40(2)	R1	lie	5.09(2)	R2
live	5.40(2)	L2	bring	3.19(2)	L1	lose	6.85(2)	R2
overtake	13.68(2)	R2	call	3.03(3)	L1	mix	8.91(2)	R1
seek	7.59(4)	R2	carry	5.07(2)	L2	pervade	11.91(3)	R2
transform	9.62(3)	L1	conceal	8.85(2)	L2	reflect	6.77(2)	L2
			confront	8.67(2)	L2	seem	3.82(2)	R1
			control	6.55(2)	L2	tinge	13.73(10)	L2
			cope	7.61(2)	L2	wash	8.12(2)	R2
			crush	8.90(2)	L2	watch	5.57(2)	L2
			deal	5.04(2)	L2	worry	10.66(2)	L2
			distort	9.50(2)	L2			
			experience	7.33(4)	L1			
			face	5.18(2)	L2			
			fill	8.45(2)	R1			
			follow	3.96(2)	R1			
			hide	7.15(4)	L2			
			hit	5.52(2)	R1			
			laugh	6.53(2)	L2			
			mourn	10.36(2)	R2			
			observed	14.12(2)	R1			
			overcome	7.45(6)	L2			
			overwhelm	8.65(2)	L2			
			pass	4.85(2)	R2			
			recognise	5.94(2)	L2			
			rush	7.85(2)	R2			
			scream	7.65(2)	L2			
			simulate	9.84(2)	L1			
			smile	6.32(2)	L2			
			suppress	8.75(4)	L2			

trigger	8.72(2)	L2
try	3.07(3)	R2
wail	8.87(2)	L2
wrack	13.34(4)	L2

が含意する悲しみは，辛くとも，酒で紛らわせたり (drown)，他の感情に転化させたりする (transform) ことが潜在的に可能なものである。

 B22 : He was so fed up that he...went to the pub where he drowned his sorrows in a pint.

この点で，SORROW は克服の可能性を内包した悲しみと言えるだろう。
 一方，GRIEF について見ると，悲しみを乗り越えたり，紛らわせたりできる可能性は薄い。人は悲しみに向き合い (confront, face)，悲しみを押し殺し (suppress)，悲しみを隠し (conceal, hide)，なんとかそれと折り合いを付けてゆく (control, cope, deal) ほかない。

 CJF : ...she was concealing her grief at his death with remarkable stoicism....
 ADE : Thus children have to suppress their grief, and hold back the tears and pain....

このように，克服しがたい GRIEF は，持続的・継続的に人を苦しめるため，時に激しい瞬間的反応を引き起こす。人は悲しみに打撃・圧倒され (wrack, hit, overcome, overwhelm)，苦悩し (wrack)，苦悶し (mourn, distort)，泣き叫ぶ (scream, wail) ことになる。

 K97 : Wracked with grief, Irene breaks down in tears....
 FRJ : He didn't doubt there were many others...who had to swallow their grief and mourn in private.

最後に，SADNESS については，共起名詞に見られた傾向と同じ傾向が確認できる。つまり，含意される悲しみは，他から見たかすかな気配として認知されるものであり（tinge, seem, watch），他の感情としばしば混ざり合うものである（mix, involve）。

　　CH1：But that pleasure was tinged with sadness....
　　FRF：Li Shai Tung stood before him, staring into his face, a faint smile of sadness mixed with satisfaction on his lips.

　さらに，局所的な悲しみというよりは，全体に横溢する（pervade）状況的な悲しみを含意することもある。

■ [4] 共起形容詞検証

　共起名詞と共起動詞の観察によって，3語の意味傾向に一定の違いが存在することがわかってきた。最後に，中心語の意味を最も直接的に規定する形容詞を検証しよう。3語に重複する共起語（deep, full, genuine, great, much, personal）や2語に重複する共起語を省いた後で得られたリストは表5の通りである。

　まず，SORROW について検討する。他の2語については悲しみの程度や重さを表す形容詞が多く共起しているが，興味深いことに，そうした語との共起は SORROW については典型的とは言えない。むしろ，SORROW の場合は，人の（human）悲しみと天上の（godly）悲しみ，過去の（past）悲しみと最近の（recent）悲しみなど，悲しみの類型が含意されることが多い。このことは共起名詞の観察結果とも符号する。

　　ARG：Godly sorrow brings repentance that leads to salvation and leaves no regret, but worldly sorrow brings death....

　とくに，past や recent という形容詞からもわかるように，SORROW の場合，悲しみは今まさに同時的に体感されているものというよりは，すでに完了したり，忘却したりして，ある程度，客体化されたものである。

表5　特徴的共起形容詞

SORROW			GRIEF			SADNESS		
共起語	MI(頻度)	位置	共起語	MI(頻度)	位置	共起語	MI(頻度)	位置
godly	12.35(3)	L1	anticipated	10.06(5)	L1	abject	11.29(2)	L1
human	4.24(2)	L1	bitter	6.17(2)	L1	aching	10.80(2)	L1
past	7.76(3)	L1	chronic	7.57(4)	L1	certain	5.08(5)	L1
recent	4.44(2)	L1	good	7.20(139)	L1	desperate	6.90(2)	L1
secret	6.63(2)	L1	inconsolable	13.29(4)	L1	enduring	9.69(2)	L1
such	3.51(5)	L2	inevitable	5.89(2)	L1	huge	5.25(2)	L1
true	4.30(2)	L1	mad	6.35(3)	L2	infinite	8.30(2)	L1
			multiple	7.92(5)	L1	intense	6.99(2)	L1
			normal	3.72(2)	L1	little	3.39(2)	L1
			overcome	12.16(5)	L2	overwhelming	7.78(2)	L1
			private	5.96(13)	L1	post-coital	14.83(3)	L1
			profound	6.83(2)	L1	strange	5.59(2)	L1
			serious	3.73(2)	L1	such	3.28(5)	L1
			standard	5.66(2)	L1	unutterable	14.65(3)	L1
			stricken	10.38(5)	L2			
			unresolved	9.49(3)	L1			

GW8 : Her feeling for him was now the breath and life of Tess's being. It made her forget her past sorrows....

悲しみの程度を強調する語との共起の少なさはこの点を傍証する。
　一方，GRIEF の場合は，悲しみの強度，とくにその継続性と持続性がさまざまな形容詞で強調される。GRIEF の本質は，すでに共起動詞について見たように，癒すことができず (inconsolable)，解決できず (unresolved)，慢性化する (chronic) ということである。

AN7 : She looked into his eyes and saw terrible pain and inconsolable grief.

G0T : An inability to move through these feelings...can result in unresolved grief and even illness.
ADE : The old person is more likely to experience the effects of chronic grief which are made worse by continuing life events....

また，その悲しみは偶発的・突発的なものというより，予期された（anticipated），不可避的な（inevitable）もので，それゆえ深遠で（profound），ある種の運命的なものとして認識される。なお，共起強度の高いgood は Good grief!（まあ，なんてことでしょう）という慣用句の一部であり，GRIEF の意味を規定しているわけではない。

最後に，SADNESS の場合，大半の形容詞は悲しみの大きさや強さに関わる。SADNESS の表出する悲しみは，莫大で（infinite），巨大で（huge），大きな（much）ものであるとともに，圧倒的で（overwhelming），強烈で（intense），言葉にできない（unutterable）ものである。また，心理的な影響も大きく，悲惨で（abject），辛く（aching），絶望的な（desperate）ものでもある。

CDE : ...an expression of infinite sadness on her face....
AC6 : There is an unutterable sadness around Medina del Campo....

■コーパスから見えてきたこと
相互情報量を基準として選ばれた共起語のうち，各中心語と排他的に生起するものを詳しく検証することによって，通常では見えにくい3語の共起傾向の差を観察してきた。コーパス検証で得られた結果をふまえ，言語教育の現場を意識しつつ，3語の意味特性をまとめると次のようになるであろう。

(1) SORROW／GRIEF／SADNESS のうち，一般的な英語において最も頻度が高く，幅広く用いられるものは GRIEF である。SORROW と SADNESS の頻度はほぼ同等である。
(2) SORROW の意味の本質は，何らかの方法で乗り越えて過去のものとし，ふりかえって客観化できるような悲しみである。しばしば，

懐疑，憐憫，後悔，恥辱などの感情につながる悲しみであり，とくに他の類似の感情との関係の中で類型化された悲しみを含意する。
(3) GRIEF の意味の本質は，持続的・継続的な癒されない悲しみで，人の死などによって，不可避的かつ運命論的に向き合わされるものである。3語の中で悲しみの程度は最も強く，苦悩，苦悶，号泣といった激しい瞬間的反応として現れることもあれば，長期にわたって人知れず押し殺し，抑圧され続けてゆくこともある。
(4) SADNESS の意味の本質は，具体的・個別的事象に関わる悲しみであり，そのかすかな気配が何らかの形で表に出て，他者に感知されるようなものである。それ自身で独立したはっきりした感情であるというよりは，類似の他の感情と溶け合って，全体としてより複雑で高次の感情を構成するような悲しみである。

　もちろん，これらは各語の意味の方向性を極端に単純化した要約であって，実際には，これに反する事例や，そもそも3語のニュアンス差をそれほど意識せずに語を使用している事例も多く見つかる。3語の意味は相互排他的なものではなく，緩やかな連続体に位置付けられるべきものであろう (Ishikawa, 2004)。
　しかし，言語教育という観点で言えば，類義語の持つ特徴的な意味傾向をあえて単純化してとらえ，それを詳細に記述してゆくこともまた重要である。この場合，共起語抽出の基準となる指標の選択が重要になる。*LDOCE* は語彙項目の記述にあたって頻度重視の T スコアと特徴度重視の相互情報量の両方を参照しているとするが (Bullon, 2006, pp.4-5)，多くの辞書は記載できる情報量の制約のために，頻度主義の立場を優先させている (Hunston, 2002, p.102)。一般に，頻度は信頼できる指標であるが，とくに相同性の高い類義語の意味区分は頻度だけでは困難である。本節で試みたように，低頻度で特徴性の高い共起語から語の意味傾向を探るアプローチは，意味研究を教育的に応用する上で一定の有用性を持つと言えよう。

■応用研究のために
　最後に，本節で利用したデータや分析技術をまとめ，研究のヒントについ

て示しておこう。

【利用したデータ】
● British National Corpus：小学館コーパスネットワークを使用。
● Wordbanks*Online*：小学館コーパスネットワークを使用。
● Googleによるウェブ検索：検索オプション＜言語設定＜英語に限定。
● Google News：トップページ（http://news.google.co.jp/）より米語版を選ぶ。

【利用した分析技術】
● ウェブを用いた頻度調査。
● 品詞タグを利用したBNCからの品詞別の共起語の抽出。
● 相互情報量を利用したBNCからの特徴的共起語の抽出。

【応用研究のヒント】
● 3語について，身近な英和辞書の記述を比較し，データで検証してみよう。
● 各種の用例を作例し，当該語の部分を三択方式にして母語話者に最も自然なものを選んでもらうインフォーマント・チェックをやってみよう。
● 3語は前置詞＋名詞によって悲しみの原因などを示すことができる（例：sorrow at his death）。*LDOCE*はSORROWについてはatとfor，GRIEFについてはoverとatを記載するが，SADNESSについては前置詞の記載がない。*OALD*はSORROWについてはat, for, over, GRIEFについてはoverとatを記載し，SADNESSについては記載がない。これらの辞書の記述は妥当かどうか共起語検証で調べてみよう。
● Sketch Engine（http://trac.sketchengine.co.uk/）というウェブ上のコーパス検索システムにはWord Sketchという機能がある。これは，あらかじめ決められたパタン（名詞であれば，動詞＋目的語，名詞＋and/or＋名詞など）から効率よく重要な共起語を検出するシステムである。サイトに公開されているKilgarriff et al. (2004)を読み，システムがどのような共起パタンに注目しているか調べてみよう。
● ブリガムヤング大学のCORPUS. BYU. EDU（第Ⅰ章・第3節）上の3

種類のコーパスでは，検索語の入力欄に，sorrow ではなく [=sorrow] と入れることで，関連する広義の類義語が自動的に検索される。BYU-BNC の場合は各品詞あわせて 18 種の類義語が出てくるが，どのような語が類義語とみなされているか確かめてみよう。

● 上記の 3 コーパスには Compare Words という機能がある。検索画面上部の Display 内にある Compare Words にチェックを入れて 2 語を入力すると，それぞれの頻度比率と，関係の深い共起語が出力される（図 1）。BYU Corpus of American English および Time Magazine Corpus で 3 語の共起語を比較してみよう。

WORD 1 (W1): **SORROW** (41.0%)

	WORD	W1	W2	PERC-1	SCORE
1	PARTING	15	2	0.88	2.15
2	SORROW	80	14	0.85	2.08
3	OTHERS	16	4	0.80	1.95
4	SWEET	26	7	0.79	1.92
5	SUFFERING	21	7	0.75	1.83

WORD 2 (W2): **SADNESS** (59.0%)

	WORD	W2	W1	PERC-2	SCORE
1	NORMAL	22	0	1.00	1.69
2	CERTAIN	35	1	0.97	1.65
3	TINGED	21	1	0.95	1.62
4	DEPRESSION	25	2	0.93	1.57
5	EMOTIONS	19	2	0.90	1.53

図 1　BYU Corpus of American Englsish での共起語比較（2008 年 5 月調査）

第V章　コーパスと教材研究

　言語教育の3要因のうち，本章では，学習者と言語をつなぐ教材研究とコーパスの関わりについて概観することとしたい。教材研究には，教材分析と教材開発という2つの側面があるが，本章では，これらの両面を共に考えてゆく。本章は以下の3節から構成される。

　第1節　研究の背景と視点
　第2節　英語教科書の分析
　第3節　児童用語彙表の開発

　第1節では，教材分析・教材開発におけるコーパスの貢献を概観する。前者については，コーパスが教材評価の基準を提供し，教材の全体的分析を可能にすることを述べる。後者については，基本的な教材の例として辞書と語彙表を取り上げ，それらがコーパス活用によってどのように変化してきたかを紹介する。

　第2節では，教材分析の一例として，日本の高等学校の英語科教科書を取り上げ，教科書の語彙を標準的な英語の書き言葉・話し言葉と比較し，その妥当性・適切性を検証する。また，比較資料として，日本と類似した英語教育環境を持つ大韓民国の教科書を調査する。教科書データの総体をコーパス化して分析することで，分析者の主観にとらわれず，教材の語彙全体に対する信頼性の高い分析が可能になる。

　第3節では，コーパスを用いた教材開発の一例として，日本人児童用英語語彙表の作成方法について検討する。英語語彙表の開発では，規範となる母語話者コーパスを分析して頻度を取得することが標準的な手法であるが，ここでは，語彙表作成における主観と客観の融合を目指す観点から，日本語コーパスと英語コーパスを組み合わせて分析する新しいアプローチの有効性

を検証する。

　言語教育に関わる諸要因の中で，教材は，コーパスによって最も顕著に変わりうるものである。本章の目的は，幅広い教材分析および教材開発にコーパスが大きな役割を果たしうることを例証することである。

第1節　研究の背景と視点

■コーパスと教材分析

　従来，言語教材の分析には難しい問題がつきまとった。問題は2点に大別できる。1点目は，絶対的な評価基準を立てることができず，何を基準として個々の教材を評価すべきかがはっきりしなかったということである。たとえば，高校生用の文法教材を例に考えると，検定教科書を基準とするのか，学習者が将来受験するであろう資格試験や入学試験などを基準とするのか，既習内容との継続性を基準にするのか，あるいはまた，学習者の能力の実態を基準とするのかによって教材の評価は大きく変わることとなろう。教材の難度や内容的妥当性を評価しようとしても，依るべき基準がなければ，分析は主観的な印象を述べるだけで終わってしまう。

　2点目は，教材全体に対する評価が行いにくく，しばしば，ミクロの評価を拡大解釈する形でマクロの評価が行われてきたということである。先行研究の多くは教材の一部を取り上げて論評するが，膨大な教材の中のある1章や1項目だけを取り上げて全体を判断することは方法論としてきわめて危ういものであるし，そもそもどの場所を取り上げるかに関して分析者の主観が入り込む余地が否定できない。たとえば，辞書に記載されている無数の語の中からある1語を取り上げて辞書全体を批判するような姿勢では，教材研究が本来目指すべき教材の改善につながることはまれであろう。

　コーパス言語学の分析手法を教材研究に導入することは，これらの2つの問題を同時に解決する可能性を持つ。1点目の評価基準に関しては，代表性の高い参照コーパスを構築・分析することで，「現実の英語」という絶対的な評価基準を立てることができる。従来，「現実の英語」というのはあまりにも漠然とした概念で，具体的な教材評価基準には利用しにくいものであ

ったが，参照コーパスを分析することによって，実現態としての言語の諸相が明らかになり，それを基準として，個々の教材の言語的妥当性を連続的に評価することが可能になる。

　また，分析対象の教材全体をコーパス化するという手法によって，2点目として述べたミクロ評価の問題点を解決することも可能になる。教科書であれ，辞書であれ，文法ドリルであれ，そこに含まれるテクストの全てをスキャニングなどの手法で電子コーパス化すれば，教材の総体について信頼性の高い議論が期待できる。恣意的に選ばれた1項目の評価ではなく，教材の総体に対する分析・評価は，教材の具体的な改良の指針を得る上で不可欠なものである。

　本章では，こうしたコーパスに基づく教材分析の実例として，第2節において，日本の高校英語科教科書の語彙の妥当性検証を行う。

■コーパスと教材開発

　コーパスは，既存の教材分析の基準となるだけではなく，新しい教材を開発する原動力にもなりうる。コーパスを活かした教材開発の方向としては，コーパスの間接利用と直接利用の2種類が考えられる。

　前者は，いわゆるコーパス準拠型（corpus-based）の教材開発の方向で，研究者や教材執筆者がコーパスの知見を活かして辞書や教科書の記述を改訂し，実現態としての言語に即した教材を作ってゆくことを指す。既存教材には，保守的な文法観を反映し，現実の英語の実態と合わなくなっているものが少なくないが（八木, 2006；八木, 2007），コーパスを活用することで，言語の変化に鋭敏に対応した教材開発が可能になる。たとえば，McCarthy et al. (2004) の *Touchstone* シリーズなどは，米語コーパスに準拠した英会話教材開発の試みである。

　後者は，コーパスやコンコーダンサそのものを教室に持ち込み，教材にするという方向である。こうした方向は，一般に，データ駆動型学習（data-driven learning：DDL）（Johns, 1991；Johns, 1997）と呼ばれる。学習者は，教材として与えられたコーパスを「言葉の探偵」となって解析し，自力で様々な言語の傾向性や法則性を発見してゆく。コーパスをDDL教材に使用した例として，たとえば，Gaviori (2001) は，handsome, good, attractive, pretty, tall, successful という形容詞を学習者に提示し，それぞれの共起名詞をコーパスで調査させるワークシート教材を考案し (p. 120)，梅咲（2003）は英米間の綴りや語彙の違い，sports の単複用法の違いなどを学生に調べさせる授業実践を報告している。

DDL は伝統的な Presentation（モデル提示）──Practice（練習）── Production（産出）という 3P 型言語教育を，Illustration（実例提示）── Interaction（実例の検討）── Induction（実例からのパタンの抽出）という 3I 型言語教育に転換するきっかけとなりうる（Carter & McCarthy, 1995, p.155）。3 つの I はまた，Johns（1991）が指摘する観察・分類・一般化という DDL の 3 段階に合致するものでもある。

教材開発へのコーパスの間接利用と直接利用はともに潜在的に大きな教育効果が期待できるが，後者については実効がまだ明確には検証されていないので（Hunston, 2002, p.170），本章では前者に限って議論を行う。以下では，コーパスの間接利用によって言語教材がどのように変化しうるかを，辞書と語彙表の変遷を例にして考えてみよう。

■コーパスと辞書開発

英国の辞書編集において，コーパスはもはや辞書編者の標準ツールとなっている（O'Keeffe et al., 2007, p.17）。井上（2003）は，辞書がコーパスに準拠することで，頻度情報を明示化し，語義・用例・語法・レジスターの記述を精緻化し，口語的コロケーションなどを適切に取り込めるようになるとしている。このうち，語義記述の精緻化，頻度情報の利用，コロケーション情

```
00 that he had spent , and finally admitted     to Lady Emily that he had bee
39 , the Soviet authorities finally admitted    that 15,000 square kilometres
midday when broadcasters finally admitted       to the April Fool .
e Roman Catholic Church finally admitted        it had been wrong to condemr
                      He finally admitted       that he was simply falling asle
t was gone ten , and Hilary finally admitted    to herself that Leo was n't co
              The officials finally admitted    they were wrong — and paid P
```

図 1　admit の KWIC 分析

報の充実という3点について身近なEFL辞書から具体例を挙げておこう。

　第1に，コーパスが辞書にもたらす最も顕著な変化とは，語義記述がいっそう正確になることである。たとえば，admitは「認める」という意味の動詞であるが，British National Corpus（BNC）で用例を調べると，目的語に否定的内容が来やすいことや，neverやfinallyと多く共起することがわかる（図1）。つまり，admitは，できれば認めたくないような事実を状況的に追い詰められてやむを得ず認めてしまうといったニュアンスを含む。こうした調査をふまえ，たとえばOxford Advanced Learner's Dictionaryでは，admitは「何かが真実であるということに，通例いやいやながら（often unwillingly），同意すること」と定義されているのである。

　第2に，コーパスは，個々の言語現象の頻度について客観的データを提供する。これにより，頻度別に見出し語の色を変えたり，見出し語に頻度マークを付けたりすることができる。たとえばLongman Dictionary of Contemporary English（LDOCE）では，主要語について，話し言葉（S）と書き言葉（W）別に3段階の頻度ランクが表示されている。coastはS3W3，coatはS2W3，coffeeはS1W2といった具合である。

　さらに，コーパスを丁寧に解析すれば，語義別の頻度を特定することも可能である。Collins COBUILD Advanced Learner's English Dictionaryなどの一部辞書では，品詞や成句といった伝統的区分を廃し，全ての語義を頻度順で決定している。たとえばchallengeの語義は，1：難題，2：[rise to the challenge]難局に対処する，3：異議，4：異議を唱える，5：挑発する，の順に記述されている。

　第3に，コーパスによって重要コロケーションが正確に記載できるようになる。BNCでangerの共起動詞を検証すると，上位4語はfeel, express, provoke, showであるが，たとえばCambridge Advanced Leaner's Dictionaryのangerの項を見ると，これらは漏れなく全て取り込まれている。

　なお，辞書編集におけるコーパス活用はこれだけにとどまらない。本書第VI章で紹介する学習者コーパスを利用すれば，学習者が間違えやすい情報をあらかじめ注記などの形で記述に取り込むこともできる（Meyer, 2002, p.27；Gillard & Gadsby, 1998）。Sinclair（1987b）はかつて，文献の閲読，英語使用の体験，先行辞書の分析，それに編者の目と耳にのみ頼る伝統的な辞書に

対して，大規模コーパスに準拠した辞書では，辞書が提供する情報の種類，質，提示方法の全てが変わるだろうと強調した（p.xv）。Sinclair の予測通り，コーパスを利用することで，辞書編纂はまさしく革命的な変化を遂げたのである。

■コーパスと語彙表開発

　語彙は外国語能力の基盤であり，語彙表は辞書とともに最も基本的な教材の1つである。語彙表をどう作るか，言い換えれば，重要な単語をどのように選ぶかということについてはさまざまな考え方があり，コーパスの登場によって語彙表の作成方法も変化してきた。ここでは，村田（2007），石川（2007b）などを参考にして，語彙表開発の系譜を簡単に振り返っておこう。

　20世紀に入ると，北米では移民が増加し，英国では植民地での英語教育の必要性が高まった。これと共に，英米両国において英語語彙表の開発が盛んに行われるようになった（Kennedy, 1998, p.93）。語彙表開発には，伝統的に，頻度等を参考にしつつ教師の主観で語を選ぼうとする立場とあくまでも客観的データを優先する立場がある。前者の立場を主張したのは，オーラル・アプローチの主導者としても知られる Harold E. Palmer であった。Palmer は，教育的語彙統制（vocabulary control）という観点から，日常的に必要となる 3000 語をもっぱら教師の主観で選定し，英文教材の改作などに利用した。Palmer の語彙選定は 1930 年，1931 年の報告書の形で公表されている。また，Palmer も関わった Faucett et al. による *Interim Report on Vocabulary Selection for the Teaching of English as a Foreign Language*（1936）では，使用頻度，言語体系内価値，地理的普遍性，使用範囲，定義力，造語力，文体的中立性などの観点を参考にして重要語が選定されている（早川, 2006, p.24）。

　なお，Palmer の語彙表にデータを追加したものが，後に Michael West によって発表される General Service List（GSL）(1953) である。GSL の 2000 語リストの有効性は広く認識され，現在でも基準語彙表の一つとして使用されている。GSL はまた，*LDOCE* の定義語彙の原型ともなった。

　このように，教師の直観・主観を優先する立場は 1980〜1990 年代の語彙表開発の基軸であった。たとえば，日本の大学英語教育学会が製作した

JACET4000（1993）という語彙表は，Kučera & Francis（1967），Carroll et al.（1971），*LDOCE* の定義語彙などから候補語を集めた上で，最後は委員会の協議によって加除の作業を行っている。こうした主観的な語の調整は，語彙表の教育的妥当性を高める上で効果があったが，データ処理の客観性の点では問題を残すものでもあった。

　一方，主観的調整に頼らず，あくまでも科学的頻度データを重視しようとする立場も存在する。頻度主義の語彙表開発の源流としては，心理学者でもあった Edward Thorndike の名を挙げることができる。彼は児童向け教材41種（400万語）の頻度を解析し，高頻度語1万語を *The Teacher's Word Book*（1921）としてまとめた。これは，頻度，分布度，造語力，地理的分布などの定量的要素から語の重要性を客観的に定めようとしたもので，現在のコーパス準拠の語彙表開発を先取りするものであった。以後，Thorndike の系譜には，Thorndike（1931），Thorndike（1932），Thondike & Lorge（1944），Carroll et al.（1971）などの研究が連なる。

　1964年に Brown コーパスが完成し，いわゆるコーパスの時代が幕を開けると，コーパス・データに基づく語彙表の開発が次第に盛んになる。Brown Corpus に基づく Kučera & Francis（1967），LOB Corpus に基づく Hofland & Johansson（1982）などは初期のコーパス準拠語彙表の代表である。最近では BNC の頻度情報をまとめた Leech et al.（2001）が注目すべき研究である。同書は，BNC の豊富な付随情報を最大限に活用し，従来の語彙表にはほとんど見られなかった品詞別頻度，話し言葉・書き言葉別頻度，レジスターごとの特徴度（対数尤度比）といった情報を提供している。たとえば，100万語あたりの（PMW）頻度において，exercise の名詞頻度と動詞頻度はそれぞれ79回と49回，what の話し言葉頻度と書き言葉頻度は7313回と1936回である（p.56；p.144）。

　こうした大規模コーパスの利用によって，語彙表の信頼性は大きく向上したが，そこから得られる結果をそのまま言語教育に応用できるかどうかについては意見が分かれている。たとえば，書き言葉コーパスであれば，通例，定冠詞の the が頻度1位になるが，だからといって児童や生徒が覚えるべき最初の1語が the であるということにはならないであろう。

　現在では，大規模コーパスの客観的頻度データと，かつては主観的に行っ

てきた語彙精選，つまりは語の加除の作業をどう合理的に組み合わせてゆくかが語彙表開発の課題となっている。SVL（Standard Vocabulary Level）12000（2000）という語彙表は，BNC頻度リストを基準資料としつつも，中学必修語，既存語彙表，英英辞典定義語彙，母語話者アンケート結果などの質的パラメタも考慮して語彙選定を行っている。また，JACET8000（2003）という語彙表は，日本人英語学習者用が遭遇しやすい英文テキストから580万語のサブコーパスを作成し，BNC頻度とサブコーパス頻度を対数尤度比で比較し，BNCの頻度順位を補正するという手法を取っている。本章では，第3節において，客観と主観の視点を融合した語彙選定の方法論について検討する。

■コーパスの教育応用への賛否

　以上で見てきたように，コーパスは，言語の実物の姿を提示できることと，信頼できる頻度情報を提供できることの2点において言語教材の研究・開発に大きく資するものである。しかし，実物性と頻度というコーパスの利点そのものについて懐疑的な立場を示す研究者もいる。たとえばWiddowson（2000）は，理論的言語研究の成果を言語教育などの実践の場に応用する危険性を強調した上で（本書「はじめに」参照），コーパスは断片的なテクストの痕跡ではあっても，繋がりを持った談話の痕跡ではなく，現実の言語の文脈を切り捨ててしまっている点で真正な言語ではありえないとする。Owen（1993）は，COBUILD Corpusで観察された高頻度現象が実際には英語の典型例でなかったことを指摘した上で，言語教育におけるコーパスの過信が不適切で誤った情報の強調につながると警鐘を鳴らす（p.185）。また，Cook（1998）は，コーパス頻度を過信することで，高頻度だが学習価値の薄いものばかりに学習の焦点が当てられ，低頻度だが顕著性（salience）の高い現象が軽視される危険性を指摘している（p.61）。

　こうした批判は一面において真実であるが，だからといって，従来型の主観的な教材分析や教材開発のほうが良いということにはならない。コーパスで切り取られたものが完全な言語のリアルではないにせよ，それは主観で切り取られたものよりははるかにリアルに近い。同様に，頻度についても，「最も高頻度なものが最も重要なものである」という考え方があまりに短絡

的であることは認めるにせよ，コーパスから得られる頻度情報が言語教材に重要な経験的インプットを与えるという事実まで否定するのは難しい (Leech, 1997, p.16)。コーパス頻度は，むしろ多くの点で言語教育に肯定的影響をもたらす。Osborne (2001) は，頻度に立脚した教育を行うことで，学習者は，高頻度現象のみならず，低頻度現象が低頻度で非典型的である理由についても学べると指摘している (p.486)。また，Goethals (2003) は，頻度データに準拠して教材を配列・編集する重要性を指摘し，頻度は有用可能性の尺度であり，教師や教科書執筆者の個人的主観を超える信頼性を持つことを強調している (p.424)。

コーパスの教育への応用方法になお改良の余地があることは事実であるが，それは，コーパス以前の主観的教材研究・開発への回帰を示唆するものではない。Kennedy (1998) も言うように，一定の限界を弁えつつ，「コーパスを賢明に使ってゆく」ことが今後の教材研究の方向となろう。コーパスからの知見は学習を支援すべきもので，学習の負荷となってはいけない (p.290)。

第2節　英語教科書の分析

■コーパスを用いた英語教科書分析の意義

数ある言語教材の中でも，教科書が言語習得に与える影響はきわめて大きい。教科書は学校での教育・学習の核となるもので，どのような内容の語彙をどの程度まで提示するかによって，目標言語における学習者の語彙獲得は大きく変化すると考えられる。

しかしながら，英語の教科書は，多くの場合，実際の言語使用の証拠ではなく，自分たちは言語をこう使うであろうという執筆者の直観に基づいて編纂されてきた (O'Keeffe et al., 2007, p.21)。ゆえに，それらはしばしば，教室外の実際のコミュニケーション場面で使われることがないような「学校英語」で構成されており，教科書で提示される語彙や文法項目の内容・順序はコーパスで観察される自然言語のものとは大きく逸脱しているとされる (Mindt, 1996, p.232)。先行研究は，大規模コーパスと EFL や ESL (English as a second language）の教科書を比較し，教科書の会話スキットの不自然さ（Burns, 2001），婉曲助動詞の過剰な強調（Holmes, 1988），扱われる発話行為種別の偏り（Boxer & Pickering, 1995），会話文における談話標識，曖昧表現，脱落，緩和表現（hedge）の欠如（Carter, 1998）などの問題を明らかにしている。では，日本の英語教科書は，自然な英語の姿にどの程度合致しているのであろうか。

　ここでは，日本の高等学校英語科教科書を取り上げてコーパス化し，標準的な英語コーパスと比較してゆきたい。コーパス言語学の手法を導入することで，評価基準のあいまいさや全体的分析が欠如しがちであるという従来の教材分析の限界を超え，信頼性と客観性の高い分析が可能になると期待される。

■研究の目的と方法

　本節では，コーパス言語学の視点から日本の英語教科書の語彙的標準性を検証する。自然言語の実例と比較することで，その差を明らかにし，将来の教科書の改善の方向を探ることが研究の主な目的である。具体的には，以下のリサーチ・クエスチョンを検討する。

　　［1］語彙の分量，多様性，難度は標準的であるか？
　　［2］品詞の使用状況は標準的であるか？
　　［3］意味領域の使用状況は標準的であるか？

　分析に使用したデータは，日本の高校教科書コーパスと一般的な英語を代表する参照コーパスである。加えて，比較の目的で，英語の社会的位置付けが日本と似ている大韓民国（以下，韓国）の高校教科書コーパスを使用した。教科書は日韓とも高校1年次のものとする。

　各コーパスの作成法について述べる。まず，日本の教科書コーパスについては，多くの高校で指導されている「英語Ｉ」と「オーラル・コミュニケーションＩ」について，それぞれ代表的な4種類（全8冊）の教科書を集め，付属のCD-ROMが入手できたものはそのデータを利用し，それ以外のものについては，書籍からのスキャニングによってコーパス化した。

参照コーパスについては，1990年代の英語を代表するFROWNとFLOB（各100万語），および，筆者が収集した英米の映画のセリフデータ（計130万語）を統合して利用した。参照コーパスの全330万語のうち，リサーチ・クエスチョン［1］の検討には全量を使用したが，［2］と［3］の分析については，後述する自動タグ付けシステムの制約上，FROWNとFLOBについては新聞記事（セクションA）と一般小説（セクションK）のみを，映画コーパスについては5作品のみを取り出して使用した。［2］と［3］で使用した参照コーパスの総量は約47万語である。

比較データとなる韓国の教科書については，同じく高校1年次で指導されている「High School English」の教科書を4種類選び，全て書籍からのスキャニングでコーパス化した。筆者の調査によれば，日本の高校（普通科）では，1年次においては「英語I」に3時間，「オーラル・コミュニケーションI」に2時間，合計で1週あたり5時間程度を充当している場合が多い。また，韓国では平均1週4時間程度の指導を行っているとされる（河合，2004, pp.18-19）。このことから，日韓の教科書コーパスは，ほぼ相互比較の前提を満たしていると考えられる。

次に分析手法について概略する。［1］ではまず，AntConcを用いて，各コーパスの語彙量を表す延べ語数，異なり語数，レマ語数の3種を求める。語彙多様性については，分析サンプルのサイズ差の影響を圧縮するため，異なり語数を延べ語数の平方根で割ったGuiraud値（Guiraud, 1960）を計算によって求める（第III章・第1節参照）。語彙難度については，Paul Nationが開発したRange (http://www.victoria.ac.nz/lals/staff/paul-nation/nation.aspx) という語彙レベル分析ソフトウェアを利用し，基本語を集めたWest（1953）のGeneral Service Listの上位1000語（GSL1），次位1000語（GSL2），学術語彙を集めたCoxhead（1998, 2000）のAcademic Word List（AWL）の570語，その他の4段階の難度に区分し，それぞれの語数比率を調べる。

次に，［2］と［3］の分析においては，後述するWmatrixというシステムを利用して個々の語に品詞および意味領域タグを付与し，コーパス全体として，品詞や意味の使用傾向を探る。コーパスを用いた語彙分析は，従来，表記形レベルのものが多かったが，品詞や意味のレベルまで掘り下げて観察

することによって，教科書語彙の標準性を詳細に検討することが可能になる。

［2］の品詞タグ付けには，ランカスター大学が開発した Constituent Likelihood Automatic Word-Tagging System（CLAWS）というシステムを利用する。CLAWS は British National Corpus（BNC）の品詞タグ付けにも使用された信頼性の高いタガーで，95-98%の精度を持っている（Wynne, 1996）（本書第Ⅰ章・第1節参照）。ここでは，約160のタグからなる C7 というタグセットを利用する。

例として，韓国教科書コーパスにある What does Sujin say to Minho when they meet? というセンテンスに品詞タグ付けを行ってみよう。なお，丸括弧内は筆者による注記である。

What_DDQ（wh 疑問詞） does_VDZ（does） Sujin_NP1（単数固有名詞） say_VVI（動詞不定詞形） to_II（一般前置詞） Minho_NP1（単数固有名詞） when_CS（従属接続詞） they_PPHS2（3人称複数主格代名詞） meet_VV0（語彙的動詞基準形） ?_?（疑問符）

韓国語の固有名詞を含め，ほぼ正確に品詞が特定されていることがわかる。

［3］の意味タグ付けについては，同じランカスター大学で開発された University Centre for Computer Corpus Research on Language, Semantic Analysis System（USAS）を使用する。意味タグ付けでは，個々の語を社会，科学，文化，教育といった意味領域に区分してゆくが，USAS は，定評あるシソーラスである McArthur（1981）の分類を精緻化し，21大領域，232小領域を区分する（Archer et al., 2004, p.6）。意味タグが表すのは，同じ心理的概念（mental concept）を表出するさまざまな意味を一定の抽象度で整理・統括した意味領域（semantic field）である。各意味領域内には，同義語・反義語はもちろん，上位語・下位語も含まれる。USAS のタグセットには，37000の個別語と16000以上の複数語結合単位（multi-word unit : MWU）が含まれている。

USAS の意味タグは原則として下記の構造となっている。必須項目は第1下位区分までで，ピリオド以下は語によってない場合もある。

＜21領域コード＞ ＋ ＜第1下位区分コード＞ ＋（.）＋＜第2下位区分コード＞ ＋ ＜意味極性コード（"＋"または"－"）＞ ＋（／）＋＜2つ目の意味領域＞ ＋（[）＋ ＜MWUコード（"i"）＞

このほか，低頻度マーカーとして％や＠，属性マーカーとして＋や－（たとえば，「獲得＋」なら獲得の意味，「獲得－」なら喪失の意味），性別マーカーとしてf（female）やm（male），照応形の概念的先行詞マーカーとしてc（conceptual anaphor），中性詞マーカーとしてn（neuter），比較級・最上級マーカーとして＋＋や＋＋＋などが用いられることもある。例として，先ほどと同じ文章に意味タグを付与してみよう。なお，丸括弧内は筆者による注記である。

What_Z8（代名詞） Z5（文法雑） does_Z5（文法雑） A1.1.1（一般的行為） G2.2－（一般的倫理） X9.2＋（能力） E3－（冷静・暴力・怒り） G2.1％（犯罪・法・秩序） Sujin_Z99（不適合） say_Q2.1（発話） Z4％（談話雑） to_Z5（文法雑） Minho_Z99（不適合） when_Z5（文法雑） they_Z8mfn（代名詞・男女無性） meet_S3.1（一般的関係） M6（場所・方向） A1.1.1（一般的行為） X9.2＋（能力） A6.1＋（比較） ?_

個々の語について，理論的にありうる意味領域の候補が並記されていることがわかるであろう。もちろん，1文や2文では意味タグ分析の意義はあまりないが，コーパス全体にタグ付けを行うことで，コーパス全体の意味的偏りが浮かび上がってくる。

なお，CLAWSとUSASは，現在，Wmatrixと呼ばれるウェブ上の言語処理システムに統合されており，本節でも同システムを利用した。Wmatrixはライセンスを取得して使用する仕組みになっているが，一定期間内であれば無償試用も可能である（http://ucrel.lancs.ac.uk/wmatrix/）。

ここで，Wmatrixの操作の流れについて簡単に触れておこう。まず，手元のデータをWmatrixにアップロードする。システムは，送られたデータに対して，品詞タグ付け，意味タグ付け，単語頻度解析を連続して実行し，

図1 Wmatrixによる連続的タグ付け

図2 Wmatrix結果閲覧画面

処理結果とタグ付け済みのデータをサーバー上に格納する。

　ユーザーはサーバー上のデータに対してさまざまな検索・処理を行うことが可能で，上記画面（図2）のWordからはプレーン・テクストおよび単語リストを，Part of Speechからは品詞タグ付きテクストおよび品詞タグリストを，Semanticからは意味タグ付きテクストと意味タグリストをそれぞれ閲覧・ダウンロードできる。また，右側のKey analysisで参照データを選ぶことで，特徴語や特徴タグを抽出することも可能である。

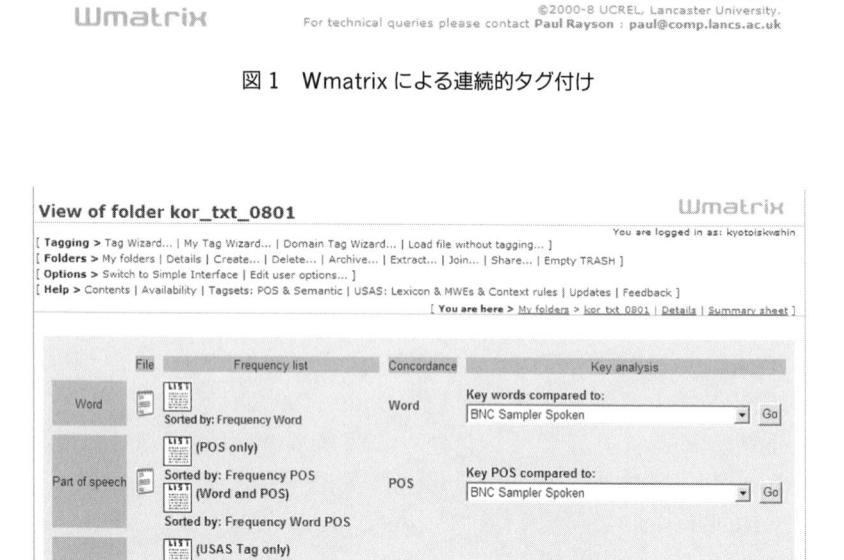

　以上が本節における分析の手順である。それでは，以下，3つのリサー

チ・クエスチョンに沿って，分析の結果を概観してゆこう．

■ [1] 語彙量・多様性・難度

まず，語彙量から分析を始める．なお，異なり語数は「全て小文字扱い」にした数である．

表1　語彙量

	日本	韓国	FLOB	FROWN	映画
延べ語数	93260	185547	1199781	1206555	1396429
異なり語数	5256	11111	43134	43222	35454
レマ	4138	9247	33181	33267	27361
Guiraud	17.2	25.8	39.4	39.3	30.0

石川（2007d）でも指摘したように，総じて日本の教科書の語彙量の少なさは圧倒的で，韓国の教科書の延べ語数の50%，異なり語数の47.3%，レマ数の44.7%にとどまっている．なお，FLOB，FROWN，映画コーパスのレマ数の平均である31270種を自然言語において使用されるレマ数の目安とみなせば，韓国の教科書のカバー率は30%であるが，日本の教科書のカバー率は13.2%にとどまる．また，Aitchison（2003）が言うように，母語話者が読んで理解できるレマ数を5万種と見積もれば，韓国の教科書のカバー率は約18%，日本の教科書のカバー率は8.2%にとどまる．

一般に，韓国の英語教科書は日本の3倍のページ数を持つといった議論が多くなされるが（本名，2004, p.9），コーパスに基づく客観的な語彙量調査によっても，韓国教科書が語彙量において日本を上回っていることが裏付けられた．こうした日韓の教科書の語彙量の差は，比較的少量の語彙を提示して着実な定着を目指す日本と，大量のインプットを重視する韓国という2つの異なる言語教育指針を反映したものである．語彙量が多ければ多いほうがいいというのはあまりに極端な議論であるにしても，自然言語のレマ数に対するカバー率が13%程度では，教科書だけで目標言語における自然な語彙体系を獲得することはきわめて困難であると言わなければならない．

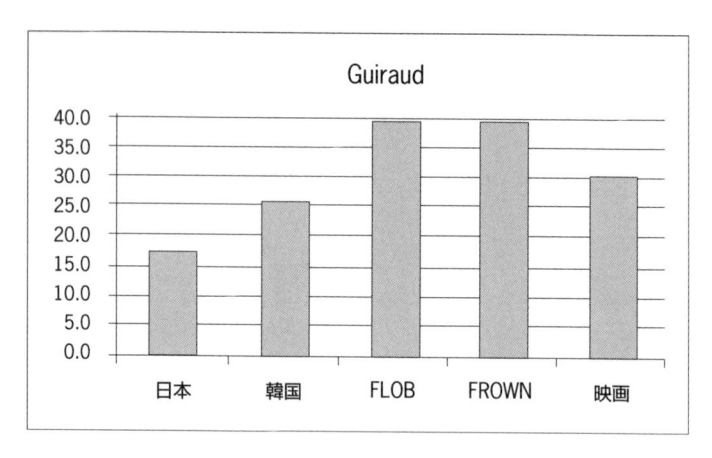

図3 語彙多様性

第2に,語彙多様性についてであるが,Guiraud 値で比較したところ,図3のようになった。

Guiraud 値や TTR 値が低いということは,コーパス内に含まれる話題が限定的であることを示す (Baker, 2006, p.52)。図3を見ると,日本の教科書の語彙多様性は非常に限られており,書き言葉の標準を示す FLOB,FROWN,話し言葉の標準を示す映画はもちろん,韓国の教科書よりも値は低い。

もちろん,教材という特殊性を考慮すれば,語彙多様性を犠牲にして基本語を繰り返し使用することの重要性はある程度理解できるが,一方で,単調な語の反復が自然な語彙習得を阻害する可能性も考慮すべきであろう。

第3点として,語彙難度について検討する。Range の区分では,難度は GSL1(上位1000語),GSL2(次位1000語),AWL(570語)の順に上昇することとなる。表2は,延べ語数のうち各区分に入る語数の占有比を調べた結果である。

最も平易な語である GSL1 の占有比,および,GSL1 と GSL2 の合計占有比の高さから見て(図4),日本の教科書の語彙難度は5種類のコーパスの中で最も低く,話し言葉である映画コーパスよりも低くなっている。高校生の知的な発達段階を考えれば,特にリーディング教材においては一定の語

表2 語彙難度

	日本	韓国	FLOB	FROWN	映画
GSL1	82.3	78.5	68.0	66.5	82.2
GSL2	6.3	5.8	4.7	4.6	5.0
AWL	1.3	1.6	5.7	6.4	1.3
その他	10.1	14.1	21.6	22.5	10.5

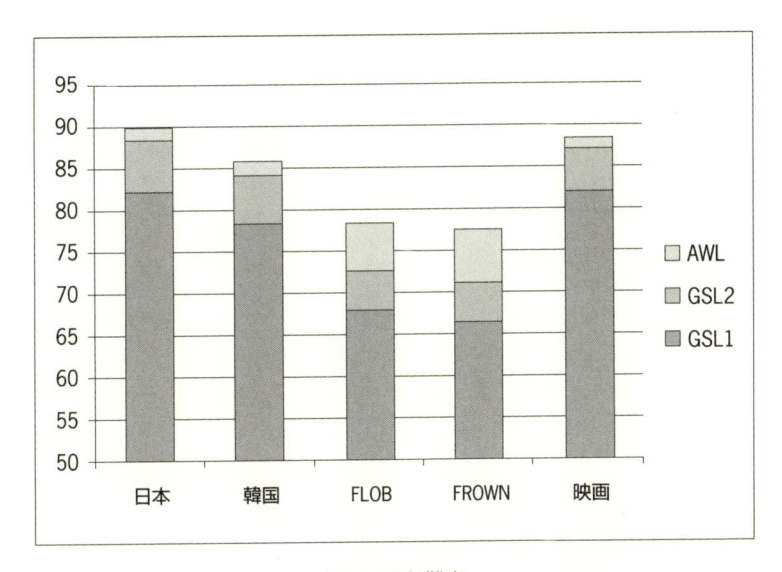

図4 語彙難度

彙難度が必要になると思われるが，現状では，日本の教科書の語彙は極端に平易な語彙に偏り過ぎている可能性がある。

　なお，韓国の教科書も，FLOBやFROWNといった書き言葉の標準に比べると語彙は平易であるが，映画の語彙難度よりは高くなっており，日本よりはバランスが取れている。統計学の観点からアジア各国と英米圏の教科書の語彙難度の比較を行った伴（2002）によれば，日本の教科書の語彙難度は，中学校段階では中国や韓国に比べて著しく低いものの，高校段階では次

第に韓国と同等のレベルに上昇し,最終的にはおよそイギリスの小学校中学年程度,アメリカの中学校1年程度に相当すると結論される。しかし,今回の分析対象となった高校1年生の段階では,日本の教科書の語彙は韓国よりかなり低いレベルに留まっている。

■［2］品詞の使用状況

次に,Wmatrix から得られた品詞タグリストに基づき,日本の教科書語彙の品詞分布の妥当性を検証しよう。下記は各コーパスにおける高頻度タグ10種である。なお,すでに述べたように,FLOB,FROWN,映画の3コーパスについては,一部のデータのみを使用している。

表3　高頻度品詞タグ

日本		韓国		FLOB		FROWN		映画	
NN1	11512	NN1	18385	NN1	20178	NN1	21125	NN1	19493
JJ	4765	ZZ1	7782	MC	17833	MC	17755	NP1	8465
II	4726	JJ	7522	FO	16712	FO	16347	JJ	7028
AT	3944	MC	6030	II	9627	JJ	10018	II	6732
NP1	3680	II	5478	JJ	9416	II	9421	AT	6679
VVI	3402	VV0	4909	AT	8507	AT	8558	VVZ	5275
NN2	3339	NN2	4905	NN2	6454	NN2	7483	NN2	4096
VV0	3260	AT	4794	NP1	6440	NP1	6568	VV0	3532
RR	2373	VVI	4600	VVD	5147	VVD	5601	AT1	2923
PPIS1	2350	NP1	4527	AT1	3878	CC	4075	RR	2887

最初に注目すべきは,FLOB と FROWN の高頻度品詞がほとんど完全に一致していることである。このことは,自然言語において品詞分布には一定の標準的パタンが存在することを示唆している。

さて,日本の教科書の高頻度タグは,順に,NN1（名詞単数），JJ（形容詞），II（前置詞），AT（冠詞），NP1（固有名詞単数），VVI（動詞不定詞形），NN2（名詞複数），VV0（動詞基本形），RR（副詞），PPIS1（代名詞

I）となっている。このうち，8つは3種類の参照コーパスの上位タグと一致しているが，日本の教科書だけで頻出しているのは VVI と PPIS1 である。一方，参照コーパスの上位にあって日本の教科書の上位にないのが，VVD（動詞過去形），VVZ（動詞 -s 形），AT1（冠詞単数），CC（等位接続詞），MC（数詞），FO（公式）などである。品詞分布を英語の自然な姿に近付けるためには，I の過剰使用および動詞不定詞形の過剰使用を抑制し，一方で，動詞時制の多様性を確保し，接続詞を増やして文の結束性を高めてゆくことなどが必要であろう。

日韓の教科書を比較すると，韓国の教科書には ZZ1（アルファベット）や MC が多いが，前者はスキャニングのエラーによる孤立文字などを拾っている可能性があるので，上位品詞タグ全体としては日韓の傾向差はそれほど大きなものではない。

ところで，C7 は約 160 種に及ぶ非常に細かい分類になっているので，巨視的な分析を行うため，これらを通常の品詞分類に戻し，一般名詞（NN：単複同形，NN1：単数形，NN2：複数形），一般動詞（VV0：基本形，VVD：過去形，VVG：ing 形，VVI：不定詞形，VVN：過去分詞形，VVZ：-s 形），形容詞（JJ：基本形，JJR：比較級，JJT：最上級），副詞（RR：原級，RRR：比較級，RRT：最上級），前置詞（II：一般，IF：for，IO：of），UH（間投詞）という 6 つの主要な品詞ごとのタグの占有比を比較した。結果は表4の通りである。

まず，日本の教科書と参照データを比較してみよう。FLOB, FROWN, 映画という 3 種類の参照コーパスの上限値と下限値を自然言語における各

表4　主要品詞構成比

	日本	韓国	FLOB	FROWN	映画
名詞	17.4	21.3	15.5	16.6	20.5
動詞	12.5	11.4	10.0	10.1	14.1
形容詞	5.6	5.7	5.6	6.0	6.3
副詞	2.8	2.6	2.2	2.1	2.6
前置詞	7.1	5.7	8.2	7.9	7.7
間投詞	0.9	0.7	0.1	0.1	0.6

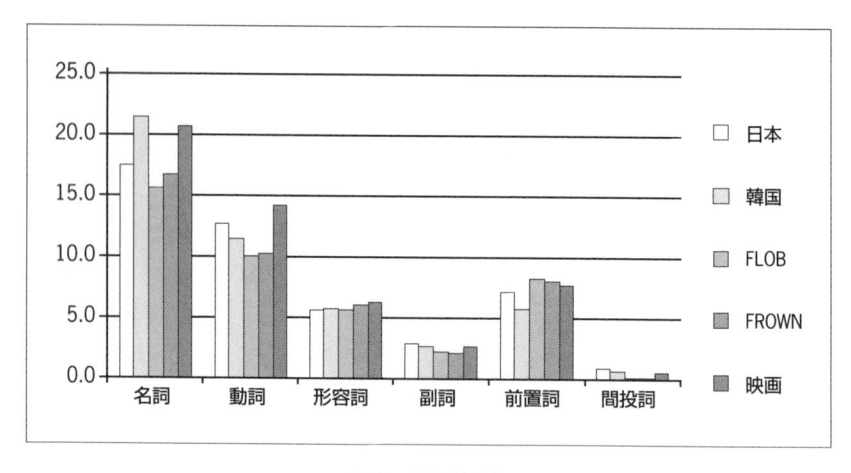

図5 品詞構成比

品詞の構成比の基準範囲と考えると，日本の教科書は，名詞，動詞，形容詞についてはその範囲に入っているが，副詞と間投詞が基準より高く，前置詞は基準より低くなっている．下記に，副詞と間投詞の典型的な使用例を示す．

```
 You know a lot about him！ <<Well>>, yes , I checked out his h
 his photo was n't there .  <<Maybe>> he is good-looking . I ca n
 tudent？Yes．Yesterday． <<Well>>. What 's he like？Nice .
 e . Smart . Good-looking .  <<So>> what 's the problem？Well
 nd full of energy．She 's  <<always>> running off to play with To
 ir and gentle green eyes .  <<Usually>> he does n't wear glasses .

 tting to Know Each Other ( p.29 )  <<Hi>>, Jeff . Listen , there 's a new
 hool！Another exchange student？ <<Yes>>. His name is Kim , Kim M
 Kim Martin . He 's from Atlanta .  <<Uh-huh>> He 's interested in shogi
 ing．I ca n't wait to meet him．  <<Hey>>, take it easy , Emi！- A few da
 keep the windows open a little .  <<Gee>>, you 're pretty cool . I guess
 n Japanese and in ( 1 ) Chinese .  <<Oh>>, really？That 's a good idea
 longest name in the world．( 2 )  <<Wow>>!That 's a pretty long name
```

図6 副詞と間投詞の使用実例

過剰使用される副詞や間投詞の多くは口語的語彙である．語と語をつないで文を構造化する前置詞の過少使用とも相まって，日本の教科書は全体として

口語性を過剰に追求している。

　次章でも言及するように，日本人大学生の英作文や英語による口頭産出には，不要なつなぎ言葉や過度にくだけた語彙が散見される。教科書における品詞分布の歪みが学習者の語彙獲得に好ましくない影響を与えている可能性もあるため，今後，日本の教科書は，副詞や間投詞の過剰使用を抑制し，前置詞を適正な割合で使用するなど，書き言葉と話し言葉をバランスよく指導してゆくことが必要であろう。

　なお，韓国の教科書の場合は，動詞，形容詞，副詞は基準範囲内であるが，名詞，間投詞が基準より高く，前置詞が基準より低くなっている。おおよその傾向は日本の教科書と同じであるが，名詞使用率の高さが注目される。

■ [3] 意味領域の使用状況

　最後に，意味領域について検討しておきたい。教科書の内容面の分析は過去にも例があり，たとえば，河合（2004）は，韓国の英語教科書には「愛国・愛族」の観点が重視されていると指摘している（p.83）。また，Ogawa et al.（2005）は，日本の図書分類基準に基づき，日中韓の教科書の題材を章ごとに検討した。同論文によれば，日本は各領域のバランスが比較的良いが，韓国は社会，歴史，自然，文学に集中しており，日本では技術・産業分野が多く，韓国は歴史，文学分野が多いとされる。

　Ogawa et al.（2005）の分析は教科書の章という大きな単位で行われ，分類判断も分析者に委ねられていたが，自動意味タグ付けを行うことで，より詳細で客観的な分析が可能になると思われる。Wmatrix で付与された意味タグ情報を利用し，コーパスごとの高頻度タグを調査した結果は表 5 の通りである。

　USAS のタグ分類を詳説した Archer et al.（2002）を参照しつつ，高頻度の意味領域を概観しておこう。まず，FLOB と FROWN で見ると，1 位から 5 位までが完全に一致しており，品詞の場合と同様，自然言語における意味領域の分布にも一定の標準性があると言えそうである。

　日本の教科書の上位タグ 10 種は，順に Z5（前置詞，副詞，接続詞などの文法語），Z8（代名詞），A3＋（存在＋），Z99（分類エラー），Z1（人名），Z4（間投詞などの談話関係語），N1（数字），M6（場所，方向），

表5　高頻度意味タグ

日本		韓国		FLOB		FROWN		映画	
Z5	22934	Z5	35046	Z5	42619	Z5	41734	Z5	28433
Z8	12031	Z8	15539	Z99	18236	Z99	18698	Z8	13389
A3+	3458	Z99	10317	N1	18028	N1	18018	Z1	6286
Z99	2200	N1	7847	Z8	14314	Z8	14093	Z99	3439
Z1	1687	A3+	4190	A3+	4082	A3+	3881	A3+	2620
Z4	1508	Z1	2013	Z2	3440	Z1	3155	M6	2427
N1	1327	A7+	1784	Z1	3159	Z2	2963	M1	2362
M6	1259	A1.1.1	1614	M6	1928	Q2.1	2001	B1	1826
A9+	1239	Z4	1571	M1	1803	M6	1879	O2	1701
M1	1163	Z6	1547	A1.1.1	1621	M1	1758	A1.1.1	1658

A9+（獲得，所有+），M1（移動）となっている。これらの大半は参照コーパスの上位10種にも含まれているが，A9+は日本の教科書でのみ高頻度になっている。一方，参照コーパスの高頻度タグで日本の教科書の上位に入っていないのはZ2（地名）とA1.1.1（行為）である。

　すでに述べたように，USASのタグは232種と非常に細かく区分されているので，コーパスの全体的な意味傾向を概観するため，タグを整理して21の大領域にまとめ直し，意味領域として曖昧なA（一般・抽象）とZ（固有名・文法語）を除いた19領域の総語数に占める各領域の頻度を算出したところ，表6の結果となった。

　前項と同様に，参照コーパスの上下限内の基準範囲に入るかどうかで意味領域の過剰使用・過少使用の傾向を検証すると，日本の教科書は，C（芸術・技術），E（感情），F（食料），K（娯楽），L（生命），M（移動），P（教育），Q（言語），T（時間），W（世界），X（心理），Y（科学技術）が過剰使用領域で，G（政府）とH（建築）が過小使用領域である。過剰使用領域のうち，上限値の2倍を超えているのはFとPとYの3つである。このうち，FとPについて実例を図7に示す。

表6 主要意味領域

ジャンル		日本	韓国	FLOB	FROWN	映画
B	身体・個人	4.1	4.0	3.4	3.6	4.3
C	芸術・技術	0.7	0.7	0.3	0.5	0.4
E	感情	3.3	3.1	2.6	2.2	3.0
F	食料・農業	2.7	2.0	1.0	0.9	1.0
G	政府・公衆	0.9	1.3	4.1	3.8	2.7
H	建築・家屋	1.7	1.6	2.0	2.0	2.4
I	金銭・商業	2.6	2.8	3.9	4.1	1.1
K	娯楽・スポーツ	2.8	2.4	1.7	1.8	0.9
L	生命・生物	1.7	2.3	1.2	1.4	1.3
M	移動・場所	11.4	8.7	8.8	8.8	10.9
N	数字・計量	14.0	23.5	33.2	32.3	7.0
O	物質・装備	6.0	4.2	4.0	4.6	6.4
P	教育	2.2	2.3	0.5	0.7	0.8
Q	言語・会話	10.0	7.8	6.4	7.1	3.4
S	社会	9.7	11.8	10.0	9.7	5.6
T	時間	12.0	8.5	8.2	7.8	5.2
W	世界・環境	2.2	1.4	1.0	1.2	1.3
X	心理	11.0	10.6	7.6	7.3	6.3
Y	科学・技術	1.0	1.0	0.2	0.3	0.5

　入門段階の教科書であれば，日常生活の身近な内容を重視するために意味領域が偏ることもありうるが，高校の教科書の場合は，意味内容のバランスにも一層の注意を払う必要がある。たとえば，食料や教育に関する内容を抑制し，政治や建築などの内容を増やすことで，日本の教科書における語彙の意味領域は自然言語により近接することになる。

　なお，韓国の教科書について見ると，過剰使用領域がC，E，F，K，L，P，Q，S，T，W，X，Yで，過少使用領域がG，H，Mであり，全般的傾向は日本と類似している。日韓で1ポイント以上差が開いている領域に注目すると，N（数字）とS（社会）は日本のほうが少ないが，M（移動），O（物質），Q（言語），T（時間）は日本のほうがさらに多くなっている。

```
ng and sleeping in and a small <<kitchen>> and bathroom . I see . It
mera . And I 'll give you some bread. <<Bread>>! What for ? To feec
t the Kencho-ji Temple . After <<lunch>> we can go to Komachi-dori
l of restrooms , shoe polish , <<hot dogs>>, and hamburgers . I am a
, shoe polish , hot dogs , and <<hamburgers>>. I am always filled wit
.. : Why do n't you share your <<cake>> with Ken ? What you said is
I saw her eating lunch at the <<restaurant>>. 3 If these features are

eff . Listen , there 's a new <<student>> coming to our school ! Anoth
s a new student coming to our <<school>>! Another exchange stude
, but it 's too far from the <<university>>. Here 's one that looks good
) work together ? You mean I <<teach>> you ( 1 ) Chinese and you
ttgenstein - Kukrit is a Thai high <<school>> student . He often chats
```

図7　食料・教育領域の使用実例

日常生活分野の語彙の過剰使用は韓国よりも日本においていっそう顕著である。

■コーパスから見えてきたこと

　以上，本節では日本の教科書を語彙の点から多角的に検証してきた。コーパス検証の結果として明らかになった事実をここでまとめておきたい。

[1] 日本の教科書の語彙量の少なさは圧倒的で，韓国の教科書の延べ語数の50%，レマ数の44.7%にとどまる。標準英語のレマ総数に占めるカバー率は13.2%にとどまる。また，語彙多様性や語彙難度も低い。語彙難度は口語とほぼ同じレベルで，自然な書き言葉の英語語彙の習得には不十分と思われる。

[2] 日本の教科書の品詞分布は英語の標準からかなり逸脱している。Iの過剰使用，動詞不定詞形の過剰使用を抑制し，動詞時制の多様性を確保し，接続詞を増やして文の結束性を高めることが必要である。また，口語的な副詞や間投詞の過剰使用を抑制し，前置詞を用いた構造的な文を増加させることも必要である。

[3] 日本の教科書の意味領域の分布は英語の標準から逸脱している。日

本の教科書は日常的・生活的意味領域に偏っており，社会，経済，政治などの領域が弱い。具体的には，食料や教育に関する内容を抑制し，政治や建築などの内容を増やすことで，自然言語における意味領域の分布に近接させることが可能である。

　もっとも，日本の教科書は，指導要領をはじめとする社会のさまざまな要請，また，現場の教員や生徒のニーズをふまえて編集されたものであり，現状の語彙内容には一定の理由もあると思われる。しかし，「現実の英語」における語彙の姿を基準に考えれば，教科書語彙の量的かつ質的な見直しは避けて通れない問題である。コーパスで得られた知見を教材に反映することについては慎重さも必要であるが，今後，同種の研究を積み重ね，教材の語彙と標準的な英語の語彙の乖離の状況をより詳細に分析してゆくことによって，教科書の改善の手がかりが得られるであろう。

　本節で試みたコーパスに基づく教材研究は，基準となる標準的な英語との量的比較を可能にしたこと，および，教材の語彙全体に対する分析を可能にしたことの2点において，一定の成果を収めたと言える。次節では，これを一歩進め，コーパスに見られる自然言語の語彙の実相を基準として新たに語彙教材を開発してゆく方向について検討してみよう。

■応用研究のために
　本節で利用したデータや分析技術をまとめ，研究のヒントについて示す。

【利用したデータ】
- 日本の高校教科書コーパス：「英語I」および「オーラル・コミュニケーションI」の教科書データ8冊分を収録。非公開。
- 韓国の高校教科書コーパス：「High School English」の4冊の教科書データを収録。非公開。
- FLOB, FROWN：ICAME Collection of English Language Corpora 2版（1999）に収録。
- 映画セリフコーパス：筆者の研究室で構築。非公開。

【利用した分析技術】
- Excel 上での Guiraud 値の計算。
- Range を用いた語彙難度の測定。
- Wmatrix を用いた品詞タグと意味タグの自動付与。
- タグ構成比を基準とした教材の品詞や意味分布の乖離度の検証。

【応用研究のヒント】
- 言語教育の観点からは，コーパスに含める言語データとしては，母語話者の本物の英語だけにこだわるべきではないという見解もある（投野, 2003）。そこで，語彙難度が細かく分けられた多読用の段階別リーダー（graded readers）をコーパス化し，日本の中学校や高校教科書の語彙レベルと比較してみよう。こうした研究目的に利用できる段階別リーダーとしては，日本洋書販売（洋販）の Ladder Series や，Oxford 大学出版局の Bookworms シリーズなどがある。
- 中国，台湾，シンガポールなどのアジア圏の英語教科書をコーパス化し，語彙分析を行ってみよう。本節のように教科書の全体をコーパス化することが難しい場合は，たとえば，偶数章のみ，奇数章のみなど，限定的なサンプリングで集めたデータであっても一定の比較が可能である。
- Range を利用して，手元の教材データの語彙難度を比較してみよう。Range の操作手順は（1）File＜Save＜適当なファイル名を付けて結果出力先ファイルをデスクトップに保存，（2）File＜Open＜分析対象テキストファイルを指定，（3）画面下の Progress File を押して処理を実行，という3段階である。結果はあらかじめ作成しておいたテキストファイル

WORD LIST	TOKENS/%	TYPES/%	FAMILIES
one	42078/80.79	1858/37.57	851
two	2610/5.01	626/12.66	394
three	2713/5.21	541/10.94	298
not in the lists	4681/8.99	1920/38.83	?????
Total	52082	4945	1543

図8　Range の出力データ

内に書き込まれる。図8は，Clinton演説サンプル（第II章・第2節）の語彙難度の分析結果である。WORD　LISTのone, two, threeがGSLの上位1000語，次位1000語，AWLを表す。また，分析は延べ語，異なり語，語彙家族の3つの単位に対して行われる。

●本文中でも述べたように，Wmatrixでは，分析対象データとBNC Samplerなどの基準データを比較して，特徴性の高い語やタグを検出することができる。図9は，日本の教科書コーパスとBNC Samplerの書き言葉セクションを比較した際，教科書コーパスの高特徴度品詞タグ（名詞）の例である。左端のItemはタグ，O1は教科書コーパスでの実測値頻度，%1はその比率，O2は参照コーパスでの実測値頻度，%2はその比率，＋と－は過剰・過少使用マーカー，LLは対数尤度比を示す。Wmatrixを使って，手元の教材データにおける過剰使用タグ・過少使用タグを調べてみよう。

Item	O1	%1	O2	%2		LL
NN2	3339	3.77	55665	5.75	−	633.78
NN1	11512	13.01	147395	15.22	−	275.66
NNU	85	0.10	3580	0.37	−	239.88
NN	513	0.58	3059	0.32	+	140.01
NNB	163	0.18	3390	0.35	−	78.35
NPD1	95	0.11	408	0.04	+	55.09
NPD2	23	0.03	23	0.00	+	54.34

図9　日本の教科書コーパスにおける高特徴度品詞タグ

第3節　児童用語彙表の開発

■日本人児童のための英語語彙表の必要性

2002年度より「総合的な学習の時間」の一部として日本の小学校に導入された英語活動は現在までに広く普及し，2011年度からは，小学校高学年（5年～6年）において，領域枠での週1コマ（年間35単位時間）の必修化

も決定されている。

現在の小学校英語活動は，指導の中身が現場に一任されているため，地域や学校の特色を活かした多様な取り組みが促された一方，教育内容の格差や不統一も指摘されてきた。たとえば，英語活動の基盤となる語彙についても，指導すべき分量や内容についての明確な基準は存在しない。必修化に向けて，より説明性の高いカリキュラムを構築してゆくことが今後は重要になってくるが，こうした状況の中で，日本人児童のための英語語彙表を求める声が高まっている。

語彙表開発にあたって，まず考えるべきことはサイズである。2008年4月に公開されたいわゆる「英語ノート」の試作版では，小学校5年〜6年の2年間で扱う語彙は285語（+50表現）とされた。アジア圏の小学校英語教育に目を向けると，指導目標語数は韓国で450語，中国で600〜700語，台湾で300語，タイで1200語程度とされる（中央教育審議会, 2006, 資料3-3, p.18）。日本においても，6年間の必修時には500語前後を目指すべきであるといった意見も出されている（樋口, 2005, p.262）。

しかしながら，教室で直接的に指導される語数とは別に，幅広い言語活動を行う上で，現場が自由に取捨選択できる基礎的語彙表を作成するという観点に立てば，語彙表のサイズはより大きなものとしておくほうがよいであろう。この点をふまえ，本節では，2000語程度の語彙表開発を考えてゆくこととする。2000語というのは，平易な書き物（固有名詞除く）で9割程度のカバー率を達成する最低語数であり（相澤他, 2005, p.12），英語圏児童で言えば5〜7歳児の獲得語数である（三宅, 2006）。また，2000語は，児童英語教育の関係者が12歳までに覚えておきたいとする英単語の総数であり（久埜, 2000），各社の小学校英語教材の異なり語数の総数に近い数でもある（中條他, 2006, pp.84-85）。

では，日本の小学校英語教育という特殊な環境を考慮しつつ，日本人児童に合致した英単語を合理的に選んでゆくためにはどのような方法を取ればよいのであろうか。

■研究の目的と方法

第1節では，過去の語彙表開発において，主観主義と客観主義の2つの

立場があったことを概観したが，児童用語彙表の作成にも大別して2つの方法がある。1つ目は，小学校英語の中心となる言語活動の場面に即して，教師の主観に基づき，適切と思われる語を積み上げてゆくという方法である。たとえば，「買い物」という活動に関して食品名や文房具名を，「旅行」という活動に関して国名や乗り物名を，「インタビュー」という活動に関して，相手の好きな色，動物，スポーツ名などをリストに加えてゆく。こうした語彙選定の手法は，日本人児童の特性に応じた語を加えやすく，それぞれの英語活動と直結した語を無駄なく選べるという利点はあるものの，扱う語彙を総体として統制することは行いにくく，頻度の裏付けがないため，語彙選定の理念も曖昧となりがちである。

2つ目は，一定規模の英語コーパスを収集し，そこに現れた高頻度語を語彙表に取り込んでゆくという客観的な方法である。コーパス頻度を基準として語彙を選定することにより，母語話者の間で使用頻度の高い語を収集することが可能になる（樋口，2005, p.264）。この場合，語彙表全体としての信頼性は確保されやすいが，一方で，実際に児童が身近に感じる語彙を取りこぼしてしまう可能性が高い。

ここで必要となるのは，コーパス準拠の枠組みを踏襲しつつも，児童対象かつ日本人対象という2つの制約をふまえ，実際の教育的ニーズに沿った語彙選定を行う方法論の開発である。そのためには，頻度データの母体となるコーパスにどのようなデータを組み込んでゆくかが重要になる。

本研究では，児童対象という観点から，成人の英語ではなく，英米児童文学，学習教材，母語話者児童発話という児童に関連した3種類の英語データを収集することとした。これらは，母語話者児童にとっての語彙のインプット（児童文学，教材）とアウトプット（発話）の両面を包括するものである。

しかし，いかに大量に英語データを集めても，それだけでは日本人児童の真のコミュニケーション・ニーズをすくい上げることはできない。2008年3月に告示された新しい小学校学習指導要領では，外国語活動に関して，「児童の興味・関心にあった」指導内容とし，「児童にとって身近なコミュニケーションの場面を設定する」よう定められている（第4章第3の1[4], 2[1]ア）。そこで，本研究では前述の英語データに加え，小学校教科書と小

学生作文という2種類の日本語データを収集することとした。児童の語彙世界は母語環境と密接な関係を持っており，児童の母語における語彙インプットとアウトプットの両方を含んだ日本語コーパスを解析することで，児童が自然なコミュニケーションにおいて話題にしやすい語彙を特定することができる。

英語語彙表の作成に日本語コーパスを利用するのは新しい試みであるが，日英語を組み合わせた複層的なコーパスを利用することで，英語としての自然な頻度分布に準拠し，かつ，日本人児童のコミュニケーション・ニーズに合致した語彙の抽出が可能になる。具体的な作業手順は下記の通りである。

[1] 英語コーパスの構築と英語単語頻度表の作成。
[2] 日本語コーパスの構築と日本語単語頻度表の作成。
[3] 日本語単語頻度表の重み付け調整。
[4] 日本語単語頻度表から英語対訳頻度表への変換。
[5] 英語単語頻度表と日本語単語頻度表の合成。

以下では，これらの作業手順の各々について詳しく述べた後，完成した語彙表の内容について評価を行うこととしたい。

■[1] 英語コーパスの構築と英単語頻度表作成

まず，目標言語である英語の単語頻度を調査するため，児童文学，学習教材，児童発話の3種類のデータを組み合わせて約150万語の英語コーパスを構築した。各サブコーパスのデータ内容は表1の通りである。

このうち，児童文学の電子データは，文学作品を中心に約2000種類の電子テクストを収集・公開しているOxford Text Archive (http://ota.ahds.ac.uk/) より入手した。20作品は，時代や内容が偏らないように配慮している。学習教材については，教師用CD-ROMが利用できるものはデータを利用し，それ以外のものについては，書籍よりスキャニングして電子化した。児童発話については，The Bergen Corpus of London Teenage Language (COLT) という既存のコーパスを利用した。これは，英国の10代の若者英語のコーパスであるが，ここでは，主たる話者年齢が12歳および13歳

第Ⅴ章　コーパスと教材研究　187

表1　英語コーパス概要

種別	種類	語数	概要
児童文学	20	17.4万	小公子，小公女，アリス（不思議の国，鏡の国），赤毛のアン（Green Gables, House of Dreams, Avonlea），足長おじさん，ジャングルブック，王子とマント（Craik 作），オズ（魔法使い，虹の国），ピーターパン，秘密の花園，ドリトル先生，黄金の道（Montgomery 作），宝島，大きな宝物（ピーターラビット他），柳の風（Grahame 作），美女と野獣
教材	13	8.4万	（米国）『アメリカの小学校教科書で英語を学ぶ』（2005）所収の国語・算数・理科・社会の一部，計1.2万語。（日本）平成14年度中学校英語検定教科書12冊7.3万語。
発話	113	22.6万	COLT のうち，12～13歳の発話者12名分データ。

```
<u who=21-1 id=1>  Dad!
<u who=21-6 id=2>  Yes.
<u who=21-1 id=3>  Is dinner ready? Is dinner ready? ... Is it on the table yes?
<u who=21-6 id=4>  Is it on the table? Yes it is.
<u who=21-8 id=5>  <unclear> that other <unclear>?
<u who=21-7 id=6>  Look.
<u who=21-1 id=7>  Can I have some?
<u who=21-8 id=8>  Top fridge, no the top fridge one.
<u who=21-7 id=9>  That. <unclear>
<u who=21-1 id=10> Is that cold water from the fridge?
<u who=21-8 id=11> No
<u who=21-1 id=12> Can I get some?
<u who=21-7 id=13> Horribly, horrible, it has to be mum.
<u who=21-8 id=14> Don't complain.
```

図1　COLT のデータ例

の early adolescence 層に含まれるデータを抽出して使用した。図１は使用したデータの１例である。COLT の発話は相当くだけたものであるが，児童文学や教材のような書き言葉だけでは拾えない口語的語彙がここから抽出できる可能性が高い。

次に，３つのサブコーパスごとに英語単語頻度表を作成するため，(1) 粗頻度抽出・レマ化，(2) フィルタリング（頻度・レンジ・特殊語），(3) データ統合の作業を順に進めてゆく。まず，(1) については，コンコーダンサを用いてテクストに現れた各表記形の単語頻度を抽出し，活用形頻度を集約するレマ化を行った（第Ⅲ章・第１節参照）。なお，レマ化にあたって品詞は区別しない。

(2) では，高頻度で，かつ，各種のテクストに満遍なく出現している汎用語を選ぶため，頻度に加え，それぞれの語が何種類のテクストに出現しているかを示すレンジ (range) と，総テクスト数に占めるレンジ比を算出した。Leech et al. (2001) も言うように，コーパス全体で高頻度であったとしても，それは，英語で幅広く使用されているからではなく，限られたテクスト（の一部）で集中的に使用されているためかもしれない (p.17)。そこで，100万語あたりの頻度が50未満になる語と，レンジ比が50％未満になる語を単語表から削除した。ただし，個々のファイルのサイズが1000語程度と極端に小さい COLT については，レンジ比の閾値を10％未満としている。表２は，例として，児童文学サブコーパスにおける MASTER と EMERALD の生起情報を示したものである。

表２　英単語頻度処理

レマ	頻度	PMW	レンジ	レンジ比	レマ化対象語
MASTER	172	149	18	90	master [154], -ed [6], -ing [1], -s [11]
EMERALD	172	149	7	35	emerald [149], -s [23]

表の１列目はレマ，２列目はレマ頻度，３列目は100万語あたり (PMW) の頻度を表している。４列目はレンジで，５列目はサンプル総数（児童文学

の場合は 20) に占めるレンジの比率である。6列目は，当該レマにまとめられた各活用形および頻度を示す。この例の場合，いずれも PMW は 50 以上であるが，先に定めた基準により，レンジ比 90% の MASTER は採用され，レンジ比が 35% の EMERALD は除かれることになる。

その後，COLT に頻出する口語特有の卑語や特殊綴字語（ain't, gonna, wanna, gotta, innit, cos, bastard, sh_t など），固有名詞（Tokyo, John）などについて，元データを確認した上で削除した。

以上の (1)～(2) の処理により，児童文学サブコーパスより 1303 語，教材サブコーパスより 474 語，児童発話サブコーパスより 462 語のデータが抽出された。

表3 各サブコーパスにおける高頻度汎用語（一部）

児童文学			教材			発話		
レマ	PMW	レンジ比	レマ	PMW	レンジ比	レマ	PMW	レンジ比
THE	51320	100	THE	34207	100	YOU	28448	100
AND	36914	100	I	23582	100	THE	25511	97
TO	25875	100	A	22576	100	I	24657	97
A	25322	100	YOU	21285	100	TO	18240	100
OF	20530	100	TO	20383	100	AND	18227	95
I	16814	100	IS	17983	100	IT	17176	95
WAS	14143	100	IN	14019	100	A	15911	96
IN	14042	100	DO	13059	100	OF	13480	100
IT	14032	100	AND	11357	100	YEAH	13126	93

最後に，作業手順の (3) として，抽出された単語データの総和を取り，重複を削除した結果，3種のサブコーパスの1つ以上において，頻度基準とレンジ基準を同時に満たす 1411 語が選定された（表4）。

なお，1411 語のうち，3つのサブコーパスに共通する語は 292 語，2つのサブコーパスに共通する語は 243 語，1サブコーパスのみの語は 876 語（うち，児童文学のみが，781 語，教材のみが 58 語，発話のみが 37 語）である。複数のサブコーパスに共通している語については，それぞれのサブコ

表4 英語頻度表の一部（PMW）

レマ	児童文学	教材	発話	平均
THE	51320	34207	25511	37013
AND	36914	11357	18227	22166
TO	25875	20383	18240	21499
A	25322	22576	15911	21270
OF	20530	9986	13480	14665
I	16814	23582	24657	21684
WAS	14143	4890	5544	8192
IN	14042	14019	9626	12562
IT	14032	10774	17176	13994
HE	13527	5096	5386	8003

ーパスにおける換算頻度の算術平均を取って最終的な総合頻度とした。

以上の一連の処理により，母語話者児童の語彙のインプットとアウトプットの両面をふまえた高頻度で汎用性の高い英単語が抽出された。これらは，日本人児童のための英語語彙表作成のための重要な基礎資料となる。

■［2］日本語コーパスの構築と日本語単語頻度表作成

小学校の英語活動では，とくにコミュニケーションの重要性が強調されているが，日本人児童に自然なコミュニケーションを促す語彙表を作成するには，彼らが日常的に読み書きする日本語の語彙の実態を考慮に入れることが不可欠である。そこで，児童の母語におけるインプット語彙として，小学校の6年間の教科書のデータを，アウトプット語彙として，1年生から6年生の書いた日本語作文のデータを収集した。日本語コーパスのデータ内容は表5の通りである。

このうち，教科書については，中尾（1999）が打ち込みで作成したデータをもとに必要な修正や加除を行った。また，作文については全て書籍からスキャニングによって電子化した。

次に，単語頻度表作成の作業に移る。日本語サブコーパスから単語頻度を

表5　日本語コーパスの概要

種別	語数	概要
教科書	12万	平成8～12年度に使用された国語，算数，理科，社会，生活の教科書（1～6年）。
作文	7.1万	『全国小・中学校作文コンクール：作文優秀作品集―小学校―』（オーク，2003-2005）の第52～54回分。

抽出するためには，まず，テクスト内の単語を切り分ける必要がある。英語では語と語の切れ目は物理的に切れているが，膠着語である日本語の場合，語の後ろに文法的意味を表す接辞（助動詞，活用語尾）がつながって記述されるので，意味や前後関係を考慮しながら，テクストを形態素（言語の中で単独で意味を持ちうる最小単位）の単位で分かち書きしてゆく。たとえば，「姉さんと一緒にテニスをした。」という文は，「姉さん／と／一緒／に／テニス／を／し／た／。／」のように分解される。

ここでは，形態素解析のために，日本語研究で広く使われているフリーウェアの「茶筌」を利用した（http://chasen.naist.jp/hiki/ChaSen/）。「茶筌」は，奈良先端科学技術大学院大学松本研究室が開発した日本語自動形態素解析分析器である。上部のボックスに直接テクストを入力するか，ファイル＜テキストファイルを開く，と進んで解析対象ファイルを指定して「全文解析」を押せば，自動的に解析が行われる。テクスト量が少なければ処理結果は下部画面に表示され，量が多い場合はテキストファイルとして外部に書き出される。

図2にあるように，「茶筌」では，個々の語に対して，表層語，基本形，読み，発音，品詞，活用の6種類の情報が付与される。頻度表の作成には基本形情報を利用する。基本形というのは，英語で言えば，レマに相当する

もので，上記の例では，「テニスをした」の「し」が「する」に変換されている。

ここでは，処理結果を記録したテキストファイルを Excel で開き，基本形の列に表示される単語を基準にソートして，それぞれの頻度を計測した。

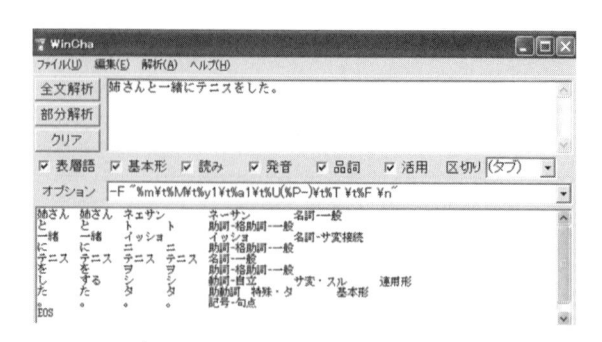

図2 「茶筌」の処理画面

表6 サブコーパス別高頻度語

教科書			作文		
単語	品詞	PMW	単語	品詞	PMW
する	動詞/自立	30951	する	動詞/自立	14565
なる	動詞/自立	11447	なる	動詞/自立	8020
こと	名詞/非自立/一般	11438	ない	形容詞/自立	7950
ある	動詞/自立	8452	私	名詞/代名詞/一般	6517
調べる	動詞/自立	5243	言う	動詞/自立	5393
作る	動詞/自立	5000	お母さん	名詞/一般	4649
さん	名詞/接尾/人名	4947	こと	名詞/非自立/一般	4256
何	名詞/数	4752	僕	名詞/代名詞/一般	4214
くる	動詞/非自立	4333	くる	動詞/非自立	3680
言う	動詞/自立	4124	くれる	動詞/非自立	3638

また，頻度を集約するため，品詞の異なる同形語（名詞の「今日」と副詞の「今日」），表記の異なる同一語（「やま」と「山」），同一概念に対する別語（「お父さん」「父」）についてはデータを目視で確認し，手作業で頻度を統合する作業を行った。

こうして，2種類のサブコーパスごとに，日本語単語頻度表が作成された。表6はそれぞれのサブコーパスの頻度上位語の一部である。なお，日本語サブコーパスは全体の分量が少なく，また，英語コーパスを補完するという位置付けであるため，この段階では，各サブコーパス内での頻度およびレンジ比の閾値は設定していない。

■ [3] 日本語単語頻度表の重み付け

日本語コーパスは教科書と作文という2種類のサブコーパスからなるが，含まれる語彙内容を観察した結果，両者の語彙は質的にかなり異なることが明らかになった。これらの頻度を機械的に平均化してしまっては，児童が実際に産出した語彙の情報を十分に活かすことができず，発信重視の小学校英語の趣旨から逸脱した語彙表になってしまう可能性が高い。

そこで，児童がアウトプットで使用した作文語彙を優先的に評価できるよう，作文サブコーパスの頻度に一定の重み付けを与えることとした。表7は，教科書サブコーパスと作文サブコーパスに与える重み付けの比率を1：9〜4：6まで段階的に変化させてシミュレーションを行い，上位語（21位から40位）の順位がどのように変化するかを示したものである。

表を見ると，作文サブコーパスにかける重みを減らすにつれて，「おじいちゃん」（23位→32位→圏外→圏外），「食べる」（29位→33位→36位→圏外），「先生」（30位→34位→38位→圏外）などの語の順位が下がり，逆に，「水」（圏外→27位→24位→24位）や「使う」（圏外→圏外→35位→26位）などの語の順位が上昇していることがわかる。

シミュレーションを重ね，児童の母語発話における重要語が多く抽出できる3：7を最終的な重み付け比率に決定した。その後，比率に従って，各語の頻度を計算した。たとえば，「私」を例に取ると，100万語あたりの頻度は教科書サブコーパスで2857，作文サブコーパスで6517なので，前者に3倍，後者に7倍をかけて10で割り戻し，最終的な調整頻度は5419となる。

表7 重み付けシミュレーション

順位	1:9	2:8	3:7	4:6
21	人	できる	できる	できる
22	日	書く	書く	書く
23	おじいちゃん	何	作る	いる
24	できる	みんな	水	水
25	書く	いう	調べる	行く
26	いう	出る	お父さん	使う
27	出る	水	出る	出る
28	時	作る	いう	いう
29	食べる	日	みんな	お父さん
30	先生	それ	それ	いく
31	家	家	日	数
32	それ	おじいちゃん	いく	等
33	何	食べる	家	長い
34	来る	先生	何	次
35	何	何	使う	それ
36	聞く	調べる	食べる	考える
37	学校	時	大きい	何
38	とき	来る	先生	大きい
39	わたし	学校	今	所
40	やる	聞く	次	家

表8 日本語単語頻度表（一部）

語彙	教科書	作文	調整頻度
する	30951	14565	19481
なる	11447	8020	9048
こと	11438	4256	6410
ない	1343	7950	5968
私	2857	6517	5419
言う	4124	5393	5013
ある	8452	3062	4679
くる	4333	3680	3876
お母さん	733	4649	3474
僕	1195	4214	3308

こうして，最終的な日本語単語頻度表は表8のようになった。

■［4］日本語単語頻度表の英語対訳頻度表への変換

次に，個々の語に英語対訳データを付与してゆく。対訳語は小学生用和英辞典を参照のうえ，複数の候補語がある場合は最も平易な1語を選ぶ。なお，「今年」(this *year*)，「外国」(foreign *country*)，「入院」(be in the *hospital*)，「眠れる」(can *sleep*)，「寝かせる」(make someone fall *asleep*)，「モンシロチョウ」(cabbage *butterfly*) など，日本語の1語が適切な英語1語に置き換えられない場合には，当該概念を構成する最も重要な1語ないし当該概念の上位概念に相当する1語に変換し（上例のイタリック語），適切な語があてられない場合は項目を削除する。また，対訳語の選定に当たっては，日本語での自動詞／他動詞区分や品詞にこだわらず，意味の近い自然な英語をあてることとする。たとえば，動詞「役に立つ」には，対応語として形容詞 useful をあてる。

最後に，3段階に分けて語のフィルタリングを行う。第1段階として100万語あたりの頻度が20未満のものを削除する。これにより，2種類のサブコーパスの中で一方にしか出ていない語は全て削除された。第2段階として，品詞情報を利用し，人名などの固有名詞や，英語との対応関係が曖昧な非自立語，接辞要素などを除去した。この段階で日本語単語頻度表として1358語が残った。

次いで，第3段階として，頻度表のデータを対訳語を基準としてソートし，「事故／事件」(accident)，「寄る／近付く／近付ける」(approach) のように，異なる日本語が同じ英単語に置換されているものについてはそれぞれの頻度を対訳語に集約した。上例で言うと，「寄る」「近づく」「近づける」という3つの単語の頻度の総和を対訳語 approach のみなし頻度とすることになる。これにより，1358語の日本語単語頻度表は983語の英語対訳頻度表に変換された。なお，983語のうち，547語はすでに作成された英語単語頻度表と重なっており，残りの436語は独自語彙となっている。

■［5］単語頻度表の合成

以上で，英語コーパスから作成された英語単語頻度表と，日本語コーパス

から対訳の手続きを経て作成された英語対訳頻度表の2種類が得られた。2種類の頻度表の合成にはいくつかの方法が考えられるが，ここでは，英語単語頻度表（1411語）を基礎リストとし，対訳頻度表にのみ含まれている語（436語）をそこに追加してゆくこととした。

このように，語彙表の基礎部分は信頼できる英語コーパスでかため，追加語選定資料として日本語コーパスを併用することで，英語としての妥当性と，

表9　最終語彙表（上位100語）

1	the	26	they	51	come	76	take
2	and	27	but	52	when	77	CD
3	I	28	my	53	oh	78	first
4	to	29	with	54	about	79	some
5	a	30	like	55	laugh	80	people
6	you	31	are	56	if	81	will
7	of	32	her	57	think	82	want
8	it	33	we	58	how	83	good
9	yeah	34	at	59	him	84	would
10	in	35	not	60	look	85	who
11	is	36	know	61	just	86	here
12	do	37	be	62	yes	87	right
13	that	38	me	63	out	88	investigate
14	was	39	so	64	from	89	tell
15	he	40	all	65	then	90	day
16	go	41	one	66	make	91	little
17	she	42	his	67	well	92	ok
18	this	43	as	68	them	93	thing
19	have	44	there	69	were	94	why
20	what	45	had	70	now	95	Japanese
21	for	46	your	71	very	96	been
22	say	47	see	72	by	97	play
23	on	48	mom	73	time	98	mum
24	get	49	can	74	or	99	school
25	no	50	up	75	other	100	down

日本人児童にとってのコミュニケーション・ニーズとの整合性の両方を配慮した語彙が選ばれたことになる。最終的な語彙表は全体で1847語となった。

■コーパスから見えてきたこと

　以上、日英語コーパスを利用し、客観的な処理の枠組みの中で、日本人児童のための1847語を選定してきたわけであるが、果たして、こうした手法によって、ユーザーのニーズに適合した独自性の高い語彙が十分に抽出できているのであろうか。

　ここでは、語彙レベル分析ソフトウェアであるRangeを使用し（第2節参照）、児童語彙表の1847語をGeneral Service Listの上位1000語（GSL1）、次位1000語（GSL2）、Academic Word Listの570語（AWL）、その他に分類したところ、約8割がGSLに相当、2.6%がAWLに相当、残りの17.2%が「そのほか」となった。

表10　GSL，AWLとの比較

レベル	語数	比率
GSL1	953	51.6
GSL2	530	28.7
AWL	48	2.6
そのほか	316	17.1

　「そのほか」に分類された語は316語は、一般的な英語重要語とは異なる本語彙表の独自の語彙である。ここでは、その一部としてbの項を見ておくことにしよう。なお、単語に付した＋のマークは、当該語が日本語コーパスから補充されたことを示す。

　＋balloon, ＋bamboo, bark, baseball, basketball, ＋beach, ＋beef, behold, ＋belly, bet, bike, ＋blackboard, ＋bloom, ＋bomb, boring, bother, ＋bream, breast, brow, ＋bubble, ＋buckwheat, ＋bud, ＋bump, ＋burden, ＋butterfly, ＋buttock, bye

　検証範囲に限って言えば，上記のうち，およそ6割が日本語コーパスからの追加語であり，児童用語彙の抽出において日本語コーパスが重要な役割を果たしたことが確認できる。

　上記の独自語彙は，意味や機能の上でいくつかのグループに区分することができる。1つ目は広義の生活語である。ここには，スポーツ名（baseball, basketball），身体部位名（buttock, belly, breast, brow），食品名（beef），動植物関連語（butterfly, bloom, bud），身近な事物名（bike, blackboard）などが含まれる。

　2つ目は感情関連語（bother, boring）である。汎用コーパスでは新聞がしばしば大きな割合を占めており，これに基づく成人用語彙表では個人の感情に関わる語彙は低位になりがちである。しかし，児童のコミュニケーションにおいては，自分の気持ちを相手に伝えたり，相手の気持ちを聞いたりすることが重要な目的の1つとなりうる。

　3つ目は日本文化関連語（bream, bamboo, buckwheat）である。母語文化と対象言語文化における「文化的価値」の相違は，しばしば，頻度と重要度の乖離を引き起こすとされるが（Hunston, 2002, p.194），英語では低頻度であっても，日本人にとっては不可欠な語というものが存在し，これらは日本人のコミュニケーションにおいて重要な位置を占めている。

　つまり，日本人児童にとっての基本語とは，児童を中核とする身近な世界の言葉ということになる。児童自身の体や気持ち，さらには彼らを取り巻く周縁環境（家庭，学校，社会，文化）に関わる語彙を多く補うことが，児童の自然なコミュニケーションを引き出す語彙選定の鍵になると言えよう。

　以上，本節では，日本の小学校英語教育を念頭に置いた基本語彙表の開発手法の検討と語彙表の作成を行ってきた。上記で検証したように，日英語コーパスを組み合わせるという語彙選定の手法は，ユーザー環境に対応した独自語彙を抽出する上で一定の効果を上げたと言える。

　また，作成された語彙表は，(1) 多様な小学校英語教育の実情に対応できる大型の基礎語彙資料であること，(2) コーパス準拠であること，(3) 客観的な頻度およびレンジのデータに準拠していること，(4) 日本人児童という

ユーザー環境をふまえていること,(5) 発信重視の語彙表であること,といった点においてユニークなものとなった。本語彙表は,頻度,品詞,意味領域などの追加情報を付与した上で公開しており(石川,2007a),すでに複数の学校で教材開発用の資料などとして使用されている。

Sinclair & Renouf (1988) は,いわゆる語彙シラバス (lexical syllabus) という考え方を提唱し,高頻度語とその用法やコロケーションを優先的に指導することが効果的であると述べている。高頻度語は幅広い用法を持つため,多くの語を覚えずとも,学習者は高頻度語を通して文法を含む言語の多様性を自然に学べることになる (Hunston, 2002, p.189)。また,Willis (1990) は,英語という言語は本質的に語彙的言語であり,従来文法と考えられてきたものの多くは,実は語法のパタンであり,語に焦点を当てることが効果的な言語教育の方途であることを強調している。これらの点を踏まえると,本節で開発したような語彙表が,言語教育,とくに児童のための言語教育に貢献できる余地は大きいであろう。

■応用研究のために

最後に,本節で利用したデータや分析技術をまとめ,研究のヒントについて示しておこう。

【利用したデータ】
- 英語児童文学コーパス:Oxford Text Archive より収集。非公開。
- 英語教材コーパス:書籍からのスキャニングにより構築。非公開。
- 英語児童発話コーパス(COLT):ICAME Collection of English Language Corpora 2版(1999)に収録。
- 日本語小学校教科書コーパス:書籍からのスキャニングにより構築。非公開。
- 日本語作文コーパス:書籍からのスキャニングにより構築。非公開。

【利用した分析技術】
- コンコーダンサを用いた英語単語頻度表の作成。
- コンコーダンサを用いた単語のレマ化。

- レンジ情報の抽出。
- 茶筌を用いた日本語テクストの形態素分析。
- Range を用いた語彙難度の測定。

【応用研究のヒント】
- 米国のニュースサイトのCNNでは，通常サイト（http://edition.cnn.com/）のほか，生徒・学生用サイト（http://edition.cnn.com/studentnews/）が用意されている。それぞれのサイトから10万語程度の英語データを収集し，対数尤度比を用いて頻度比較を行い，生徒・学生用として書かれた英文の特徴語を検証してみよう。また，得られた結果を日本人児童用の英語語彙表に反映する可能性について検討してみよう。
- 本節で紹介した児童用語彙表の収録語を英英辞典の定義語彙などと比較し，語彙表に加除すべき語がないか検討してみよう。
- 児童の発話データベースであるCHILDESよりデータを収集し（http://childes.psy.cmu.edu/），母語話者幼児の発話データを基礎にした基本語彙表を作成してみよう。
- ウェブ上で公開されている各小学校の英語活動の年間授業計画表や，樋口（2005）で提唱されている指導計画案（pp.105-119）などを調査し，本節で選定された語彙がうまく配当されるよう，6年間の語彙指導プランを作成してみよう。
- 語彙表中の語彙をできるだけ多く，かつ，自然に提示できるような英語活動を構想し，授業案を作成してみよう。

第Ⅵ章　コーパスと学習者研究

　以上で，言語教育を構成する3要素のうち，言語と教材について概観した。最後に本章では，学びの主体である学習者の理解にコーパスがどのように活用し得るかを考えてみたい。本章は以下の3節から構成される。

第1節　研究の背景と視点
第2節　書き言葉の産出
第3節　話し言葉の産出

　第1節においては，発話やエッセイといった学習者の言語産出を収集する学習者コーパスの構築の歴史を振り返り，現在使用できる学習者コーパスとして，各国の上級学習者の論述文エッセイを集めた ICLE，日本人中高生のエッセイを集めた JEFLL Corpus，インタビュー・テストにおける日本人および母語話者の発話を書き起こした NICT JLE Corpus，日本人大学生の論述文エッセイを集めた CEEJUS の4種類を紹介する。
　第2節においては，CEEJUS を初めとする複数のコーパス・データを使用し，日本人英語学習者と英語母語話者による論述エッセイコーパスを比較することで，学習者の語彙知識と語彙産出の関係や，書き言葉における日本人学習者の典型的な言語使用のパタンを考察する。
　第3節では，NICT JLE Corpus を使用し，日本人英語学習者の発話産出言語の特性を分析する。ここでは，学習者の英語力属性情報を使用し，初級学習者・中級学習者・上級学習者・母語話者という連続体の中で，学習者の産出する中間言語の変化の様子を量的に概観する。
　学習者コーパスは，コーパス言語学の中では比較的新しい分野であるが，今後，言語教育への貢献が最も大きく期待されている分野でもある。本章の目的は，学習者コーパスの概要を示すとともに，言語教育の主体となる学習

者の実態理解において，学習者コーパスがどのような役割を果たしうるかを実証的に検討することである。

第1節　研究の背景と視点

■学習者分析とコーパス

　これまで見てきたコーパスは，どれも，母語話者の言語使用例を収集したものであった。しかし，言語学習者の言語産出に限定して収集したコーパスもあり，これを一般に学習者コーパス（learner corpus）と呼ぶ。

　言語研究における学習者コーパスの価値は主として3つある。1つ目は，学習者コーパスが「外国語」というものの本物の姿を示すことである。James（1992）も指摘するように，外国語における真正性（authenticity）とは，母語話者ではなく，学習者の言語運用の中に見出されるべきものである。

　2つ目は，学習者コーパスの分析によって，母語から目標言語への転換過程に存在する中間言語の対照研究（contrastive interlanguage analysis：CIA）が可能になることである。対照の方法は多様であり，学習者コーパスを母語話者コーパスと比較するだけでなく，異なる母語環境を持つ学習者コーパス同士を比較することもできる（Granger, 2002, p.12）。さらには，学習者の属性情報がコーパスに含まれている場合は，学習者コーパスの内部で相互比較を行い，語彙力や英語力が言語産出にどのような影響を及ぼしているかを調査することもできる。

　そして3つ目は，学習者コーパスが言語教育の主体である学習者の実態を明らかにするということである。これにより，学習者にいっそう適した指導方法を開発することができる（Meyer, 2002, p.27）。学習者が実際に産出した書き言葉や話し言葉は，単なるペーパー・テストの得点以上に，学習者の言語運用能力に関して多くのことを教えてくれる。

　このように，学習者コーパスは，外国語研究，中間言語研究，学習者研究のいずれの見地からも大いに活用しうるものである。こうした間口の広さを反映して，学習者コーパス研究の裾野は広いが，Leech（1998）は代表的な

研究視点として次の5点を挙げている。

(1) 過剰使用語や過少使用語など，学習者が使用する目標言語の言語的特徴を探る。
(2) 目標言語の使用における母語転移の程度を調べる。
(3) 目標言語において言いたいことが言えない場合に使用される回避方略の特徴を調べる。
(4) 母語話者的な言語運用が行われる言語領域と，非母語話者的な言語運用が行われる言語領域を特定する。
(5) 学習者が苦手とし，援助を必要とする言語領域を特定する。

このうち，最も重要なものは，母語話者と比較した場合の学習者の過剰使用語や過少使用語を探る (1) のタイプの研究である。というのも，(1) は (2)～(5) の分析の前提となるもので，学習者の言語使用の特徴の解明によって，母語干渉，方略使用，言語分野別の得手不得手などについての知見を深めることができるからである。

学習者コーパスとしては，すでにさまざまなものが開発されており，そのうちのいくつかは研究目的での利用が可能である。以下では，大規模学習者コーパスとして [1] ICLE, [2] JEFLL Corpus, [3] NICT JLE Corpus の3種類を，小型の学習者コーパスとして [4] CEEJUS を取り上げ，それぞれの内容について概観しておきたい。

■ [1] ICLE

最も有名な学習者コーパスは，Sylviane Granger 氏が主導する International Corpus of Learner English（略称 ICLE）であろう。ICLE は学習者の産出した英語データを国際的な規模で収集する学術プロジェクトで，すでに日本を含む 21 カ国より，約 300 万語のデータを収集している。

ICLE は，上級英語学習者（大学 3～4 年生）による英文エッセイのコーパスである。エッセイは 2 種類に分かれ，1 つは，「文明国家は犯罪者を罰するのではなく，再教育すべきである」，「フェミニズムはむしろ女性に害をなす」，「大学の学位は実態を伴わず，価値がない」などのテーマについて書

かれた論述文（argumentative essay）である。もう1つは，大学における文学の試験の答案エッセイである。

執筆条件はかなり緩やかで，授業中に試験の形式で書いたものや，授業外に課題として書いたものが含まれる。後者の場合，時間制限はなく（untimed），辞書などの使用も許されているが，教師や母語話者の助けを借りることは禁止されている。エッセイの分量は500語から1000語の長さとなっている。

ICLEではエッセイに加えて，書き手の属性情報（学習者プロフィール）を収集している。収集しているデータは主として次のようなものである。

【エッセイ執筆条件】　要求された長さ（500語未満／以上），作文条件（時間制限あり／なし），実施形態（試験として／試験以外として），執筆時の参考書使用（あり／なし），使用した参考書類（2カ国語辞書／英英辞書／文法書／そのほか）

【書き手属性】　氏名，年齢，性別，国籍，母語，父親の母語，母親の母語，自宅で使用している言語（複数言語使用の場合はその種類とそれぞれの割合），初等教育での使用言語（英語のみ／他言語（具体的に）／英語＋他言語），中等教育での使用言語，現在の教育機関と使用言語，高校までの英語学習年数，大学での英語学習年数，英語圏での滞在経験（有無／場所／時期／期間），他に話せる外国語（熟達度の高いものから順に記載）　　　　　　（ICLEウェブサイトに掲載の許諾書文案より抜粋）

ICLEでは，収集した属性データから，特定の書き手の条件にあったデー

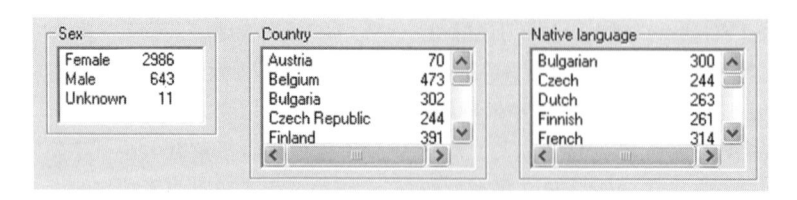

図1　ICLEの属性データ検索画面（一部）

タを複合検索によって選びだせるようになっている（図1参照）。こうした情報を整理することで，さまざまな書き手属性（たとえば英語の学習年数）とエッセイの関係を量的に調査することが可能になろう。

なお，ICLE のデータのうち，19 カ国，約 200 万語分は，Granger et al. (2002) の書籍に付属した CD-ROM に収録されている。また，データ量を増やした第 2 版の公開が近く予定されている。

■ [2] JEFLL Corpus

ICLE が収集しているエッセイは，実のところ，かなりレベルの高いものであり，ICLE から得られた結果をそのまま日本人英語学習者に適用することには問題も伴う。こうした問題意識から，日本人英語学習者に限ってデータを集めた学習者コーパスがいくつか構築されている。そのうち，最も大規模なものは，投野由紀夫氏の監修による Japanese EFL Learner Corpus (JEFLL Corpus) である。JEFLL Corpus は，1 万人を超える日本人中学生・高校生の自由英作文で，総語数は 67 万語である。

JEFLL Corpus が集めているのは，中学校・高等学校の授業中に，事前準備なし，辞書使用なし，制限時間 20 分という条件で書かせた作文である。ICLE に比べると，執筆条件が統制されているという特徴がある。作文のテーマには，「朝ごはんにはパンがいいかご飯がいいか」「大地震がきたら何を持って逃げますか」といった論述タイプと，「あなたの学校の文化祭について教えてください」「浦島太郎のその後について想像して書きなさい」といった叙述タイプとがあるが，いずれも生徒に身近な話題で，書きやすいテーマとなっている。また，初級学習者からも一定量の産出を引き出すため，わからない場合は英文中に日本語を使うことが認められている。

JEFLL Corpus はきわめてユニークなコーパスであり，(1) 初級・中級の学習者コーパスとしては世界最大である，(2) 日本の英語教育環境に密着している，(3) タスクが統制されている，(4) 英文中の日本語から独自の研究が可能である，といった特徴を持つ（投野，2007b, pp.9-11）。

また，JEFLL Corpus は，すでに紹介した小学館コーパスネットワークの一部に組み込まれる形で，2007 年より，ウェブサイト上で無償公開されている (http://scn02.corpora.jp/~jefll03/jefll_top.html)。

ここでは，簡単な検索実例を紹介しておこう．図2は，JEFLLコーパスでtakenを検索した結果画面の一部である．

```
          I and grandpa had taken    by mother .
   Other things will be able tobe taken    sometimes .
           The first prize was taken    by B class , but I think it is ver
           But I have never taken    the best picture of it .
                  And He was taken    by it to Ryuuguujou .
 and looking for a turtle which had taken    him to Ryuuguujou .
   Yes , he came back his country taken    one year .
                But , I did n't taken    it .
        Our school festival was taken    place about two weeks ago .
```

図2　JEFLLコーパスの検索結果画面例

引用箇所を見るだけでも，過去完了形と受動態の混同（...had［were?］taken by...），過去形と過去分詞形の混同（...didn't taken［take］it...），他動詞と自動詞の混同（...was taken［took］place...）などの誤用のパタンが見つかる．また，おそらくは「賞をとる」という日本語からの連想で，win the prizeとすべきところをtake the prizeとしている誤りなども見つけられる．

こうした誤用情報は言語教育の観点からはきわめて重要な知見であり，これらを体系的に分析してゆくことで，日本人中学生や高校生の苦手な英語表現や文法項目を探ることができるであろう．JEFLL Corpusにおける学年と使用される語彙，品詞，構文，エラーの関係などについてはすでに興味深い研究結果が示されているが（投野，2007b），今後，さらに多面的な研究成果が出てくるものと思われる．

■［3］NICT JLE Corpus

学習者コーパスの多くは書き言葉を収集したものであるが，SST（Standard Speaking Test）という英語口頭能力試験を実施するアルク社と，独立行政法人情報通信研究機構の協力によって，2004年に日本人英語学習者の話し言葉データを集めた大規模コーパスが公開された．The National

Institute of Information and Communication Technology Japanese Leaner English Corpus（NICT JLE Corpus）は，話し言葉の学習者コーパスとしては世界最大のものである。

SSTとは，全米外国語教育協会（American Council on the Teaching of Foreign Languages：ACTFL）が開発した口頭言語能力測定インタビュー法（Oral Proficiency Interview：OPI）に基づくテストで，試験官の英語での質問に対し，受験者が英語で応答する。試験時間は約10～15分間で，受験者はその間に，(1) 試験官との平易な応答（3～4分），(2) イラスト描写と関連応答（2～3分），(3) ロールプレイと関連応答（1～4分），(4) コマ割りイラストからのストーリー製作と関連応答（2～3分），(5) 試験官との仕上げの応答（1～2分）という5つのステージで発話を行う。

NICT JLE Corpusは，SSTにおける試験官と1300人の日本人受験者の発話データを収集し，それらを文字に書き起こしたものである。言い淀みや言い直しも含めて正確に書き起こしがなされ，さらには比較用資料として，同じテストを受けた母語話者のデータも含まれている。また，受験者の属性情報として，日付，性別，年齢，海外滞在期間，英検の取得級，TOEICスコア，TOEFLスコア，SSTグレード（9段階）などが記録されている。

ここでは，先ほどと同じtakenを例としてデータを検索してみよう（図3）。

```
ken"><v_vo odr="1" crr="take">are          taken    </v_vo></v_tns> up <at odr="4" crr="
ince of discussion</o_uk> should be        taken    . But this picture <F>er</F> <v_cmp 
:/SC> my <R>mo</R> motor cycle was         taken    away <F>er</F> <R>by</R> by <at 
. And <F>urr</F> the motorcycle was        taken    away. <F>Urm</F> <F>urm</F>. I g
o call. But actually my mom was            taken    to the hospital <prp_lxc1 odr="1" crr=
 ambulance. And <F>er</F> she was          taken    to <at odr="1" crr="the"></at> hospit
:> his motorcycle back because it was      taken    <R>to</R> to <at odr="4" crr="the"><
<age tour">tour</o_lxc> and I was          taken    to many places for shopping which I
odr="1" crr="have"></mo_lxc> never         taken    care of any animals because I have 
<F>um</F> the bike was <F>um</F>           taken    away <prp_lxc1 odr="1" crr="by">fro
ake. So I have <F>um</F> <F>er</F>         taken    <F>ur</F> <n_num odr="1" crr="less
ervous. <SC>I've</SC> I haven't            taken    a <nvs>tsk</nvs> <F>er</F> langua
</B><B>This test? No no. But I've          taken    <at odr="1" crr="">a</at> you know 
t really</SC> <F>er</F> I've never         taken    a <aj_lxc odr="1" crr="speaking">spo
```

図3　NICT JLEコーパスの検索例

図3を一覧するだけで，日本人英語学習者にとってのtakenの使用が受動態に偏っていることがわかる。日本人が口語においても受動態を過剰使用することはしばしば指摘されるが，そうした傾向がここからも確認できる。
　なお，コンコーダンスラインを見ると，様々な複雑な記号が埋め込まれていることに気付くが，NICT JLE Corpusの特筆すべき特徴は，全てのデータについて，誤用タグが付与されていることである。たとえば，図3の1例目は，兄弟について尋ねられた受験者が *They are taken up a job.（彼らはすでに仕事についている）と述べたセンテンスの一部である。自然な英語では，これはThey have taken jobs.となるべきであったと考えられる。
　コーパス内で，この箇所は次のようにマークアップされている。

They ＜v_tns odr="2" crr="have taken"＞＜v_vo odr="1" crr="take"＞are taken＜/v_vo＞＜/v_tns＞ up ＜at odr="4" crr="" ch="3"＞a＜/at＞ ＜n_num odr="3" crr="jobs"＞job＜/n_num＞．

マークアップは，エラー箇所の前後をタグで囲むという書式になっており，原則として下記のような構造を取る。

＜品詞_ルール crr="訂正候補"＞ エラー部分 ＜/品詞_ルール＞

　上記の事例の場合，まず，受験者は「（仕事）を持っている」という部分をare takenとしたわけであるが，これは，時制の誤りと，態の誤りを二重におかしていると考えられる。そこで，時制の誤り（v_tns）としてはhave takenという修正候補が，態の誤り（v_vo）としてはtakeという修正候補がそれぞれ与えられている。odrというタグはエラータグの付与順序を示す。また，受験者はjobsとすべきところをa jobとしてしまったので，冠詞の誤り（at）については，ゼロ値（""）が，名詞の数の誤り（n_num）についてはjobsという修正候補が与えられているのである。なお，jobにaを付けたこと自体は間違いではなく，aの削除はjobをjobsに修正したこと（odr="3"）に伴う連鎖的修正である。ch="3"はこのことを示している。
　コーパスという研究分野が，工学系・情報系研究者と言語系研究者の両方

からそれぞれ独立的にアプローチされている学界の状況については第Ⅱ章・第3節でもふれたが，NICT JLE Corpus は，両方の分野が協力した好例の1つでもある。NICT JLE Corpus の価値は，第一に，発話データを集めた大型コーパスであるということだが，もう一つの価値は工学的・自然言語処理的なコーパス観と，言語学的・言語教育学的なコーパス観がうまく融合されていることである。

NICT JLEコーパスは，和泉他（2004）の書籍に付属した CD-ROM の形態で入手が可能である。同書には，学習者の発表語彙の使用状況，要求ストラテジーの使用特性，冠詞使用の変化などについての分析結果も掲載されており，前述の JEFLL Corpus とともに，日本の英語教育の改善の基礎資料としての価値が高い。本章では，第3節において，NICT JLE Corpus を使用した研究例を示す。

■ [4] CEEJUS

以上で概観したように，学習者コーパスの構築という点で日本は世界でも非常に進んだ状況にある。とくに，JEFLL Corpus が公開されたことで，日本人の初級学習者の書き言葉の産出を研究する基盤が整備された。

しかし，日本人の中・上級英語学習者の書き言葉の産出を研究しようとすると，現在のところ，使用できるコーパスの種類は非常に限られている。たとえば，朝尾（2000）は，日本人大学生を中心に100万語規模の学習者コーパスを作成したが，現在は，一部のサンプルを除いて非公開とされている。また，杉浦正利氏が大学（院）生200人分の作文データ（約12万語）から構築した Nagoya Interlanguage Corpus of English（NICE）や，日本人大学生データを含む ICLE2 版などの公開準備も進められているが，本書執筆時点では公開されてない。

そこで，筆者の研究室では，近い将来の公開を前提として，小型の日本人大学生英文エッセイコーパス，Corpus of English Essays Written by Japanese University Students（CEEJUS）の構築を進めている。CEEJUS は，先行の学習者コーパスの設計デザインを参考に，中上級の英語力を持つ日本人大学生のエッセイを集めたもので，エッセイのテーマは（A）「大学生のアルバイトへの賛否」，（B）「レストラン全面禁煙への賛否」とい

う2種類に限定されている。

　CEEJUSに収録されているエッセイは，大学の英語授業の課外課題として書かれたものである。執筆条件を統制するため，下記のような共通の指示を文書で与えている。なお，いずれのトピックを書くかは，そのつど教員が決定して指示を行う。

Do you agree or disagree with the following statement?
Use reasons and specific details to support your answer.
（A）*It is important for college students to have a part-time job.*
（B）*Smoking should be completely banned at all the restaurants in Japan.*

注1：自分の意見を明示し，理由を具体的に示すこと。
注2：作文にかける時間は20分以上40分以内とする。
注3：辞書や参考書は使用禁止（自力で書くこと）。
注4：他人の作文やネットの文章などの模倣・引用・剽窃は厳禁。
注5：エッセイは200語以上300語以内とする。
注6：Wordを使用してスペルチェックと語数チェックを実行しておく。
注7：完成後，本文のみをメイルの本体に張り付けて送信する。

　課題回収後に趣旨を説明の上，公開許諾書を配布し，許諾が取れたデータのみを公開用データとして利用する。また，書き手の属性情報として，各種語彙テストのスコアや，TOEICのスコアなどが付与されている。

　CEEJUSはおよそ5年間で2000サンプル程度を集めて正式公開する予定であるが，現在のところ，約500サンプル（そのうち許諾済は300サンプル），延べ10万語のデータが収集されている。

　図4はCEEJUSにおけるtakenの使用例である。中学生や高校生の場合とは異なり，文構造としてはおおむね正しく書けており，受動態と完了形のバランスも取れているが，たとえば，「ずっとアルバイトをしている」という意味での *I've taken a part time job（正しくは I've worked part-time）

```
s a working people, it is taken for granted.  Therefore
  students. In fact, I|fve taken a part time job at rest
ome whether the nature is taken from the university st
, and the studied time be taken, I want you to use the
By nicotinism, you can be taken tobacco dependence, so
ublic buildings had first taken its action in various
  smokers. It has even been taken into transportations 1
s for smoker. So if it is taken away, what should smoke
ith them. Smokers who are taken away from cigarettes a
 eir life. I haven|ft ever taken smoke, but I wonder the
```

図4　CEEJUSの検索結果例

や，「煙草を吸う」という意味での *taken smoke，また，it is taken for granted の付加的使用など，中高生とも，また ICLE が対象とする上級学習者とも異なる，まさに日本人中上級学習者に典型的な言語使用例がうまく集められていることがわかる。本章では第2節において，CEEJUS の一部を使用した研究実例を示す。

第2節　書き言葉の産出

■語彙知識と語彙産出

　語彙はコミュニケーションを支える基盤であり，各種の英語語彙リストや語彙教材を利用して，多くの日本人学習者が語彙を学習している。しかし，学習して語彙知識を多く身に付けるということが，実際のコミュニケーションにおいて語彙を量的・質的に適切に運用できることを意味しているかどうかは必ずしもはっきりしない。語彙研究では，目標言語における単語を見てそれを単語と認識し，その意味がわかる単語群を受容語彙（receptive vocabulary）と呼び，必要に応じて使える単語群を発表語彙（productive vocabulary）と呼んで区別している（Nation, 2001, pp.24-26）。しかし，発表において「使える」ということ，すなわち，語を正しく発音したり，語を正しく綴ったりできる知識があるということと，実際に発表で「使う」ということの間には一定のギャップがある。

さまざまな語彙テストを使用し，受容語彙と発表語彙の関係を探る研究は多いが，学習者コーパスは，そうした語彙知識の外側に位置づけられる学習者による語彙産出（vocabulary production）そのものの直接的な観察を可能にする。ここで，語彙知識と語彙使用の関係をモデル図として示しておこう（図1）。

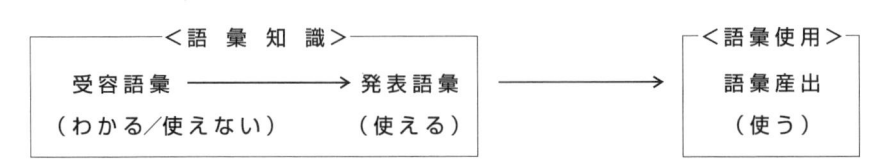

```
┌──────<語 彙 知 識>──────┐        ┌<語彙使用>┐
  受容語彙 ───────→ 発表語彙  ──────→  語彙産出
（わかる／使えない）  （使える）            （使う）
└──────────────────────┘        └────────┘
```

図1　語彙知識と語彙産出の関係

Krashen & Terrell（1983）や Krashen（1985）は，外国語の文法獲得において学習（learning）と習得（acquisition）を区別した上で，文法練習に代表されるような形式的学習によって得られた言語についての知識は，言語産出を意識的にチェックするモニター（monitor）の目的には使えても，自然なコミュニケーションの産出自体には寄与しないと主張した。

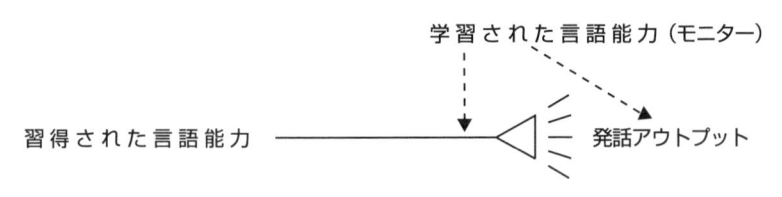

                        学習された言語能力（モニター）
                                 ↓
習得された言語能力 ──────────▷ 発話アウトプット

図2　成人の第2言語使用モデル

Krashen のモニター仮説は，とくに自動的・半意識的プロセスとされる習得の実証が難しく，その妥当性については否定的見解も多いが（McLaughlin, 1978；村野井, 2006, p.26），学習と習得，知識と使用を区別するという視点そのものは，学習者の語彙獲得メカニズムの考察のヒントとなる。

以下では，学習者の語彙力属性情報を付与された CEEJUS のデータを使

用して，これらの問題を検討してみよう。

■**研究の目的と方法**

ここでは，日本人英語学習者の語彙知識と語彙産出の関係，および産出語彙の特性を探ることを目的とし，具体的には以下のリサーチ・クエスチョンを検討してゆく。

[1] 学習者の受容的英語語彙知識の量は，エッセイ中の産出語彙量とどのように相関しているか？
[2] 学習者の受容的英語語彙知識の量は，エッセイ中の産出語彙の多様性とどのように相関しているか？
[3] エッセイ中の学習者の過剰使用語にはどのような特徴があるか？
[4] エッセイ中の学習者の過少使用語にはどのような特徴があるか？

まず，使用するデータについて述べる。[1] および [2] については，前節で紹介した CEEJUS のデータを利用する。CEEJUS には，書き手の属性データとして，英語の語彙力を示すデータが付与されているので，語彙知識と語彙産出の関係を調べるという研究目的に即したコーパスと言える。

[3] および [4] では，CEEJUS と内容的・言語的に類似した参照データと比較する。そのため，母語話者による論述型テクストとして，学生エッセイと新聞の社説を収集する。前者については，ICLE の関連として構築された母語話者エッセイコーパス Louvain Corpus of Native English Essays（LOCNESS）より，英国人高校生が中等教育修了試験の上級（A レベル）テストのために書いたエッセイ（テーマ：交通，ボクシング，議会制度，キツネ狩り）と，米国人大学生のエッセイ（テーマ例：安楽死，死刑，原子力発電など）を取る。なお，LOCNESS は，母語話者による標準的モデルとはみなしにくいため（Ajimer, 2002, p.59），後者として，FLOB と FROWN から新聞論説文（B カテゴリ）のデータを取る。

以上より，分析に使用する日本人の産出データは総計約 10 万語，母語話者の産出データは約 34 万語となった。データの概要は表1の通りである。

なお，分析に用いた CEEJUS のサンプルは全部で 488 種であるが，[1]

表1　データの内容

データ種別	語数
日本人大学生　論述文コーパス（CEEJUS）	108361
母語話者　論述文コーパス	342490
英米新聞社説（FLOB／FROWN）	（内 131562）
英国高校生エッセイ（LOCNESS）	（内 　60398）
米国大学生エッセイ（LOCNESS）	（内 150530）

と [2] の分析には，書き手の語彙サイズテスト得点と，比較のための英語総合力テスト得点の両方が明らかになっている130サンプルのみを利用し，[3] と [4] の分析には全サンプルを利用する。

　以下，分析の手順を示す。まず，[1] については，AntConcを用いて，130サンプルの全てについて延べ語数と異なり語数を計量した。次いで，これらの値と学習者の語彙サイズテスト得点の間で，両者の直線的対応関係の強さを示すピアソンの積率相関係数（第III章・第4節）を求めた。

　[2] については，産出されたテクストの語彙多様性（lexical variety）を表す指標として，異なり語数を延べ語数で割ったTTR値と，コーパス間のサイズ差の影響を調整するため，異なり語数を延べ語数の平方根で割ったGuiraud値（第III章・第1節）を算出した。[1] と同じく，これらの値と語彙サイズテスト得点の間で相関係数を求めた。

　続いて，[3] と [4] に関しては，AntConcで特徴語分析（Keywords）を行い（第II章・第2節），CEEJUSと母語話者コーパスに含まれる全ての語について，それぞれの頻度値から対数尤度比（G^2）を計算し，日本人学習者の過剰使用語（CEEJUS側に特徴的に高頻度な語）と過少使用語（母語話者コーパス側に特徴的に高頻度な語）を抽出した。

　ただし，AntConcで機械的に選び出した語の中には，エッセイの内容に依存した語が多く含まれている。表2は，対数尤度比指標によって機械的に抽出された日本人学習者の過剰使用語上位10位である。

　このうち，part, time, job, college, students などは「大学生のアルバ

表2　日本人学習者の過剰使用語例（調整前）

順位	過剰使用語	頻度	G^2
1	I	3488	4871.9
2	job	1894	4420.0
3	part	1901	4168.2
4	time	2257	4015.3
5	smoking	1283	3494.6
6	college	1135	2587.9
7	think	1314	2491.0
8	students	1203	2287.9
9	't	728	2009.4
10	we	1693	1845.8

イトの是非」というテーマに依存した語であり，smokingは「レストラン禁煙の是非」というテーマに依存した語である。逆に，母語話者コーパスの特徴的高頻度語の中にも，governmentやstatesなど，テクスト内容に直接的に関連した語が含まれている。

　これらの語の頻度差はもっぱらテクスト内容の差によるものであって，学習者と母語話者の差に起因するものとは考えにくい。そこで，データの質的検証をふまえてフィルタリングを行い，テクストの内容に関連した語を削除し，中立性の高い一般語（上記で言うと，I, think, 't, we）だけを残して新たな検証用リストを作成した（表3）。

　なお，最終的には，過剰使用語，過少使用語とも，対数尤度比でそれぞれ上位20語ずつを分析の対象とした。

　以上が分析の手順である。それでは，4つのリサーチ・クエスチョンに沿って，調査の結果を見てゆくこととしよう。

■［1］受容語彙知識量と産出語彙量の関係

　はじめに，学習者の受容的語彙知識量とエッセイ中での産出語彙量（延べ語数，異なり語数）の関係について検討する。CEEJUSの学習者属性デー

表3　日本人学習者の過剰使用語例（調整後）

元順位	新順位	語	頻度	G^2
1	1	I	3488	4871.9
7	2	think	1314	2491.0
9	3	't	728	2009.4
10	4	we	1693	1845.8
16	5	so	929	828.5
17	6	fs	288	821.2
22	7	have	1662	693.1
23	8	can	1087	678.2
25	9	don	444	613.3
35	10	is	2742	388.5

タのうち，ここでは，語彙サイズテスト得点を使用した。このテストは，日本人大学生のための重要語を選定したJACET8000（第Ⅴ章・第1節）に基づくもので，3000語～8000語の各レベルから均等に抽出した英単語を問題として示し，相当する日本語の訳語を択一で選ばせる形式である（全50題）。また，比較指標として，同じくCEEJUSに記録されている英語総合力テスト得点を利用した。このテストは読解力および聴解力という受容的言語能力を測るもので，TOEICテストの形式に準拠し，リスニング25問とリーディング25問の全50問からなる。

　130サンプルにおける各変数の記述統計量は表4の通りである。また，4種類の変数に対して相関分析を行ったところ，結果は表5のようになった。相関係数の後にアステリスクが2つ付いているものは1%水準で有意，アステリスクが1つ付いているものは5%水準で有意，アステリスクがないものは，統計的に無相関と判定されるものである。

　相関分析の結果は興味深いものである。語彙サイズテストの得点は，エッセイの語彙量を示す2種類の尺度のうち，異なり語数とは無相関で，延べ語数とは弱い負の相関が出ている。これは，受容的語彙知識量は産出する語種数とは無関係であり，さらには，語彙知識が多い学習者ほど，むしろ産出

表4　記述統計量

	語彙テスト	総合力テスト	延べ語数	異なり語数
平均	23.6	26.3	229.2	107.8
最大値	36.0	38.0	319.0	168.0
最小値	12.0	12.0	106.0	66.0
標準偏差	4.7	4.8	31.6	16.5

表5　相関行列表

	語彙テスト	総合力テスト	延べ語数	異なり語数
語彙テスト	1	0.28**	−0.21*	−0.05
総合力テスト	0.28**	1	−0.05	0.11
延べ語数	−0.21*	−0.05	1	0.70**
異なり語数	−0.05	0.11	0.70**	1

語彙の総量が少なくなることを示している。Krashen（1982, 1985）の文法獲得に関する理論を語彙獲得に敷衍して考えれば，学習によって蓄えられた語彙知識が語彙産出に対するモニターとして働くことで，結果として語彙産出を量的に抑制している可能性がある。

　CEEJUS は，英語力が比較的均質な中上級学習者のデータのみを集めており，エッセイの執筆にあたって時間と語数を統制している。このため，サンプルにおける「分布の切断」が起こり（石川，2007c），相関値が総じて低めになっている可能性は考慮すべきであるが，今回の結果に限って言えば，語彙知識と語彙使用は必ずしも連続するものではないようである。

　ここで，比較のために，英語総合力テスト得点とエッセイ語彙量の関係を見ておくと，両者の関係もまた無相関である。初級学習者を対象に行った実験では，総合力テスト得点とエッセイ語彙量に中程度の相関があったという報告もあるため（水本, 2008, p.23），結果の一般化には慎重であるべきだが，

中上位層のみを対象とした今回のサンプルに限って言えば，語彙サイズテストにせよ，TOEIC 型テストにせよ，いわゆる受容的テストで測られる能力と実際の語彙産出は別個の性質を持ったものと考えられる。

■ [2] 受容語彙知識量と語彙多様性の関係

エッセイにおいて，語彙の量とともに問題になるのは，語彙の質，中でも語彙のバラエティである。そこで，語彙知識量と産出語彙の多様性の関係を TTR 値と Guiraud 値から見ておきたい。両者の記述統計量と相関行列表は表6，表7の通りである。

表6 記述統計量

	TTR	Guiraud
平均	47.28	7.12
最大値	69.85	9.60
最小値	34.46	4.95
標準偏差	5.66	0.82

表7 相関行列表

	語彙テスト	総合力テスト	TTR	Guiraud
語彙テスト	1	0.28	0.16	0.05
総合力テスト	0.28**	1	0.18*	0.17
TTR	0.16	0.18*	1	0.79**
Guiraud	0.05	0.17	0.79**	1

総合力テストの得点が TTR とごく弱い相関を示しているが，語彙テストの得点は TTR 値とも Guiraud 値とも無相関となった。一般に，語彙力の不足した学習者は同じ語を繰り返し使用し，語彙力が高まってくると様々な語を多様に使えるようになると考えられるが，今回のデータでは，語彙知識量は，エッセイにおける産出語彙量にも，産出語彙の多様性にもはっきりした貢献を行っていないことが示された。この点で，Krashen (1985) が，学習能力は習得能力に転移しないというノン・インタフェース仮説（noninterface position) を唱えていたことが注目される。

ただし，語彙研究における語彙多様性指標の信頼性については慎重な立場も存在する。Meunier (1998) は，さまざまな書き手による各種のエッセイを比較した結果，予想に反し，TTR 値は母語話者が低く，上級学習者が高いという事実を指摘し，語彙多様性は必ずしもエッセイの質を保証する指標にはならないと結論している。

■ [3] 学習者の過剰使用語

これまでの分析により，中上級の学習者の場合，受容語彙知識量と，エッセイにおける産出語彙量および産出語彙の多様性は，互いに独立している可能性が高いことが示唆された。では，学習者が実際に産出した語彙は，母語話者の産出語彙と比較した場合，どのような内容的特徴を持っているのであろうか。

ここではまず，学習者が過剰使用する語彙を検証する。次ページの表 8 は，テクスト内容に関連した語をフィルタリングした後，対数尤度比に基づいて選ばれた上位 20 語のリストである。

これらの過剰使用語を質的に検証すると，日本人学習者のエッセイに典型的ないくつかの表現パタンが浮かび上がってくる。日本人学習者は，母語話者に比べ，(1) 1 人称構文（I, we），(2) it is 構文（it, is, for），(3) 接続詞（so），(4) should 構文（should），(5) 縮約形（'t, 's, don），(6) 基本動詞文（get, do, want）などを好む顕著な傾向を持つ。

もっとも，量的分析だけでサンプルの言語的傾向を読み取ることには危険性が伴う (Meunier, 1998)。そこで，6 つの観点のうち，特に重要と思われる (1)～(4) について実例を確認しておきたい。まず，(1) に関してであるが，データを分析すると，I think, we can という連結が顕著であることがわかる。以下，アルバイトの是非を論じたエッセイの一部を示す（下線筆者，以下同）。なお，ここに挙げる実例は必ずしも特殊なものではなく，CEEJUS 全体の傾向を示すものである。

I think that college students should have part-time job. I have some reasons. ... So I think working part-time job is important. .. I think

表8　日本人学習者の過剰使用語

元順位	順位	語	頻度	G^2
1	1	I	3488	4871.9
7	2	think	1314	2491.0
9	3	't	728	2009.4
10	4	we	1693	1845.8
16	5	so	929	828.5
17	6	's	288	821.2
22	7	have	1662	693.1
23	8	can	1087	678.2
25	9	don	444	613.3
35	10	is	2742	388.5
36	11	get	426	375.0
37	12	for	1841	368.8
38	13	lot	249	356.8
42	14	do	620	314.9
43	15	things	287	312.9
44	16	they	1248	311.7
45	17	should	672	301.2
47	18	people	927	289.0
49	19	want	301	270.8
51	20	at	755	256.5

each job give students valuable experiences. For instance, I work at coffee shop... And we can learn business machinery...We cannot learn it on college classes. I think the knowledge by part-time job is valuable for student's future....

一読しただけで，短い引用の中にIとweが異常な頻度で多用され，とくに，I thinkとwe canという書き出しが非常に多いことに気が付くであろう。このうち，I thinkは話者の立場を示すスタンス標識（stance marker）の中で最も直接的なものの1つであるが（Biber et al., 1999, p.976），上記の場合，I think (that) を全てカットしても，文章は十分に成立する。日本

人大学生の日本語エッセイの語彙を頻度分析した中尾（2008）によれば，全構成語彙の中で「思う」は2位，「できる」は6位であったという。この点をふまえれば，I think や we can は日本語表現の直訳として用いられていることになり，これは，いわゆる母語干渉の一例と考えられる。

2つ目は it is 構文である。It is ＋形容詞構文の多用は，部分的には，アルバイトのテーマ指示文中に同様の構文を使っていたことに起因するが，そうした指示文を伴わない禁煙のエッセイにも同等構文が頻出していることから，これは，日本人英語学習者全般の言語使用の特徴になっていると言うべきであろう。

```
letely.     So I think it is good to have a part-time job
)e received.    I think it is good to experience a lot whe1
  time job. So I think it is good to have part time job o
idition, I think that it is good to know the severity of
:hank for parents, so it is good to earn some money by o1
:aurant, I think that it is good to divide the smoker se:
```

図3　it is... コンコーダンスライン

コロケーション分析によると，it is の後に共起頻度が高い形容詞は，important, good, necessary, difficult, hard, bad, possible, natural, true などである。善悪，正誤，難易，可否などの判断に関わる形容詞が多く，学習者が論述文の中で自分の主張を訴えようとする場合に It is 構文に依存しがちであることがわかる。

3つ目は接続詞の多用である。上位20位に入る接続詞は so だけであるが，50位以内で見れば，but や if や moreover なども含まれている。とくに，一般的な英語では低頻度語である moreover の過剰使用は注目に値する。実例を見ておこう。

And we can experience many things in society. Also, we can work our favorite job... Moreover, through part-time job, we can meet many people. So we can get many friends and extend our world. College students have a lot of time. So we should spend this time significant...

これらの接続詞は，ほとんど何の談話的機能も果たしておらず，仮に全てを削除したとしても問題は生じない。実際，談話上の必要性というよりは，曖昧な雰囲気で付加されたもので，一種のフィラー（filler）の例と言えるかもしれない。こうした接続詞の極端な多用の背景としては，「で」や「が」といった曖昧な接続表現を用いて文を緩やかにつないでゆく日本語の母語干渉や，前章の第2節で言及したように，高校までの教科書の語彙の偏りの影響が考えられる。

4つ目は強制の含意を持つ助動詞 should である。確かに論述文では自分の意見を主張することが求められるが，そうした談話的機能を果たす表現のバラエティを持たないため，学習者のエッセイでは，最も単純で意味の強い should が過剰使用されることになる（図4）。

```
ife has many free time, we should enjoy it. Now we have to l
nd people who do not smoke should enjoy at the restaurants. S
oth smokers and nonsmokers should enjoy dinner. I hate smoke
as merit and demerit. You should examine the part time job k
ing! I think young people should experience many things posi
ve a part-time job or they should experience job training ins
f free time, so I think we should experience various things,
le they are students, they should experience to use polite e
a business life. So, you should experience business lifelfs
. One reason is that they should experience outside job and
before we need to work, we should experience many work. There
```

図4　should コンコーダンスライン

should の多用は主張を過度に直接的で主観的なものとし，主張の客観性を損なう可能性がある。このことはまた，後で見るように，婉曲助動詞の過少使用とも相補的な関係にある。

以上で，日本人学習者の過剰使用語について見てきたが，このうちのいくらかは非母語話者全般に見られる傾向となっている。Ringbom (1998) は，各国の学習者のエッセイデータを横断的に調査した結果，助動詞（are, have, can, do), 人称代名詞 (we, I, you), 否定辞 (not), 接続詞 (or, but, if), I think などの定型句は多くの非母語話者に共通する過剰使用語であるとしている。また, Aijmer (2002) は, スウェーデン語を母語とする英語学習者と英語母語話者の比較の結果, should, must, have to が学習者によって過剰使用されるとしている (p.61)。

■ [4] 学習者の過少使用語

　過少使用語は過剰使用語に比べると圧倒的に数が少ない。フィルタリング前のデータで言うと, 対数尤度比 100 以上の語の数は, 過剰使用語が 105 語であるのに対し, 過少使用語は 33 語に過ぎない。言語教育の観点から言うと, 過剰使用語の是正が過少使用語の是正よりも優先度が高いことを示唆している。次ページの表9は, フィルタリング後の過少使用語上位 20 語のリストである。

　過少使用語を概観すると, (1) 定冠詞や代名詞 (the, his, its, he, her) によって語彙的にテクストの結束性を保ち, (2) 婉曲助動詞 (would, could) によって丁寧性と距離感を表出し, (3) 前置詞 (of, on, over) によって統語的コロケーションを構成し, (4) 現在時制だけでなく適切に過去時制 (was, were) や完了時制 (has been) を使い分けてゆくことが, 日本人学習者の苦手な言語領域であることがわかる。ここでは, 最初の 3 点について実例を通して検証しておきたい。

　(1) について, 最も顕著な過少使用語は the である。一般に, 定冠詞 the と不定冠詞 a の使用は相補的な関係にあるとされるが (Johansson, 1985, p. 39), 今回のデータでも a は過剰使用語の 1 つになっている ($G^2 = 74.0$)。学習者の不定冠詞の典型的な使用例を見ておこう。

Especially, men not having money can't have <u>a date</u>, so I think men should do <u>a part time job</u>. Second, if college students want to work at <u>a business</u> in the future, it is good thing for them to enjoy good experience at <u>a part time job</u>. I think they had better know <u>a rule</u> of society. They will be able to prepare to join <u>a society</u> there.

表9 日本人学習者の過少使用語

元順位	新順位	語	頻度	G^2
3	1	the	20127	1529.2
6	2	would	1419	386.7
7	3	of	9781	373.7
8	4	has	1511	353.0
9	5	was	1449	291.3
10	6	as	2446	247.2
11	7	been	784	238.2
12	8	his	864	232.8
13	9	an	1148	198.6
16	10	its	532	173.8
17	11	he	1082	167.2
18	12	were	706	162.5
21	13	being	469	134.4
24	14	on	2013	120.5
30	15	could	618	103.4
33	16	just	391	100.0
38	17	her	430	92.6
41	18	over	358	83.3
43	19	out	569	80.7
48	20	made	326	75.3

上記の作文の例では，不定冠詞の a によって次々と新情報が導入されているが，それらは定冠詞が付くことも代名詞に変わることもなく，談話の中で発展・展開してゆかない。学習者のエッセイの多くにおいて，結束性や連続性が脆弱に感じられる原因の1つは，定冠詞や代名詞の過少使用にあると考えられる。

　なお，a が過剰使用語であるのに対し，an が過少使用語になっているのは一見奇妙に思えるが，これは日本人に限らず，非母語話者の学習者全般に共通してみられる特徴である（Ringbom, 1998）。an はラテン語系語彙の出現を示す標識として（Hofland & Johansson, 1982, p.22），同じ不定冠詞では

あっても a とは分けて考えるのが適当であろう。
　(2) の助動詞については，would の過少度が特に顕著である。助動詞の would や could にはさまざまな意味・用法があるが，分脈を検証すると，ほとんどが仮定法による婉曲を含意する用例であった。以下では，母語話者コーパスから would の典型的使用例の一部を示す。

```
8 cone-shaped bra, he would have to consider that he may
d issue. But realists would have to counter that B09 8
is the prices of beef would have to decrease in order to
d by the company they would have to do exactly as it wish
rapped states, cities would have to face consequences<p/>
rnment money. Farmers would have to get rid of their stoc
as about to begin. We would have to go to court and test
 make profits as they would have to increase sales to kee
```

図 5　母語話者コーパス中の would の使用例

前項で，日本人学習者が should を過剰使用し，そのために学習者のエッセイが過度に直截的で主観的になっていることを指摘したが，母語話者は，義務の意を表出する場合にも，婉曲助動詞を同時に使用することにより，強制の意味合いを状況に応じて緩和していると考えられる。
　(3) の前置詞については，その多くが他の語と結合して定型的コロケーションを構成している。母語話者コーパスのデータに対して 3～5 語の単語連鎖分析（第 II 章・第 2 節）を行うと，of については one of the (103 回), because of the (61 回), the use of (59 回), a lot of (58 回), the number of (56 回) など, on については on the other hand (26 回), effect on the (14 回), based on the (13 回), on the road (13 回) など, over については over the past (16 回), over the years (15 回), all over the world (9 回) などのコロケーションが高頻度であることがわかる。これらは既成の（prefabricated）表現枠となっているが，学習者は個々の語を単独で扱いがちで，こうした表現枠の使用に習熟していない。語と語をつないで構造化する前置詞の過少使用は，教科書における語彙の偏りが影響している可能性もある。
　なお，過剰使用語の場合と同様，過少使用語についても，ここで見られた傾向のいくらかは非母語話者全体に共通するものである。過剰使用語に比べ

て過少使用語が少ないこと，さらに，指示詞（this, that）や前置詞（by, from）が過少使用されることは非母語話者の全般的特性として指摘されている（Ringbom, 1998）。

■コーパスから見えてきたこと

最後に，4つのリサーチ・クエスチョンを振り返りつつ，分析結果をまとめておこう。

[1] 学習者の語彙知識量と産出語彙量の関係については，弱い負の相関が有意レベルで確認された。中・上級学習者を対象とした今回のデータに限って言うと，語彙知識量は産出語彙量を抑制している可能性がある。日本人学習者全般の特性を論じるにはデータが不足しているが，語を数多く暗記することが必ずしもエッセイにおける豊かな語彙使用につながらないことが示唆された点は重要である。

[2] 語彙知識量と語彙多様性の関係についても，有意な相関は確認されなかった。語彙知識の量が実際に使われる語彙のバラエティに結びつかない可能性が示されたことは，語彙学習・語彙指導を考える上で，[1]と同様に重要な結果である。

[3] 学習者の過剰使用語として，1人称代名詞（I, we），it is 構文，接続詞（so），義務を含意する should，縮約形（'t, 's, don），基本動詞（get, do, want）などが検出された。このことは，学習者の書くテクストが主観的で直截なものであることを示す。

[4] 過少使用語としては，定冠詞（the），代名詞（the, his, its, he, her），婉曲助動詞（would, could），前置詞（of, on, over），動詞の過去形・完了形（was, were, has been）などが検出された。このことは，語彙的な結束性を保ったテクストを書いたり，前置詞を使ったコロケーションを使用したり，適切な時制で表現することが日本人学習者の苦手な点であることを示す。

以上の結果は，日本の英語教育への示唆を多く含むものである。受容的語彙知識を大量に蓄えても，それだけでは語彙産出が促進されない可能性が示

されたので，指導の現場においては，正確性（accuracy）を重視した語彙知識の指導と，流暢性（fluency）を重視した語彙産出を促す指導を効果的に組みあわせてゆくことが必要であろう。また，学習者の言語使用をより自然なものにしてゆく上で，過剰使用語や過少使用語について学習者に意識化させることも重要であると思われる。

なお，学習者コーパスから得られた知見を教育に援用する際に注意すべきことは，母語話者コーパスで検出された諸特徴の全てを教条的な規範やモデルにしてしまわないことである。学習者コーパスとの比較を行えば，母語話者コーパスにはありとあらゆる細かい差異が見つかるが，それらの全てが教育に有用だとは限らない。学習者コーパスの研究者は，母語話者と非母語話者間で観察された膨大な差異を目の前にして，しばしば，記述を規範に置き換えてしまおうとする誘惑にかられがちであるが（Leech, 1998），観察結果の教育的妥当性を十分に吟味することが学習者コーパス研究には求められる。

■応用研究のために

最後に，本節で利用したデータや分析技術をまとめ，研究のヒントについて示しておこう。

【利用したデータ】
- 日本人大学生英語エッセイコーパス CEEJUS：学生の許諾が取れたデータについては公開予定。許諾書の送付によって，検証用に一部データの提供が可能。
- FLOB, FROWN：ICAME Collection of English Language Corpora 2版（1999）に収録。
- LOCNESS：ICLE のサイトより電子メイルで申し込むと，許諾書がPDF で送付される。これを返送すればデータを購入できる。

【利用した分析技術】
- AntConc を用いた語彙量計量。
- TTR, Guiraud 値の計算。
- 学習者属性指標とテクストの言語指標を用いた相関分析。

● AntConc を用いた特徴語や単語連鎖の抽出。

【応用研究のヒント】
● 英語指導に関わっている場合は，学習者に書かせたエッセイや課題作文などから独自の学習者コーパスを作成し，本節と同様の分析を自分のデータについて行ってみよう。なお，データの収集にあたっては学習者から書面による同意を得るようにすべきである。また，研究のためだけのデータ収集にならないよう，収集したエッセイは添削して返却したり，分析から得られた示唆を学習者にフィードバックしたりするなど，データ収集は教育的必然との関連において行われるべきである。
● 学習者コーパスをこれから新規に構築するとすれば，学習者属性としてどのような情報を収集しておくのが良いだろうか。実際にデータ収集を行うことを仮定して，学習者に配布する「学習者プロフィール調査票」の原案を作ってみよう。先行研究でほとんど調査されていない項目のうち，調査の価値があると筆者が考えているのは，いわゆる態度要因と学習方略要因である。たとえば，「英語を書くのは好きだ」「英語で人と話すのが好きだ」などの質問に「強くそう思う」から「そう思わない」までの5段階で回答させたり，「単語は暗記して覚える」「単語は例文を自分で作って覚える」などの質問に同じく5段階で回答させたりしたデータがエッセイと同時に収集されていれば，学習者コーパスを分析する新しい切り口を得ることができるであろう。
● ここでは，特徴語を1語の単位で分析したが，単語連鎖分析（第Ⅱ章・第2節）の手法を用いて，学習者が過剰使用または過少使用する2語連鎖，3語連鎖などについて調べてみよう。たとえば，学習者は by the way や for example などの高頻度の定型表現を過剰使用する傾向があるという研究もある。どのような単語連鎖が過剰使用または過少使用されており，また，その原因はなんであるか考えてみよう。
● 学習者と母語話者データの比較は，さまざまな観点で行うことができる。たとえば，(1) 疑問文の使用，(2) 条件節の使用，(3) 完了形の使用，(4) 強意副詞の使用などの観点について調査すると，興味深い結果が得られるものと思われる。

第3節　話し言葉の産出

■中間言語の連続的な分析

　学習者コーパス研究では，学習者と母語話者を二項対立的に位置付けることが多いが，こうした分析の枠組みでは，学習者から母語話者に到る過程を見ることは難しい。しかし，学習者の言語産出データだけでなく，学習者の詳細な熟達度データがあれば，母語から中間言語（interlanguage）を経て目標言語に至る変移の過程を連続的・段階的に調査することが可能になる。

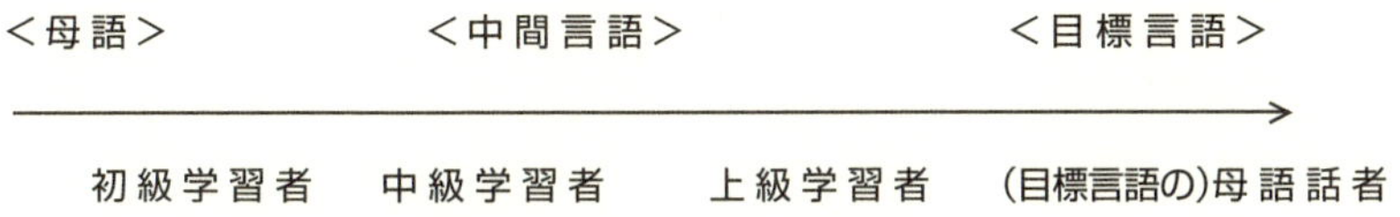

```
＜母語＞          ＜中間言語＞           ＜目標言語＞
―――――――――――――――――――――――――――→
初級学習者   中級学習者   上級学習者   （目標言語の）母語話者
```

図1　初級学習者から母語話者への連続的スケール

　第1節でも触れたように，日本人と母語話者の両方の言語産出データを含み，かつ，豊富な話者属性情報を収集しているという点で，NICT JLE Corpus は，目標言語の近似体系（approximative system）(Nemser, 1971) としての中間言語の連続的分析に非常に適したデータであると言える。
　NICT JLE Corpus を用いて学習者の言語運用の変化を連続的にとらえようとする研究はすでにいくつか公表されている。投野（2004）は，インタビュー・テストの成績から学習者の習熟度を分類し，熟達度が上昇するにつれて，発話量，語彙多様性，統語的複雑性が上昇することや，初級学習者（SSTレベル1～3）はフィラーを，中級学習者（同4～6）は that 節を，上級学習者（同7～9）は you をそれぞれ典型的に使用することなどを報告している。
　和泉・井佐原（2004）は，冠詞の習得に着目し，100名詞あたりの冠詞エラーの数が初級の場合は15.1であるのに対し，中級では13.5，上級では9.7になり，冠詞使用の正確性が段階的に向上していることを報告している。

金子（2004）は，ロールプレイ（駅員から切符を買う，壊れた窓ガラスの修繕を家主に依頼する，といった言語的タスクを実行する）部分に見られる要求方略を分析した結果，初級（SSTレベル5）は要求ストラテジーが量的・質的に限定されており，中級（同6～7）は語彙の多様性は出るものの要求は直接的で，上級（同8～9）になってはじめて，要求が間接化し，内的修正の頻度が高まることを明らかにした。

これらの先行研究はいずれも非常に興味深い知見を示しているが，中間言語の実態を多角的に研究するという観点で言うと，インタビュー・テストの成績だけではなく，より一般的な英語力指標で習熟度を分類した場合にどのような傾向が見られるか，また，母語話者との違いはどうかといった点についても考察の必要があると思われる。

■研究の目的と方法

本節では，先行研究で十分に観察されていない点に焦点を当て，学習者の習熟度を外的な評価基準であるTOEICテストのスコアで分類した上で，母語話者を含めた一体的な分析を行う。これにより，日本人英語学習者が話し言葉において産出した中間言語を立体的に分析することが研究の目的である。

学習者コーパスに関する各種の先行研究の知見をふまえ，ここでは，下記のリサーチ・クエスチョンを具体的に検討してゆく。

[1] 発話語数はどのように変化するか？
[2] 高頻度語使用率はどのように変化するか？
[3] 特定人称代名詞使用率はどのように変化するか？
[4] 日本人学習者の話し言葉における過剰使用語と過少使用語はどのようなものであるか？

[1] は書き言葉における語彙知識と産出語彙量の関係を調べた前節の調査に関連したものである。[2] は学習者が高頻度語を集中的に使用しがちであるというRingbom（1998）他の観察結果の検証であり，[3] は学習者がIやyouなどを多用することで対人関係的関与（interpersonal involve-

ment) を優先するという Petch-Tyson (1998) 他の観察結果の検証である。[4] は書き言葉の特徴語を調べた前節の調査を補うものである。

使用するデータは，NICT JLE Corpus に収録されたサンプルのうち，エラータグと TOEIC テストのスコアデータを付与された日本人学習者の発話サンプル 90 人分と，母語話者の発話サンプル 20 人分，あわせて 110 人分である。90 人の学習者データは，TOEIC テストのスコアに基づき，Level 3（5～395 点）から Level 9（900～990 点）の 7 段階に分類した。使用したデータの総語数は日本人学習者が 71931 語，母語話者が 88258 語，合計 160189 語である。8 種類のサブコーパス別のサンプル数と語数は下記の通りである。なお，表中の LN は母語話者（Level Native）を示す。

表 1 受験者レベル別サンプル数と総語数

受験者レベル	L3	L4	L5	L6	L7	L8	L9	LN
サンプル数	7	5	11	22	13	20	12	20
総語数	2060	1809	7580	16536	11590	20094	12262	88258

以下，分析手順を概観しておこう。[1] については，NICT JLE Corpus に付属する分析ソフトウェア（The NICT JLE Corpus Analysis Tool）を用い，8 種類のサブコーパスごとに頻度調査を行う。まず，分析ソフトウェア上で，ファイル＜コンコーダンス・頻度解析用ファイル選択，と進み，ヘッダ情報設定画面で，TOEIC テストの一定スコア帯に入るデータだけをサンプリングするよう条件を設定する，図 2 は 0～395 点のデータを抽出するよう，条件設定を行っている画面である。

こうしてサブコーパスとなるデータの抽出が済めば，次に，単語頻度＜頻度解析と進む。すると，頻度解析ダイアログが開くので，「大文字小文字を区別する」のチェックを外し，語彙頻度解析設定の最低頻度が 1 になっていることを確認した上で（図 3），最後に画面右下の「解析」ボタンを押せば，単語頻度表が作成される（図 4）。

頻度表を研究目的に応じて自由に加工するためには表計算ソフト上で開けるようにしたほうが便利である。単語頻度表が作成された後で，ファイル＜

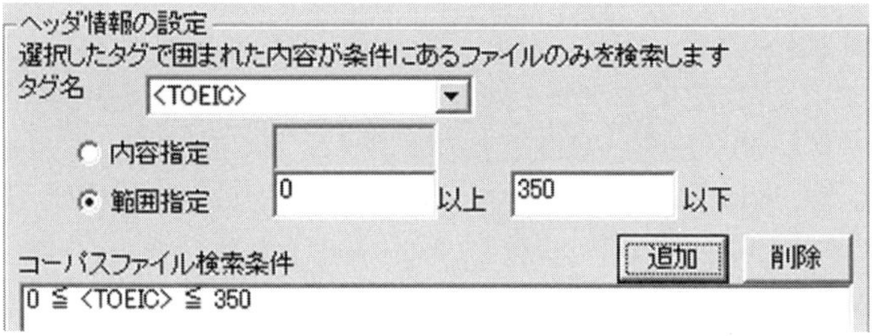

図2　データのフィルタリング画面

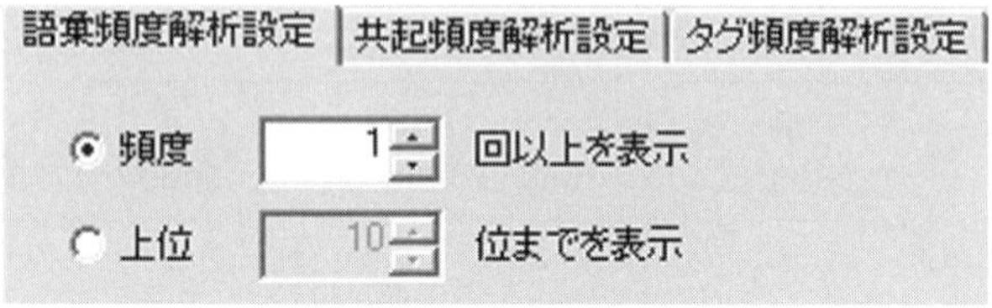

図3　頻度下限の設定

単語	出現頻度	出現確率
i	66	5.097 %
yes	54	4.170 %
a	48	3.707 %
and	39	3.012 %
is	36	2.780 %
to	34	2.625 %
my	30	2.317 %
you	24	1.853 %
the	20	1.544 %
no	20	1.544 %
go	18	1.390 %

図4　作成された単語頻度表（一部）

名前をつけて保存と進むと，頻度表がカンマ区切り（csv）ファイルとして保存されるので，それを Excel などから開けばよい。

　図4のような頻度表の場合，出現頻度の列の合計を計算すればサブコーパスの総語数（延べ語数）が求められる。また，単語列の行数を数えれば，語種数（異なり語数）が求められる。最後に，こうして得られた語数をサブコーパスごとのサンプル数で割っておけば，1サンプル（1受験者）あたりの発話量として標準化され，相互比較ができるようになる。

　[2]については，上記で得られた単語頻度表に基づき，上位10語，100語，500語の累計頻度を求め，サブコーパスの総語数に占める割合を算出した。これらの累計頻度を比較することで，学習者が高頻度語を集中的に使用するという先行研究の見解が日本人学習者の発話データに当てはまるかどうかを検証することができる。

　[3]では，単語頻度表の中から，1人称単数代名詞（I, my, me），1人称複数代名詞（we, our, us），2人称代名詞（you, your）の頻度を合計した後，サブコーパスの総語数に占める割合を算出する。習熟度別，および，母語話者・非母語話者別に観察を行うことで，人称代名詞の頻度分布から対人関係的関与度の変化の様子を確認することができる。

　[4]では，7レベルの学習者サブコーパスを1つにまとめ，母語話者コーパスと比較することで，学習者の過剰・過少使用語を調査する。ただし，一般に公開されている NICT JLE Corpus では，コーパス・データそのものを取り出して外部のコンコーダンサで処理することはできず，また，付属ソフトウェアは対数尤度比やカイ二乗統計量を用いた特徴語検出に対応していないため，ここでは，以下のような簡易な処理方法を取る。

　まず，学習者サブコーパスと母語話者サブコーパスから単語頻度表を作成し，100万語あたり（PMW）の頻度に換算する。次に，学習者頻度を母語話者頻度で割って頻度比率を求める。そして，頻度比率の上位20語と下位20語を選び，これらを過剰使用語，過少使用語とみなす。頻度比率とは，学習者が当該語を母語話者の何倍の割合で使っているかを示す値である。たとえば prefecture は母語話者頻度が 11.3 で学習者頻度が 486.6 であるので，頻度比率は 42.9 となる。調査対象の40語は，いずれも統計的有意差を確認済である（$p<0.001$）。ただし，この方法ではいずれか一方のコーパスで

頻度0の語があると，頻度比率が正しく計算できないので，頻度0の語については，単独使用語として別途に抽出した。これら2種類のリストを合わせて検討することで，過剰使用語と過少使用語のおおよその姿を得ることができる。

分析手順は以上の通りである。それでは，調査の結果を4つのリサーチ・クエスチョンに即して見てゆくことにしよう。

■ [1] 発話語数の変化

NICT JLE Corpus の元になっているインタビュー・テスト SST では，どのレベルの受験者も原則として決まった量のタスクをこなし，試験の所要時間もおおむね一定である。また，試験官は受験者の熟達度が低い場合には質問を変えるなどの手助けを行い，できる限り受験者の発話を引き出すようにする。ゆえに，条件的には受験者の発話語数はほぼ均等になるはずであるが，実際にはどうであろうか。

分析の結果は表2，図5の通りである。まず，延べ語数について見ると，前節で見たエッセイの場合とは異なり，習熟度の差ははっきりした産出語数の差として現れている。レベル3からレベル9まで学習者の発話量はほぼ順調に伸びており，レベル9の学習者はレベル3の学習者の3倍以上の量の発話を行っている。

しかし，母語話者の発話量はさらに圧倒的で，レベル9の学習者の4倍程度の分量を話している。日本人と母語話者ではそもそもインタビュー・テストに対する心理的障壁の高さが異なるという可能性はあるにせよ，ほぼ同じ時間をかけて行うインタビュー・テストの発話量にこれほど根本的な差が出ていることは注目に値する。

一方，異なり語数の場合，レベル3の学習者の使用語数は82語程度で，レベル9になると127語程度まで上昇し，母語話者になるとさらに237語程度まで上昇する。おおむね延べ語数と同様の増加傾向が確認できるが，延べ語数に比べると変化の幅は小さく，また，レベル4から5，レベル5から6，レベル7から8の間で異なり語数の多少が逆転しているなど，異なり語数の場合，習熟度の差は延べ語数ほど直接的には反映されないようである。

一般に，非母語話者が持つ注意量の総枠は決まっており，流暢性，正確性，

表2　発話量

受験者レベル	L3	L4	L5	L6	L7	L8	L9	LN
延べ語数/人	294.3	361.8	689.1	751.6	891.5	1004.7	1021.8	4412.9
異なり語数/人	82.3	107.2	105.5	82	116.2	102.2	127.7	237.6

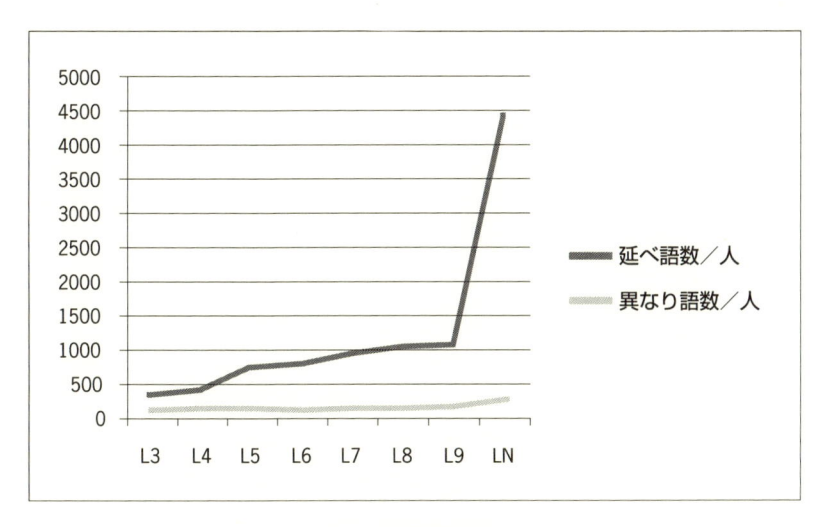

図5　発話量の変化

複雑性のいずれかに注意が振り向けられると，他の要素が疎かになることが指摘されているが（Skehan, 1998），言語教育の観点から考察すると，発話の延べ語数を増加させること，すなわち，流暢性の改善こそが，日本人学習者がまずもって取り組むべき課題であると言えよう。

■ [2] 高頻度語使用率

　Ringbom（1998）は，ICLE の分析をふまえ，高頻度語の占有率は学習者コーパスのほうが高いこと，ただし，上位10語程度では差がはっきりせず，上位50語，上位70語，上位100語になると差が顕著になってくると

指摘している。これは，幼い子供がなじみのぬいぐるみに依存するように，学習者はなじみのある語に依存することを示し，Hasselgren (1994) が言うところのテディベア原理（teddy bear principle）の例とされる。

では，こうした傾向は，日本人学習者の発話においても観察されるのであろうか。ここでは，上位 10 語，100 語，500 語という 3 種類の範囲を設定し，各サブコーパスの総語数に占める上位語頻度合計の割合を調査した。結果は表 3 の通りである。

表 3　高頻度語使用率

受験者レベル	L3	L4	L5	L6	L7	L8	L9	LN
上位 10 語	28.7	28.8	27.2	27.4	25.8	26.1	26.6	27.0
上位 100 語	66.4	65.4	64.2	63.8	62.8	65.1	65.1	65.7
上位 500 語	96.3	98.0	89.3	86.9	87.3	86.5	88.0	85.2

まず，上位 10 語の累計頻度比率は，レベル 3 が 28.7%で母語話者が 26.6%であり，ほとんど差はない。また，上位 100 語に範囲を拡大しても，レベル 3 が 66.4%で母語話者が 65.7%であり，やはり差は見られない。上位 500 語までに拡大すると，レベル 3 が 96.3%で母語話者が 85.2%となって，ようやく 10 ポイントほどの差が生じるが，その差は予想されるほど顕著なものではない。以上より，日本人学習者の口語産出について言うと，テディベア原理はそれほど顕著に表れていないことになる。

このことは Ringbom (1998) の指摘に反する結果であるが，Ringbom がテディベア原理の根拠としているデータにおいても，そもそも差ははっきりしたものではない。Ringbom は，ICLE のエッセイにおける上位 100 語の占有比が母語話者データでは 51.3%であるのに対し，学習者データでは 52.9%〜57.3%（平均 54.9%）であったとするが，その差はわずか 3 ポイントに過ぎない。データ分析に基づいて言うと，高頻度語の集中的使用は，非母語話者と母語話者とを問わず見られる傾向であり，両者を区分する指標とはなりにくい。

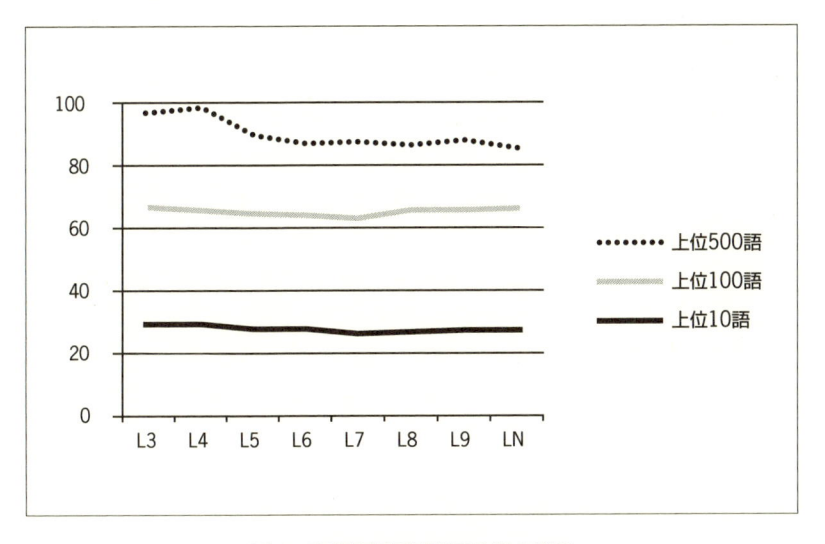

図6　高頻度語累計頻度比率の推移

■ [3] 人称代名詞使用率

　Tannen (1982) は，ストーリー・テリングのタスクにおいて，米国人が客観的距離を保って機械的な再話を行った一方，ギリシア人はストーリーに没入し，主観的にストーリーを作り上げる傾向があることを報告した。Petch-Tyson (1998) は，この研究を出発点として，談話における対人的関与度が母語話者と学習者の間でどう異なっているか，また，学習者の母語文化によってどう異なっているかを ICLE データから検証した。
　ただし，対人的関与という概念はあまりに漠然としているので，同研究では，テクスト中での書き手と読み手の直接的な可視性 (writer/ reader visibility) に議論を絞り，この表出に関わると思われる1人称単数代名詞，1人称複数代名詞，2人称代名詞，ぼかし表現 (kind of, and so on など)，強調語 (just, really など)，状況指示語 (here, now など) の頻度合計を比較した。調査結果は，書き手と読み手の可視性は学習者のほうが高く，学

習者の中では，母語が仏語＜オランダ語＜フィンランド語＜スウェーデン語の順に可視性が高まるというものであった（p.121）。

　上記は興味深い結果であるが，可視性と直接性に関わる代名詞と，その他の表現を混ぜて議論したことで結果の解釈が難しくなっているように思える。そこで本節では，書き手と読み手，つまりは話し手と聞き手の可視性を最も狭義でとらえ，1人称単数代名詞（I, my, me），複数代名詞（we, our, us），2人称代名詞（you, your, yours）の占有率に絞って比較を行った。結果は表4，図7の通りである。

　変化のパタンは必ずしも安定的ではないが，1人称単数代名詞の場合は，初級学習者から上級学習者を経て母語話者に至る過程の中で，占有率が低下する大まかな傾向が見られる。このことは，発話における話し手の可視性が，英語力の上昇にともなってゆるやかに低下し，自己中心的で主観的な語りから客観的な語りへと変化していることを示す。

　一方，1人称複数代名詞の場合は，レベル3の初級学習者がそれをほとんど使用していないことを除けば，レベル4以降母語話者まで占有率にはっきりした増減傾向は認められない。主観的語りから客観的語りへの変容に関与するのは，1人称単数代名詞であって複数代名詞ではないようである。

　また，口語のやり取りにおける聞き手の可視性を示す2人称代名詞については，レベル3の学習者が著しく高いものの，レベル4以降は増減が小刻みに起こり，一貫したパタンの抽出は難しい。レベル3で2人称代名詞が高頻度であるのは，試験官個人に対する挨拶などが相対的に多いためと考えられる。コーパス中のyou用例をKWIC検索すると，初級学習者の発話にはthank youやsee youなど，内容の希薄な交話的（phatic）な挨拶表現が頻出していることに気付く（図8）。

　ところで，グラフに見られるもう1つの興味深い傾向は，初中級（レベル3〜5）の学習者の場合，1人称複数代名詞の使用率と2人称代名詞の使用率が相補的になっているということである。youで指示される試験官への依存からの自立と，weの使用による主語の客観化が連動していることは，初中級学習者の言語産出における自己意識の変化を考える糸口になろう。

　以上をまとめると，日本人学習者の話し言葉産出においては，習熟度の上昇と1人称単数代名詞の減少がおおむね相関していることがわかった。し

第Ⅵ章　コーパスと学習者研究　239

表4　人称代名詞の構成比

受験者レベル	L3	L4	L5	L6	L7	L8	L9	LN
1人称単数	7.4	8.4	8.2	6.9	7.5	7.4	7.5	5.9
1人称複数	0.1	0.8	0.4	0.8	1.0	0.9	0.4	0.8
2人称	1.8	0.8	1.3	1.2	1.6	1.4	1.4	1.4

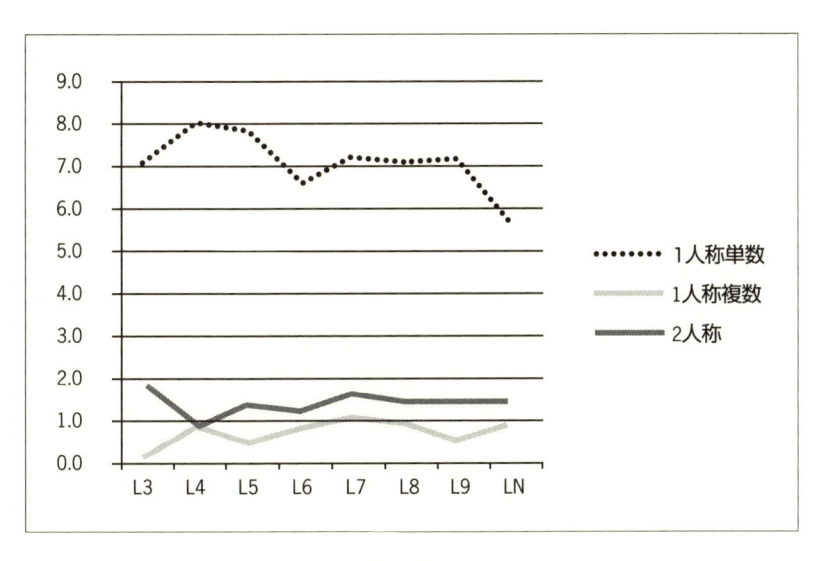

図7　人称代名詞頻度比率

```
Um</F>.</B><B><F>Ah</F>. Thank    you    .</B><B>Over.</B><B><F>Ah</F>.
er three?</B><B><F>Er</F>. Thank  you    .</B><B><F>Ah</F>. <.></.> <F>Um
number?</B><B>Three? O K. Thank   you    .</B><B>Thank you.</B><B>Yes. <.:
r</F> there. <F>Ah</F> <.></.> see you   .</B><B><OL><nvs>laughter</nvs>
><B><OL><nvs>laughter</nvs> See   you    </OL>.</B><B>Tomorrow.</B><B>)
:er</nvs></B><B>O K?</B><B>See    you    later.</B><B><OL><nvs>laughter</
```

図8　コンコーダンスライン例

かし，1人称複数代名詞や2人称代名詞の場合は，学習者間においても，学習者と母語話者の間においても，増減にはっきりした傾向は見られない。書き手と読み手の可視性が学習者コーパスにおいて顕著に現れるとした先行研究の知見は，日本人の話し言葉の産出データにおいては，部分的に支持され，部分的に否定されたことになる。

■ [4] 学習者の過剰・過少使用語

最後に，学習者データ全体と母語話者データ全体を比較し，学習者の話し言葉産出における過剰使用語と過少使用語について確認しておこう。前述の頻度比率基準で抽出された過剰・過少使用語は表5の通りであった。

まず，過剰使用語から検討する。上位30語の中には，SSTの内容に関連していると思われる語彙（住所，家族，仕事などの質問への回答としてのprefecture, wife, companies；イラスト描写問題に関係するcouples, enter, lion, chatting），固有名詞（Hong Kong, Osaka, England, India），応答語（hello, yes, *hai [日本語の「ハイ」]），基本形容詞（strong, rainy）などがあるが，最も注目されるのは，カタカナ語として日本語に取り込まれている語彙（brand, season, boss, training, scene, midnight）が非常に目につくことである。これは，日本人学習者は英語における発話の場合でも，日本語の心的語彙の中から語を引き出そうとしていることを示唆する。

一方，過少使用語を見ると，広義の機能語（able, across, ahead, behind, either, every）が多く並んでいることに気付く。日本人英語学習者は孤立的な内容語に依存して発話を構築する傾向があるが，自然な発話を行うためには，内容語と内容語をつなぐ機能語の役割が重要である。

次に，学習者または母語話者が単独使用している語群についてまとめる（表6）。学習者の単独使用語を見ると，やはり，カタカナ語（mobile, foods, necktie, doctor, lesson, audio, fever, rail, title, rugby, cancel）や固有名詞（Yokohama, Kichijoji, Shinsaibashi）が多い。学習者が日本語の心的語彙から語を引き出していることは，*gerende（正しくはslope, ski run など）のような誤用からも確認できる。

このほか，特徴的な学習者の単独使用語には3位のpardonや4位の

表5　日本人学習者の過剰／過少使用語

	過剰使用					過少使用			
順位	単語	母語話者頻度	日本人学習者頻度	比率	順位	単語	母語話者頻度	日本人学習者頻度	比率
1	prefecture	11.3	486.6	42.9	1	're	3331.1	431.0	0.1
2	brand	11.3	333.7	29.4	2	able	475.9	69.5	0.1
3	season	11.3	264.1	23.3	3	across	203.9	13.9	0.1
4	finish	11.3	250.2	22.1	4	ahead	124.6	13.9	0.1
5	boss	11.3	236.3	20.9	5	aren	181.3	13.9	0.1
6	couples	11.3	208.5	18.4	6	behind	124.6	13.9	0.1
7	training	11.3	208.5	18.4	7	being	532.5	41.7	0.1
8	lion	11.3	194.6	17.2	8	blowing	102.0	13.9	0.1
9	baseball	22.7	361.5	16.0	9	camera	124.6	13.9	0.1
10	chatting	11.3	180.7	16.0	10	campus	249.3	27.8	0.1
11	located	11.3	180.7	16.0	11	college	566.5	41.7	0.1
12	osaka	22.7	333.7	14.7	12	cool	305.9	41.7	0.1
13	relaxed	11.3	166.8	14.7	13	court	147.3	13.9	0.1
14	scene	11.3	166.8	14.7	14	dad	283.3	27.8	0.1
15	hello	56.7	792.4	14.0	15	deal	317.3	27.8	0.1
16	companies	11.3	152.9	13.5	16	digital	136.0	13.9	0.1
17	enter	11.3	152.9	13.5	17	direction	102.0	13.9	0.1
18	hai	22.7	292.0	12.9	18	dressed	124.6	13.9	0.1
19	hong	11.3	139.0	12.3	19	either	339.9	27.8	0.1
20	kong	11.3	139.0	12.3	20	ever	317.3	41.7	0.1
21	midnight	11.3	139.0	12.3	21	funny	294.6	27.8	0.1
22	moment	22.7	264.1	11.7	22	gets	192.6	27.8	0.1
23	rainy	11.3	125.1	11.0	23	guess	1518.3	139.0	0.1
24	role	11.3	125.1	11.0	24	hang	271.9	27.8	0.1
25	strong	11.3	125.1	11.0	25	kamakura	113.3	13.9	0.1
26	wife	79.3	875.9	11.0	26	least	237.9	13.9	0.1
27	yes	1563.6	16043.6	10.3	27	mom	475.9	69.5	0.1
28	england	22.7	222.4	9.8	28	package	102.0	13.9	0.1
29	example	56.7	556.1	9.8	29	packed	102.0	13.9	0.1
30	india	11.3	111.2	9.8	30	pants	124.6	13.9	0.1

表6　日本人学習者，母語話者の単独使用語

日本人学習者			母語話者		
順位	単語	頻度	順位	単語	頻度
1	daughter	458.8	1	dorm	396.6
2	mobile	389.3	2	ended	283.3
3	pardon	389.3	3	apartments	226.6
4	therefore	361.5	4	possibly	226.6
5	cannot	278.1	5	miles	181.3
6	foods	264.1	6	cameras	170.0
7	necktie	250.2	7	semester	170.0
8	australia	222.4	8	bob	158.6
9	doctor	222.4	9	bunch	158.6
10	join	222.4	10	electronic	158.6
11	gerende	194.6	11	instance	158.6
12	mathematics	194.6	12	pictures	158.6
13	lesson	180.7	13	kanji	147.3
14	yokohama	180.7	14	roommate	147.3
15	examination	152.9	15	cartoons	136.0
16	health	152.9	16	asakusa	124.6
17	audio	139.0	17	bowling	124.6
18	fever	139.0	18	electronics	124.6
19	rail	139.0	19	florida	124.6
20	title	139.0	20	grandma	124.6
21	export	125.1	21	hopefully	124.6
22	kichijoji	125.1	22	placement	124.6
23	nanda	125.1	23	plus	124.6
24	nandaro	125.1	24	random	124.6
25	r	125.1	25	squash	124.6
26	rugby	125.1	26	battery	113.3
27	shinsaibashi	125.1	27	cafeteria	113.3
28	bicycle	111.2	28	fairly	113.3
29	cancel	111.2	29	obviously	113.3
30	cetera	111.2	30	shanghai	113.3
31	charge	111.2	31	blah	102.0
32	et	111.2	32	feet	102.0
33	france	111.2	33	fill	102.0
34	garden	111.2	34	filled	102.0
35	goods	111.2	35	freedom	102.0

第VI章 コーパスと学習者研究

36	reserve	111.2	36	hey	102.0
37	sugar	111.2	37	storm	102.0
38	usual	111.2	38	vincent	102.0
39	ward	111.2	39	whatnot	102.0
40	bye-bye	97.3	40	akihabara	90.6
41	compare	97.3	41	arts	90.6
42	depart	97.3	42	booked	90.6
43	interview	97.3	43	cart	90.6
44	izakaya	97.3	44	died	90.6
45	kana	97.3	45	fourteen	90.6
46	medicine	97.3	46	jim	90.6
47	nan	97.3	47	neat	90.6
48	persons	97.3	48	pointing	90.6
49	sweets	97.3	49	racket	90.6
50	tasting	97.3	50	turned	90.1

```
o cook <F>err</F> curry <SC>so</SC> therefore    I need <F>err</F> <F>err</F>
 the self-service</B><B><SC>So</SC> therefore    it's difficult to <o_uk odr="1" cr
·in</R> in an apartment. <SC>So</SC> therefore   <SC>we could not</SC> <F>a
two</OL> dogs.</B><B><SC>So</SC> therefore       I was familiar <prp_lxc2 odr="
·Yes.</B><B><F>Um</F> <F>uhm</F> therefore       I think <F>e</F> <F>err</F> <
<B><F>Hu-huh</F>. <F>Erm</F> <SC> therefore      </SC> <F>err</F> <R>wha</F
most of the hotels</o_uk>. <F>Mm</F> therefore   we <v_tns odr="2" crr="did no
ls</v_cmp>. <R>So</R> <SC>so</SC> therefore      I <v_cmp odr="3" crr="liked sc
 widely</aj_lxc> country. <SC>So</SC> therefore  <F>erm</F> which coast is <F
 the <F>er</F> daytime. <SC>So</SC> therefore    <F>urr</F> I enjoyed shoppin
il sound</o_uk>. <.></.> <SC>So</SC> therefore   <F>erm</F> they opened <F>
:F>ur</F> cat</v_cmp>. <SC>So</SC> therefore     <F>er</F> <.></.> <F>ur</F>
much">hardly</av_lxc>. <SC>So</SC> therefore     <F>erm</F> <at odr="1" crr="
="his"></pn_lxc> house. <SC>So</SC> therefore    <F>er</F> <F>erm</F> <.></.
mily</o_uk>. <R>There</R> <F>er</F> therefore    I love to use <pn_lxc odr="1" c
```

図 9　therefore のコンコーダンスライン

therefore がある。前者は，試験官の指示が聞き取れずに聞き返しを行ったためで原因ははっきりしているが，興味深いのは therefore の方である（図 9）。コンコーダンスラインを見ると，therefore の大半が so の後で用いられている。タグを見ると，これらは話者の自己修正（self correction：SC）による言い直しと分類されているが，*so therefore という結合は学習者の

エッセイにも散見されるもので，接続詞を過剰反復する誤用パターンの1つである。こうした誤用は，曖昧なつなぎ言葉を多用する日本語の母語干渉の影響によるものと考えられる。

一方，母語話者の単独使用語の中には，bunch, instance など，基本的なコロケーション（a bunch of, for instance）を構成する語が目につく。前節の分析でも触れたように，学習者は語を孤立的に使用する傾向が強く，母語話者はコロケーション単位で語をとらえる傾向が強い。

加えて注目すべきは possibly, hopefully, fairly, obviously といった副詞である。これらは発話内容に対する話し手の距離感を示す語群であるが，こうした副詞を用いた話者態度の表明は，日本人学習者が十分に処理できていない言語領域と言えよう。

```
iges. But you know if you could    possibly   make an exception <R>in</R> in tl
 to be working at her computer     possibly   presenting something. <F>Erm</F
         know. Is there any open seats possibly   even if it's expensive?</B><B>O k
ick <nvs>tap</nvs> <F>er</F>       possibly   August twentieth. How much woul
s the rest of description I could  possibly   say. I can't be like blond hair and b
   as the</SC> and <F>mm</F>       possibly   even go out to the country <R>anc

</F> to answer it <F>er</F> <R>a</R> and  hopefully   get off before the tra
I</F> I can't use the car while I'm here. So   hopefully   when I go back <F>
especially try to watch more and more <SC>  hopefully   </SC> hoping that or
til I go back to school. But <F>um</F> <SC>  hopefully   </SC> I've been livin
```

図10　possibly/hopefully のコンコーダンスライン（母語話者）

以上をまとめると，日本人学習者はカタカナ語や固有名詞，それに接続詞を特徴的に多用する一方，話者と語りの内容の距離感を示す副詞や基本的なコロケーションを十分に使用できていないことが明らかになった。

■コーパスから見えてきたこと

4つのリサーチ・クエスチョンに即して，本節の分析で明らかになった知見をまとめておきたい。

[1] 延べ語数で見た発話語数は学習者の習熟度の上昇に伴って順調に増

加する。このことは，TOEIC テストで測定される受容的な英語総合力が，発話における言語産出と相関していることを示唆する。レベル 9 の学習者はレベル 3 の学習者の約 3 倍の発話量を持っているが，母語話者はレベル 9 の学習者のさらに 4 倍の発話量を持っており，日本人学習者の課題は発話における流暢性を高めることと言える。

[2] 高頻度語の占有率は上位 500 語の範囲に広げて観察した場合，母語話者より学習者のほうが若干値が高くなるが，その差は顕著なものではない。また，上位 10 語，100 語の範囲では差は確認できない。先行研究のデータの再分析をふまえて考えると，書き言葉であれ，話し言葉であれ，学習者だけが高頻度語を集中的に使用するとは言えない。

[3] 1 人称および 2 人称代名詞の占有率については，1 人称代名詞単数形についてのみ，初級学習者から母語話者に至る過程において比率が低下するという大まかな傾向が確認できるが，1 人称代名詞複数形および 2 人称代名詞に関してははっきりした傾向はみられない。

[4] 日本人学習者の口語における過剰使用語には，カタカナ語や固有名詞などが多く，英語発話においても，日本語の心的語彙体系の中から語を選ぼうとしている傾向がみられる。また，書き言葉の場合と同様，接続詞を多用する傾向が確認できる。過少使用語には，話者と発話内容の距離感を示す副詞や，基本的コロケーションが含まれる。

以上，NICT JLE Corpus を用い，学習者が口頭で産出した中間言語を初級学習者から母語話者へと続く緩やかな連続体の中で分析することによって，いくつかの興味深い知見を明らかにすることができた。

一般に，スピーキングの指導というのは，ライティング指導以上に方法論が確立しておらず，教育の現場では手探りの指導が続いている。スピーキング指導の最大の難しさは，目標とすべきモデルが具体的にイメージしにくいことである。これは学習者の側にも，教授者の側にもあてはまる。この点に関して，NICT JLE Corpus のような発話コーパスの貢献の余地は大きい。たとえば，本節で行ったように，コーパス比較から得られた初級学習者と上

級学習者の差異，また，学習者と母語話者の差異に関わる知見を基盤とすれば，到達すべきモデルを量的・質的に具体化することができ，モデルに近づくためのより効率的で合理的な指導システムを考案してゆくことが可能になるであろう。

Leech（1998）の警告にもあるように，学習者コーパスから得られた記述的観察結果を規範として扱うことには慎重さが必要であるが，とくに初級学習者を対象とした指導システムの開発にあたっては，コーパスから得られた知見をあえて規範的に使用することも効果的だと思われる。実際，「もっと積極的にたくさん話しましょう」というようなフィードバックだけでは，学習者は何をどう変えればいいのか分からない。しかし，現在の自分の1分間の平均発話量は50語であるが，日本人の上級レベルに到達するためにはこれを最低150語にまで引き上げる必要があるとフィードバックされれば，スピーキング学習の目標や方向ははるかに鮮明に見えてくるはずである。

学習者コーパスは言語教育への大きな貢献の可能性が古くから期待されているが，現在のところ，辞書記述の改良を除くと，教材やカリキュラム開発における全面的活用はいまだ本格的には始まっていない。Nesselhauf（2007）が言うように，学習者コーパス分析から言語教育に至る道は，一般に思われているほど直結したものではない（p.305）。これは，学習者コーパスの研究がともすれば個別的・断片的な問題を追いがちで，それぞれに貴重な知見を明らかにしつつも，学習者言語の全体像を描くという方向で研究成果が十分に統合されてこなかったことも関係しているであろう。また，これまでの学習者コーパスは主としてコーパス言語学の枠組みで論じられてきたが，教育への応用を考える上では，第2言語習得，言語教育，自然言語処理などの分野の研究者との学際的協力も必要になってくる（Granger, 2002, p.28）。

NICT JLE Corpus と JEFLL Corpus が相次いで公開され，ICLE2 版の公開が迫り，さらには，この分野の基本書である Granger（1998）のすぐれた翻訳が出るなど，学習者コーパス研究をめぐる基盤はこの数年の間に急速に整備されてきている。今後，大型学習者コーパスから得られる知見が総合化・体系化され，言語教育へのより具体的な応用が進んでゆくことを期待したい。

第Ⅵ章　コーパスと学習者研究　247

■応用研究のために
　ここで，本節で利用したデータや分析技術をまとめ，研究のヒントについて示しておこう。

【利用したデータ】
●NICT JLE Corpus：和泉他（2004）の書籍付属の CD-ROM に収録。

【利用した分析技術】
●NICT JLE Corpus より条件に合致するサンプルの抽出。
●単語頻度表の Excel 上での読み出しと，単語頻度表からの延べ語数・異なり語数の算出。
●頻度比率および単独使用という観点からの特徴語の簡易的抽出。

【応用研究のヒント】
●NICT JLE Corpus の分析ソフトウェアでは，TOEIC テストのスコア以外に，年齢，海外経験年数，英検級，TOEFL テストスコアなどの学習者属性情報を用いたデータの抽出が可能である。分析ソフトウェアで，ファイル＜コンコーダンス・頻度解析用ファイルと進み，ヘッダ情報の設定の欄のプルダウンを押せば，選択可能な属性が一覧で表示される（図11）。さまざまな属性によってサンプルのグルーピングを行い，本節で試みたような比較を行ってみよう。

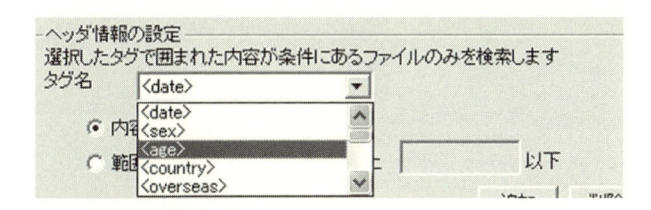

図11　学習者属性によるデータのフィルタリング

●ウェブ上で無料公開されている JEFLL Corpus のデータを利用し，1人

称（単数，複数），2人称代名詞の使用状況が学年別にどのように変化しているか調査してみよう。

参考文献

Aarts, J. (2003). The use of corpus data. 『英語コーパス研究』, *10*, 3-23.
Aitchison, J. (2003). *Words in the mind : An introduction to the mental lexicon* (3rd ed.). Oxford, UK : Oxford University Press.
相澤一美・石川慎一郎・村田年 他 (2005)『「大学英語教育学会基本語リスト」に基づく JACET8000 英単語』東京：桐原書店
相澤裕介 (2007)『統計処理に使う Excel2007 活用法』東京：カットシステム
Aijmer, K. (2002). Modality in advanced Swedish learners' written interlanguage. In S. Granger, J. Hung, & S. Petch-Tyson (Eds.), *Computer learner corpora, second language acquisition and foreign language teaching* (pp.55-76). Amsterdam : John Benjamins B.V.
アルク語彙プロジェクト (編) (2000)「Standard Vocabulary Level 12000」東京：アルク
Altenberg, B., & Tapper, M. (1998). The use of adverbial connectors in advanced Swedish learners' written English. In S. Granger (Ed.), *Learner English on computer* (pp.80-93). London : Longman.
Anthony, L. (2004). AntConc : A learner and classroom friendly, multi-platform corpus analysis toolkit. *IWLeL 2004 : An Interactive Workshop on Language e-Learning*, 7-13.
Archer, D., Rayson, P., Piao, S., & McEnery, T. (2004). Comparing the UCREL semantic annotation scheme with lexicographical taxonomies. In G. Williams & S. Vessier (Eds.), *Proceedings of the 11th EURALEX International Congress, 3* (pp.817-827). EURALEX.
朝尾幸次郎 (2000)『第二言語習得研究のための英語学習者コーパスの構築とその利用』(平成9～11年度科学研究費補助金研究成果報告書)
Aston, G. (Ed.). (2001). *Learning with corpora*. Houston, TX : Athelstan.
Aston, G., & Burnard, L. (1998). *The BNC handbook : Exploring the British National Corpus with SARA*. Edinburgh, UK : Edinburgh University Press. ［北村裕（監訳）(2004)『The BNC Handbook：コーパス言語学への誘い』東京：松柏社］
Baker, P. (2006). *Using corpora in discourse analysis*. London & New York : Continuum.
Baker, P., Hardie, A., & McEnery, T. (2006). *A glossary of corpus linguistics*. Edinburgh, UK : Edinburgh University Press.
伴浩美 (2002)「東アジアと米英の英語教科書の計量的解析比較」『富山国際大学人文社会学部紀要』, *2*, 75-82.
Barkema, H. (1993). Idiomaticity in English NPs. In J. Aarts, P. de Haan, & N. Oostdijk (Eds.), *English language corpora : Design, analysis and exploitation, Papers from The 13th International Conference on English Language Research on Computerized Corpora, Nijmegen 1992* (pp.257-278). Amsterdam : Rodopi.
Barnbrook, G. (1996). *Language and computers : A practical introduction to the computer*

analysis of language. Edinburgh, UK : Edinburgh University Press.
Berber Sardinha, A. P. (2004). *Lingüística de corpus.* Barueri SP, Brazil : Manole.
Bernadini, S. (2000). *Competence, capacity, corpora.* Bologna, Italy : CLUEB.
Biber, D. (1988). *Variation in speech and writing.* Cambridge, UK : Cambridge University Press.
Biber, D., Conrad, S., & Reppen, R. (1998). *Corpus linguistics : Investigating language structures and use.* Cambridge, UK : Cambridge University Press. [齋藤俊雄他 (訳) (2003)『コーパス言語学：言語構造と用法の研究』東京：南雲堂]
Biber, D., Johansson, S., Leech, G., Conrad, S., & Finegan, E. (1999). *Longman grammar of spoken and written English.* Essex, UK : Pearson Education Limited.
Bolinger, D. (1975). *Aspects of language.* New York : Harcourt Brace Jovanovich.
Boxer, D., & Pickering, L. (1995). Problems in the presentation of speech acts in ELT materials : The case of complaints. *ELT Journal, 49,* 99-158.
Bullon, S. (2006). The use of corpora in pedagogical lexicography. 国立国語研究所 (編)『言語コーパスの構築と活用』(pp.1-8) 東京：国立国語研究所
Burchfield, R. W. (1996). *The new Fowler's modern English usage* (3rd ed.). Oxford, UK : Oxford University Press.
Burnage, G., & Dunlop, D. (1993). Encoding the British National Corpus. In J. Aarts, P. de Haan, & N. Oostdijk (Eds.), *English language corpora : Design, analysis and exploitation, Papers from The 13th International Conference on English Language Research on Computerized Corpora, Nijmegen 1992* (pp.79-95). Amsterdam : Rodopi.
Burnard, L. (1995). *User's guide to the British National Corpus.* Oxford, UK : Humanities Computing Unit at Oxford University Computing Services.
Burnard, L. (Ed.). (2000). *Reference guide for the British National Corpus, world edition.* Oxford, UK : Humanities Computing Unit at Oxford University Computing Services.
Burnard, L. (Ed.). (2007). *Reference guide for the British National Corpus, XML edition.* Oxford, UK : Humanities Computing Unit at Oxford University Computing Services.
Burns, A. (2001). Analysing spoken discourse : Implication for TESOL. In A. Burns & C. Coffin (Eds.), *Analysing English in a global context : A reader* (pp.123-148). London : Routledge.
Carroll, J. N., Davies, P., & Richman, B. (Eds.).(1971). *The American heritage word frequency book.* New York : American Heritage Publishing Co.
Carter, R. (1998). Orders of reality : CANCODE, communication and culture. *ELT Journal, 52,* 43-56.
Carter, R., & McCarthy, M. (1995). Grammar and the spoken language. *Applied Linguistics, 16*(2), 141-158.
Chomsky, N. (1965). *Aspects of the theory of syntax.* Cambridge, MA : MIT Press.
中條清美・内山将夫 (2004)「統計的手法を利用した特徴語抽出に関する研究」『関東甲信越英語教育学会紀要』, *18,* 99-108.
中條清美・西垣知佳子・西岡菜穂子・山﨑淳史・白井篤義 (2006)「小学校英語活動用テキストの語彙」『日本大学生産工学部研究報告B』, *39,* 79-109.
中央教育審議会初等中等教育分科会教育課程部会 (2006)「外国語専門部会第14回会議議事資料」 Retrieved March 10, 2008, from http://211.120.54.153/b_menu/shingi/chukyo/chukyo3/

siryo/015/06032708.htm

Church, K., & Hanks, P. (1990). Word association norm, mutual information, and lexicography. *Computational Linguistics, 16*, 22-29.

Coffin, C., Hewings, A., & O'Halloran, K. (Eds.). (2004). *Applying English grammar*. London : The Open University.

Cook, G. (1998). The uses of reality : A reply to Ronald Carter. *ELT Journal, 52*(1), 57-63.

Cowie, A. P. (1981). The treatment of collocations and idioms in leaner's dictionaries. *Applied Linguistics, 2*(3), 223-235.

Coxhead, A. (1998). *An academic word list. Occasional Publication, 18*. Wellington, New Zealand : School of Linguistics and Applied Language Studies, Victoria University of Wellington.

Coxhead, A. (2000). A new academic word list. *TESOL Quarterly, 34*(2), 213-238.

Cruise, D. A. (1990). Language, meaning and sense : Semantics. In N. E. Collinge (Ed.), *An encyclopedia of language* (pp.139-172). London & New York : Routledge.

大学英語教育学会（編）（1993）『JACET4000（第1案）』東京：大学英語教育学会

大学英語教育学会基本語改訂委員会（編）（2003）『大学英語教育学会基本語リスト JACET List of 8000 Basic Words』東京：大学英語教育学会

Dunning, T. (1993). Accurate methods for statistics of surprise and coincidence. *Computational Linguistics, 19*(1), 61-74.

Facchinetti, R. (Ed.).(2007). *Corpus linguistics 25 years on*. Amsterdam : Rodopi.

Faucett, L., Palmer, H. E., West, M., & Thorndike, E. L. (1936). *Interim report on vocabulary selection for the teaching of English as a foreign language*. London : PS King & Son.

Ferraresi, A. (2007). Building a very large corpus of English obtained by Web crawling : ukWaC. Unpublished master's thesis, University of Bologna, Italy.

Ferraresi, A., Zanchetta, E., Baroni, M., & Bernardini, S. (2008). Introducing and evaluating ukWaC, a very large web-derived corpus of English. In S. Evert, A. Kilgarriff, & S. Sharoff (Eds.), *Proceedings of The 4th Web as Corpus Workshop (WAC-4) : Can we beat Google?* (pp.53-60). The Web as Corpus.

Firth, J. R.(1957). A synopsis of linguistic theory, 1930-1955. In J. R. Firth (Ed.), *Studies in linguistic analysis : Special volume of the philological society* (pp.1-32). Oxford, UK : Blackwell.

Fletcher, W. H. (2004). Making the web more useful as a source for linguistic corpora. In U. Connor & T. A. Upton (Eds.), *Applied corpus linguistics : A multidimensional perspective* (pp.191-206). Amsterdam : Rodopi.

Fouser, R. J., & Kiyonaga, K. (2002). A quantitative analysis of readability of reading passages in university entrance examinations in Japan and Korea. 『第28回全国英語教育学会神戸研究大会発表論文集』, 407-410.

Fowler, H. W. (1926). *A dictionary of modern English usage*. Oxford, UK : Oxford University Press.

Francis, N. (1982). Problems of assembling and computerizing large corpora. In S. Johansson (Ed.), *Computer corpora in English language research* (pp.7-24). Bergen, Norway :

Norwegian Computing Centre for the Humanities.

Francis, W. N., & Kučera, H. (1979). *Manual of information to accompany a Standard Corpus of Present-Day Edited American English, for Use with Digital Computers* (1979 revised and amplified vers.) Retrieved January 10, 2008, from http://icame.uib.no/brown/bcm.html

Garside, R., Leech, G., & McEnery, A. (Eds.).(1997). *Corpus annotation : Linguistic information from computer text corpora.* London : Longman.

Gavioli, L. (2001). The learner as researcher. In G. Aston (Ed.), *Learning with corpora* (pp. 108-137). Houston, TX : Athelstan.

Gillard, P., & Gadsby, A. (1998). Using a learners' corpus in compiling ELT dictionaries. In S. Granger (Ed.), *Learner English on computer* (pp.159-171). London : Longman.

Goethals, M. (2003). EET : The European English teaching vocabulary-list. In B. Lewandoeska-Tomaszczyk (Ed.), *Practical application in language and computers* (pp.417-427). Frankfurt, Germany : Peter Lang.

後藤一章（2004）「N-gram から見る BNC のテキストジャンル：Unclassified に含まれるテキストのジャンル推定に向けて」英語コーパス学会第24回大会発表資料

Granger, S. (Ed.). (1998). *Learner English on computer.* London : Longman.

Granger, S. (1998). The computer learner corpus : A versatile new source of data for SLA research. In S. Granger (Ed.), *Learner English on computer* (pp.3-18). London : Longman.

Granger, S. (2002). A bird's-eye view of learner corpus research. In S. Granger, J. Hung, & S. Petch-Tyson (Eds.), *Computer learner corpora, second language acquisition and foreign language teaching* (pp.3-33). Amsterdam : John Benjamins B.V.

Granger, S., Dagneaux, E., & Meunier, F. (2002). *International corpus of learner English.* Louvain-la-Neuve, Belgium : Presses universitaires de Louvain.

Granger, S., Hung, J., & Petch-Tyson, S. (Eds.).(2002). *Computer learner corpora, second language acquisition and foreign language teaching.* Amsterdam : John Benjamins B.V.

Guadamuz, A. G. (2002). Copyright in cyberspace : Building fences on the internet. *Revista Electrónica de Derecho Informático, 51,* 1-63.

Guiraud, P. (1960). *Problèmes et methodes de la statistique linguistique.* Dordrecht, Netherlands : D. Reidel.

Harvey, K., & Yuill, D. (1997). A study of the use of a monolingual pedagogical dictionary by learners of English engaged in writing. *Applied linguistics, 18,* 253-278.

Hasselgren, A. (1994). Lexical teddy bears and advanced learners : A study into the ways Norwegian students cope with English vocabulary. *International Journal of Applied Linguistics, 4,* 237-248.

Hatch, E., & Brown, C. (1995). *Vocabulary, semantics, and language education.* Cambridge, UK : Cambridge University Press.

早川勇（2006）「20世紀学習英和辞典：その発展におけるパーマーの功績」『言語と文化』（愛知大学），*15,* 21-35.

樋口忠彦（編）（2005）『これからの小学校英語教育：理論と実践』東京：研究社出版

久埜百合（2000）『アルク2000語絵じてん』東京：アルク

Hofland, K., & Johansson, S. (1982). *Word frequencies in British and American English.*

Bergen, Norway : The Norwegian Computing Centre for the Humanities.
Holmes, J. (1988). Doubt and certainty in ESL textbooks. *Applied Linguistics, 9*(1), 21-44.
本名信行（2004）「アジア諸国における英語教育の取組み」中央教育審議会初等中等教育分科会教育課程部会外国語専門部会第3回会議資料 Retrieved February 10, 2007, from http://www.mext.go.jp/b_menu/shingi/chukyo/chukyo3/siryo/015/04052601.htm
Howatt, A. P. R. (1984). *A history of English language teaching*. Oxford, UK : Oxford University Press.
Huddleston, R., & Pullum, G. K. (2005). *A student's introduction to English grammar*. Cambridge, UK : Cambridge University Press.［高橋邦年（監訳）(2007)『ケンブリッジ現代英語文法入門』Singapore : Cambridge University Press］
Hundt, M., Sand, A., Siemund, R., & Seminar, E. (1998). *Manual of information to accompany the Freiburg-LOB Corpus of British English (FLOB)*. Retrieved January 10, 2008, from http://khnt.hit.uib.no/icame/manuals/frown/index.htm
Hunston, S. (2002). *Corpora in applied linguistics*. Cambridge, UK : Cambridge University Press.
Hunston, S., & Thompson, G. (Eds.).(2000). *Evaluation in text : Authorial stance and the construction of discourse*. Oxford, UK : Oxford University Press.
Hymes, D. (1971). *On communicative competence*. Philadelphia, PA : University of Pennsylvania Press.
市川研（2006）「高等学校英語オーラル・コミュニケーションの実態調査：アンケート調査を中心として」『聖学院大学論叢』, *18*(3), 239-248.
井村誠（2001）「洋画セリフコーパスの作成と口語英語研究」『英語コーパス研究』, *8*, 77-90.
稲垣陽一・瀬戸口光宏・中村隆宏（2004）「コンテクストサーチエンジン：ポストGoogle時代の検索エンジンをめざして」, *SOFTECHS, 27*(1), 20-24.
井上永幸（2003）「コーパスと英語辞書」『英語コーパス研究』, *10*, 223-246.
石川慎一郎（2000）「コミュニケーション型英語教育における語法指導：教科書と時事英語に見る関係代名詞whichの制限節内使用について」『静岡県立大学短期大学部研究紀要』, *13*(1), 31-44.
Ishikawa, S. (2004). A corpus-based approach to the synonymic words of "sorrow," "grief," and "sadness."『言語と文学』, *39*, 1-28.
石川慎一郎（2006）「言語コーパスからのコロケーション検出の手法：基礎的統計値について」『統計数理研究所共同研究レポート190：言語コーパス解析における共起語検出のための統計手法の比較研究』, 1-14.
石川慎一郎（2007a）「英語教育のための基本語をどう選ぶか：コーパス言語学からの視点」『英語教育』, *55*(13), 10-12.
石川慎一郎（2007b）「主要語彙表の概観」『英語教育』, *55*(13), 13.
石川慎一郎（2007c）「コーパス高頻度語データにおける頻度分布の切断に対する相関行列の頑健性について：多変量解析を用いた言語コーパスのポジショニングを例として」『統計数理研究所共同研究レポート199：日英語の基本語抽出における統計手法の研究』, 49-60.
石川慎一郎（2007d）「日韓高等学校英語科教科書に見る語彙の諸相：コーパス解析に基づく考察」*Studies in English Teaching & Learning in East Asia, 2*, 23-27.
石川慎一郎（2008）「言語コーパスとしてのWWW：広がる可能性」『日本語学』, *27*(2), 10-21.
伊藤雅光（2002）『計量言語学入門』東京：大修館書店

和泉絵美・内元清貴・井佐原均（編）（2004）『日本人1200人の英語スピーキングコーパス』東京：アルク

和泉絵美・井佐原均（2004）「日本人英語学習者の英語冠詞習得傾向の分析」和泉絵美他（編）『日本人1200人の英語スピーキングコーパス』(pp.131-140) 東京：アルク

Jackson, H. (2002). *Lexicography : An introduction*. London : Routledge.

James, C. (1992). Awareness, consciousness and language contrast. In C. Mair & M. Markus (Eds.), *New departures in contrastive linguistics* (pp.183-197). Innsbruck, Austria : University of Innsbruck.

Järvinen, T. (1994). Annotating 200 million words : The Bank of English project. *Proceedings of The 15th International Conference on Computational Linguistics (COLING '94)*, 565-568.

Johansson, S. (1980). The LOB corpus of British English texts : Presentation and comments. *ALLC Journal, 1*, 25-36.

Johansson, S. (1985). Word frequency and text type : Some observation based on the LOB corpus of British texts. *Computers and Humanities, 19*, 23-36.

Johansson, S., Leech, G. N., Goodluck. H. (1978). *Manual of information to accompany the Lancaster-Oslo/Bergen Corpus of British English, for Use with Digital Computers*. Retrieved January 10, 2008, from http://khnt.hit.uib.no/icame/manuals/lob/index.htm

Johns, T. (1991). "Should you be persuaded" : Two samples of data-driven learning materials. In T. Johns & P. King (Eds.), *Classroom concordancing. ELR Journal, 4* (pp. 1-16). Birmingham, UK : University of Birmingham.

Johns, T. (1997). Contexts : The background, development and trialling of a concordance-based CALL program. In A. Wichmann, S. Figelstone, T. McEnery, & G. Knowles (Eds.), *Teaching and language corpora* (pp.100-115). London : Longman.

Johnson, K., & Johnson, H. (1998). *Encyclopedic dictionary of applied linguistics : A handbook for language teaching*. Oxford, UK : Blackwell Publishing. ［岡秀夫（監訳）(1999)『外国語教育学大辞典』東京：大修館書店］

Jones, S., & Sinclair, J. (1974). English lexical collocations. *Cahiers de Lexicologie, 24*, 15-61.

Kalton, G. (1983). *Introduction to survey sampling*. Beverly Hills, CA : Sage.

金子朝子（2004）「日本人英語学習者の要求の発話の発達」和泉絵美他（編）『日本人1200人の英語スピーキングコーパス』(pp.113-130) 東京：アルク

河合忠仁（2004）『韓国の英語教育政策：日本の英語教育政策の問題点を探る』大阪：関西大学出版部

Kennedy, G. (1998). *An introduction to corpus linguistics*. Essex, UK : Pearson Education Limited.

Kilgarriff, A., & Grefenstette, G. (2003). Introduction to the special issue on the web as corpus. *Computational Linguistics, 29*, 333-47.

Kilgarriff, A., Rychly, P., Smrž, P., & Tugwell, D. (2004). The sketch engine. In G. Williams & S. Vessier (Eds.), *Proceedings of The 11th EURALEX International Congress, 3* (pp. 797-806). EURALEX.

小池生夫（編）（2003）『応用言語学辞典』東京：研究社出版

国立国語研究所（編）（2006）『言語コーパスの構築と活用』東京：国立国語研究所

小西友七（1976）『英語シノニムの語法』東京：研究社出版
小西友七（編）（2006）『現代英語語法辞典』東京：三省堂
小西友七（2007a）「伝統文法研究の将来」小西友七『英語への旅路：文法・語法から辞書へ』(pp.57-61) 東京：大修館書店（Reprinted from『英語青年』, *118*(6), 1972)
小西友七（2007b）「辞書と語法」小西友七『英語への旅路：文法・語法から辞書へ』(pp.308-320) 東京：大修館書店（Reprinted from『啓林』, *52-54*, 1988)
Krashen, S. (1982). *Principles and practice in second language acquisition*. Oxford, UK : Pergamon.
Krashen, S. (1985). *The input hypothesis : Issues and implications*. London : Longman.
Krashen, S., & Terrell, T. (1983). *The natural approach : Language acquisition in the classroom*. Oxford, UK : Pergamon.
Kučera, H., & Francis, W. N. (1967). *Computational analysis of present-day American English*. Providence, RI : Brown University Press.
Laufer, B. (1992). How much lexis is necessary for reading comprehension? In P. Arnaud & H. Béjoint (Eds.), *Vocabulary and applied linguistics* (pp.126-132). London : Macmillan.
Leech, G. (1989). *An A-Z of English grammar and usage*. London : Edward Arnold.
Leech, G. (1991). The state of the art in corpus linguistics. In K. Aijmer & B. Altenberg (Eds.), *English corpus linguistics : Studies in honour of Jan Svartvik* (pp. 8-29). London : Longman.
Leech, G. (1992). Corpus and theories of linguistic performance. In J. Svartvik (Ed.), *Directions in corpus linguistics* (pp.105-122). Berlin, Germany : Mouton de Gruyter.
Leech, G. (1997). Teaching and language corpora : A convergence. In A. Wichmann, S. Fligelsyone, A. McEnery, & G. Knowles (Eds.), *Teaching and language corpora* (pp.1-23). London : Longman.
Leech, G. (1998). Leaner corpora : What they are and what can be done with them. In S. Granger (Ed.), *Learner English on computer* (pp.xiv-xx). London : Longman.
Leech, G. (2007). Corpus linguistics and the recent history of English grammar. 英語コーパス学会主催 Geoffrey Leech 教授講演会（2007年7月22日、東京大学）発表資料
Leech, G., Garside, R., & Bryant, M. (1994). CLAWS4 : The tagging of the British National Corpus. *Proceedings of The 15th International Conference on Computational Linguistics（COLING '94）*, 622-628.
Leech, G., Rayson, P., & Wilson, A. (2001). *Word frequencies in written and spoken English : Based on the British National Corpus*. Harlow, UK : Pearson Education Limited.
Leech, G., & Smith, N. (2005). Extending the possibilities of corpus-based research on English in the twentieth century : A prequel to LOB and FLOB. *ICAME Journal, 29*, 83-98.
Lexical Computing Ltd. (2007). Statistics used in the Sketch Engine. Retrieved January 10, 2008, from http://trac.sketchengine.co.uk/attachment/wiki/SkE/DocsIndex
Mair, C. (1995). Changing patterns of complementation, and concomitant grammaticalisation, of the verb *Help* in present-day British English. In B. Aarts & C. F. Meyer (Eds.), *Corpus linguistics : Recent developments in the use of computer corpora* (pp.258-272).

Amsterdam : Rodopi.
Mair, C. (1997). Parallel corpora : A real-time approach to language change in progress. In L. Magnus (Ed.), *Corpus-based studies in English : Papers from The Seventeenth International Conference on English Language Research on Computerized Corpora (ICAME 17)* (pp.195-209). Amsterdam : Rodopi.
松浪有・池上嘉彦・今井邦彦（編）(1983)『大修館英語学事典』東京：大修館書店
Maverick, G. V. (1969). Review on computational analysis of present-day American English by Henry Kučera, W. Nelson Francis. *International Journal of American Linguistics, 35*(1), 71-75.
McArthur, T. (1981). *Longman lexicon of contemporary English*. Harlow, UK : Longman.
McCarthy, M. J. (2001). *Issues in applied linguistics*. Cambridge, UK : Cambridge University Press.
McCarthy, M., McCarten, J., & Sandiford, H. (2004). *Touchstone 1*. Cambridge, UK : Cambridge University Press.
McEnery, T., Xiao, R., & Tono, Y. (2006). *Corpus-based language studies : An advanced resource book*. London & New York : Routledge.
McLaughlin, B. (1978). The monitor model : Some methodological considerations. *Language Learning, 28*, 309-332.
Meunier, F. (1998). Computer tools for interlanguage analysis : A critical approach. In S. Granger (Ed.), *Learner English on computer* (pp.19-37). London : Longman.
Meyer, C. F. (2002). *English corpus linguistics*. Cambridge, UK : Cambridge University Press.
緑川日出子（2002）「韓国の英語教育事情（2）：新課程の英語教科書」『ユニコーンジャーナル』, 53, 20-23.
Miller, G., & Charles, W. (1991). Contextual correlates of semantic similarity. *Language and Cognitive Processes, 6*(1), 1-28.
Mindt, D. (1996). English corpus linguistics and the foreign language teaching syllabus. In J. Thomas & M. Short (Eds.), *Using corpora for language researches* (pp.232-247). London : Longman.
三宅美鈴（2006）「発達段階に応じた必要語彙の選定とその特徴：CHILDE 子供話し言葉・児童向けレベル別読み物から」『第 32 回全国英語教育学会高知研究大会発表予稿集』, 403-406.
水本篤（2008）「自由英作文における語彙の統計指標と評定者の総合的評価の関係」『統計数理研究所共同研究レポート 215：学習者コーパスの解析に基づく客観的作文評価指標の検討』, 15-28.
水野晶子・阿出川修嘉（2006）「コンコーダンスソフト AntConc をロシア語研究に活かす：ソフトの使用法の概説とロシア語の研究への活用の試み」『ロシア語研究』（ロシア語研究会「木二会」）, 19, 25-58.
望月正道・相澤一美・投野由紀夫（2003）　『英語語彙の指導マニュアル』　東京：大修館書店
Moon, R. (1998). *Fixed expressions and idioms in English : A corpus-based approach*. Oxford, UK : Clarendon Press.
村野井仁（2006）『第二言語習得研究から見た効果的な英語学習法・指導法』東京：大修館書店
村田年（2007）「学習語彙表の歴史」相澤一美（編）『大規模コーパスを用いた日本人英語学習者用の語彙リスト構築と教材分析ステムの開発』（平成 16-18 年度科学研究費補助金基盤研究（B）研究成果報告書）, 22-34.

武藤眞介（1995）『統計解析ハンドブック』東京：朝倉書店
中尾桂子（1999）「小学校検定教科書の構文調査」『小出記念日本語教育研究会論文集』, 7, 41-55.
中尾桂子（2008）「日本人学習者コーパスの評価に対する量的検証：作文の主観的評価における『良さ』判断の根拠特定にむけて」統計数理研究所「第3回言語研究と統計ワークショップ」発表資料

Nation, I. S. P. (2001). *Learning vocabulary in another language.* Cambridge, UK : Cambridge University Press.

Nattinger, J. R., & DeCarrico, J. S. (1992). *Lexical phrases and language teaching.* Oxford, UK : Oxford University Press.

Nemser, W. (1971). Approximative system of foreign language learners. *International Review of Applied Linguistics, 9*, 115-123.

Nesselhauf, N. (2007). The path from learner corpus analysis to language pedagogy : Some neglected issues. In R. Facchinetti (Ed.), *Corpus linguistics 25 years on* (pp.305-315). Amsterdam : Rodopi.

Newman, S. M. (1959). *A notation system for transliterating technical and scientific texts for use in data processing systems.* Washington : U.S. Dept. of Commerce.

Oakes, M. P. (1998). *Statistics for corpus linguistics.* Edinburgh, UK : Edinburgh University Press.

Ogawa, N., Kiyonaga, K., Yamashita, T., Kinoshita, M., & Laskowski, T. (2005). A comparative study of lesson topics in high school textbooks used in Japan, Korea and China. *The Journal of ASIA TEFL, 2*(4), 67-85.

O'Keeffe, A., McCarthy, M., & Carter, R. (2007). *From corpus to classroom : Language use and language teaching.* Cambridge, UK : Cambridge University Press.

Osborne, O. (2001). Integrating corpora into a language-learning syllabus. In B. Lewandowska-Tomaszczyk (Ed.), *PALC 2001 : Practical applications in language corpora* (pp. 479-492). Frankfurt, Germany : Peter Lang.

大塚高信・小西友七（1973）『英語慣用法辞典』東京：三省堂

Owen, C. (1993). Corpus-based grammar and the Heineken effect : Lexico-grammatical description of language learners. *Applied Linguistics, 14*(2), 167-187.

Palmer, H. E. (1930). *Interim report on vocabulary selection.* Tokyo : The Institute for Research in English Teaching.

Palmer, H. E. (1931). *Second interim report on vocabulary selection.* Tokyo : The Institute for Research in English Teaching.

Palmer, H. E. (1933). *Second interim report on English collocations.* Tokyo : The Institute for Research in English Teaching.

Partington, A. (2001). Corpus-based description in teaching and learning. In G. Aston (Ed.), *Learning with corpora* (pp.63-84). Houston, TX : Athelstan.

Petch-Tyson, S. (1998). Writer/reader visibility in EFL written discourse. In S. Granger (Ed.), *Learner English on computer* (pp.107-118). London : Longman.

Quirk, R. S., Greenbaum, G., Leech, G., & Svartvik, J. (1972). *A grammar of contemporary English.* London : Longman.

Quirk, R., Greenbaum, S., Leech, G., & Svartvik, J. (1985). *A comprehensive grammar of the English language.* London & New York : Longman.

Renouf, A. (1987). Corpus development. In J. Sinclair (Ed.), *Looking up : An account of the Cobuild project in lexical computing* (pp.1-40). London : Collins ELT.
Renouf, A. (2007). Corpus development 25 years on : From super-corpus to cyber-corpus. In R. Facchinetti (Ed.), *Corpus linguistics 25 years on* (pp.27-49). Amsterdam : Rodopi.
Renouf, A., & Sinclair, J. (1991). Collocational frameworks in English. In K. Aijmer & B. Altenberg (Eds.), *English corpus linguistics : Studies in honour of Jan Svartvik*. London : Longman.
Reppen, R. (2001). Corpus linguistics and language teaching. 『英語コーパス研究』, *8*, 19-28.
Ringbom, H. (1998). Vocabulary frequencies in advanced learners English : A cross-linguistic approach. In S. Granger (Ed.), *Learner English on computer* (pp.41-52). London : Longman.
Rundell, M. (2007). *Macmillan English dictionary for advanced learners* (2nd ed.). London : Macmillan.
齋藤俊雄・中村純作・赤野一郎（編）(2005)『英語コーパス言語学：基礎と実践』(改訂新版) 東京：研究社出版
Salton, G., & McGill, M. J. (1983). *Introduction to modern information retrieval*. New York : McGraw-Hill.
Scott, M. (2007). *Help for Wordsmith Tools 5th version*. Retrieved January 10, 2008 from http://www.lexically.net/downloads/version5/HTML/index.html
Scott, M., & Tribble, C. (2006). *Textual patterns : Key words and corpus analysis in language education*. Amsterdam & Philadelphia : John Benjamins Publishing Company.
Simpson, J. A., & Weiner, E. (Eds.).(1989). *Oxford English dictionary* (2nd ed.). Oxford, UK : Oxford University Press.
Sinclair, J. (Ed.).(1987a). *Collins COBUILD English language dictionary* (1st ed.). London, UK : Collins ELT.
Sinclair, J. (1987b). Introduction. In J. Sinclair (Ed.), *Collins COBUILD English language dictionary* (pp. xv-xxi). London : Collins ELT.
Sinclair, J. (1991). *Corpus, concordance, collocation*. Oxford, UK : Oxford University Press.
Sinclair, J. (2004). *Trust the text : Language corpus and discourse*. London : Routledge.
Sinclair, J. (Ed.).(2005). *Collins COBUILD English grammar* (2nd ed.). Glasgow, UK : Harper Collins.
Sinclair, J. (Ed.).(2006). *Collins COBUILD advanced learner's English dictionary* (5th ed.). Glasgow, UK : Harper Collins Publishers.
Sinclair, J. (Ed.).(2008). *Collins COBUILD advanced dictionary of American English, English/Japanese*. Glasgow, UK : Harper Collins Publishers.
Sinclair, J., & Renouf, A. (1988). A lexical syllabus for language learning. In R. Carter & M. McCarthy (Eds.), *Vocabulary and language teaching* (pp.140-158). London : Longman.
Skehan, P. (1998). *A cognitive approach to language learning*. Oxford, UK : Oxford University Press.
Someya, Y. (1998). English lemma list (1st ver.). Retrieved January 10, 2008, from http://www1.kamakuranet.ne.jp/someya/e_lemma.zip
Stubbs, M. (2002). *Words and phrases : Corpus studies of lexical semantics*. Oxford, UK :

Blackwell Publishing.

Sugiura, M. (2002). Collocational knowledge of L2 learners of English : A case study of Japanese learners. In T. Saito, J. Nakamura, & S. Yamazaki (Eds.), *English corpus linguistics in Japan* (pp.303-323). Amsterdam : Rodopi.

杉浦正利（編）(2008)『自然言語処理技術を応用した 英語学習者の誤用に関する包括的かつ体系的分析』（平成16〜18年度科学研究費補助金萌芽研究成果報告書）

Summers, D. (Ed.). (2005). *Longman dictionary of contemporary English* (4th ed.). Essex, UK : Pearson Education Limited.

Summers, D. (Ed.). (2007). *Longman advanced American dictionary* (2nd ed.). Essex, UK : Pearson Education Limited.

高見敏子（2003）「『高級紙語』と『大衆紙語』の corpus-driven な特定法」『北海道大学大学院国際広報メディア研究科・言語文化部紀要』, 44, 73-105.

田中廣明（2006）「that」小西友七（編）『現代英語語法辞典』（pp.1074-1079）東京：三省堂

田中省作・藤井宏・冨浦洋一・徳見道夫（2006）「NS／NNS 論文の分類モデルに基づく日本人英語科学論文の特徴抽出」『英語コーパス研究』, 13, 75-87.

Tannen, D. (1982). The oral/ literate continuum in discourse. In D. Tannen (Ed.), *Spoken and written language : Exploring orality and literacy* (pp.1-17). Norwood, NJ : Ablex.

Teubert, W., & Čermáková, A. (2007). *Corpus linguistics : A short introduction*. London & New York : Continuum.

Thorndike, E. L. (1921). *The teacher's word book*. New York : Teacher's College, Columbia University.

Thorndike, E. L. (1931). *The teacher's word book of 20,000 words*. New York : Teacher's College, Columbia University.

Thorndike, E. L. (1932). *The teacher's word book of the twenty thousand words found most frequently and widely in general reading for children and young people*. New York : Teacher's College, Columbia University.

Thorndike, E. L., & Lorge, I. (1944). *The teacher's word book of 30,000 words*. New York : Teacher's College, Columbia University.

Tognini-Bonelli, E. (2001). *Corpus linguistics at work*. Amsterdam : Benjamins.

Tognini-Bonelli, E. (2004).Working with corpora : Issues and insights. In C. Coffin, A. Hewings, & K. O'Halloran (Eds.), *Applying English grammar* (pp.11-24). London : The Open University.

東京大学教養学部統計学教室（編）（1997）『人文・社会科学の統計学』東京：東京大学出版会

投野由紀夫（2003）「コーパス言語学がもたらした新たな語彙指導」『英語教育』, 52(7), 24-27.

投野由紀夫（2004）「The NICT JLE Corpus に見る英語学習者の発表語彙の使用状況」和泉絵美他（編）『日本人1200人の英語スピーキングコーパス』（pp.96-112）東京：アルク

投野由紀夫（2007a）「American National Corpus」相澤一美（編）『大規模コーパスを用いた日本人英語学習者用の語彙リスト構築と教材分析ステムの開発』（平成16-18年度科学研究費補助金基盤研究（B）研究成果報告書), 72-73.

投野由紀夫（編著）（2007b）『日本人中高生1万人の英語コーパス "JEFLL Corpus"：中高生が描く英文の実態とその分析』東京：小学館

梅咲敦子（2003）「コーパスを現代英語研究の共時的研究指導に生かす」『英語コーパス研究』, 10, 265-288.

Van Hort, R., & Vermeer, A. (2007). Comparing measures of lexical richness. In H. Daller, J. Milton, & J. Treffers-Daller (Eds.), *Modelling and assessing vocabulary knowledge* (pp.93-115). Cambridge, UK : Cambridge University Press.

Walter, E. (Ed.).(2005). *Cambridge advanced learner's dictionary* (2nd ed.). Cambridge, UK : Cambridge University Press.

Wehmeir, S. (2005). *Oxford advanced learner's dictionary* (7th ed.). Oxford, UK : Oxford University Press.

West, M. (1953). *A general service list of English words with semantic frequencies and a supplementary word-list for the writing of popular science and technology.* London : Longman, Green and Company.

Wichmann, A., Fligelstone, S., McEnery, T., & Knowles, G. (Eds.).(1997). *Teaching and language corpora.* London : Longman.

Widdowson, H. (2000). The limitations of linguistics applied. *Applied Linguistics, 21*(1), 3-25.

Widdowson, H. (2007). Coming to terms with reality. The Finnish Association of Applied Linguistics (AFinLA) Autumn Symposium 2007 : Language and Globalization (November 9-10, 2007, Helsinki University, Kouvola) 講演資料

Willis, D. (1990). *The lexical syllabus : A new approach to language teaching.* London : Harper Collins.

Wong-Fillmore, L. (1976). *The second time around : Cognition and social strategies in second language acquisition.* Unpublished doctoral dissertation, Stanford University, California.

Wynne, M. (1996). *A post-editor's guide to CLAWS7 tagging.* Retrieved January 10, 2008, from http://www.natcorp.ox.ac.uk/docs/claws7.html

八木克正(1999)『英語の文法と語法:意味からのアプローチ』東京:研究社出版

八木克正(2006)「Synonym」 小西友七(編)『現代英語語法辞典』(pp.1057-1058) 東京:三省堂

八木克正(2007)『世界に通用しない英語』東京:開拓社

吉田正治(1999)「制限用法の関係代名詞 who と that, which と that は自由変異なのか」『英語青年』, *145*(6), 10.

事項索引

A
Academic Word List 167, 197
American National Corpus 38
AntConc 50, 51-67

B
Bank of English 31-36
Birmingham Corpus 32
B-LOB 18-19
British National Corpus (BNC) 21-31, 142-144, 161, 163
Brown Corpus 8-15, 20, 125
Brown Corpus ファミリー 15-20, 130
BYU-BNC 30-31
BYU Corpus of American English 30, 155

C
CEEJUS 100-101, 209-213
CHILDES 200
Chomsky 125-126
CLAWS 25-26, 168
COBUILD Corpus 32, 164
Collins COBUILD English Language Dictionary iii, 32
Collins Word Web 33, 38
COLT 186
CORPUS.BYU.EDU 30, 154

D
DDL →データ駆動型学習

E
ENGCG 33-34
ENGTWOL 33

F
FLOB Corpus 16-17, 167, 213-214
FROWN Corpus 16-17, 101, 167, 213-214

G
G^2 →対数尤度比
General Service List 81, 162, 167, 197
Google 39, 143
Guiraud 値 77, 167, 172, 214, 218

I
ICAME Corpus Collection 20
ICLE 203-205

J
JACET8000 164, 216
JEFLL Corpus 205-206, 247

K
KWIC 51-55

L
LOB Corpus 16, 20, 163
LOCNESS 213-214
log-log 114
Longman Grammar of Spoken and Written English (LGSWE) 127-128

M
MI3 114

N
N-Gram 60
NICT JLE Corpus 206-209, 229-231
node 54

O
Oxford Text Archive 186

P
Project Gutenberg 45-47, 51, 66

R
Range 167, 172, 182, 197

S
SGML 27
Sketch Engine 154
SST 206-207, 234
Survey of English Usage 127

T
Time Magazine Corpus 30, 155
TTR 77, 172, 214, 218-219
Tスコア 109, 153

U
USAS 168-169, 177

W
WaCky 38
Wmatrix 167, 169-170, 183
Wordbanks*Online* 35-37, 43, 130, 142-143

X
XML 27

Z
Zスコア 114

あ行
イエイツ補正式 95
一般コーパス 7
イディオム原則 106
意味タグ 168, 177
ウェブ 38-39, 143-145

か行
カイ二乗検定 84-97
カイ二乗統計量 84-85, 90-93, 98-99
書き言葉 22-24
学習 212
学習者コーパス 202-203
拡張語彙単位 104
過少使用 178, 183, 203, 214, 223, 240
過剰使用 175-180, 183, 203, 214, 219, 223, 240
学校文法 124
可能態 126
慣用連語 105-106
機械可読形式 6, 8, 14
棄却 84
危険確率 84-85
記述主義 124-127
記述的規範主義 138

期待値　85, 88
規範主義　124-125
基本形方式　82
帰無仮説　84
共起　104
共起語　54, 107
共起語頻度分析　57-59
共起頻度　107-108, 143
共時的コーパス　17, 125
均衡コーパス　9
近似体系　229
形態素解析　191
言語運用　126
顕著性　164
検定水準　85
語　74
語彙　74-75
語彙産出　212
語彙シラバス　199
語彙素　77-78
語彙多様性　77, 167, 172, 214
語彙表　162-164, 183-184
高級紙　43
膠着語　191
構文解析　33
コーパス駆動型研究　69
コーパス準拠型研究　69
語結束　61
語数　74-77
異なり語　62, 75-77, 81, 233-235
語の単位認定　64, 80, 82-83
コロケーション　104-106, 115, 161, 244
コンコーダンサ　49-50, 64
コンコーダンス分析　51-57
コンコーダンスライン　53-59

さ行

再現（可能）性　35-36, 48, 142
サイバー・コーパス　38
産出語彙量　215
参照コーパス　65, 86, 98-99
辞書　160-162
自然対数　100
実現態　125-126, 138, 159
実測値　85
実測値/期待値比　114
質的研究　69-70
自由結合句　106
自由選択原則　106
自由度　91-92, 95
習得　212
受容語彙　211-212, 216-219
純粋イディオム　105-106
小学館コーパスネットワーク　30, 37, 119, 143
小学校英語　183-184, 198
新聞コーパス　42-45
スタンス標識　220
正確性　234
生成文法　125-126
制約的コロケーション　105-106
接辞　81
層化　10
相関　115-116, 216-217
相互情報量　110-111, 143, 153
ソート　55-57
粗頻度　95

た行

大衆紙　43
対象コーパス　65, 86, 98
対人（関係）的関与　230, 237
対数　100
対数尤度比　99-104, 111-114, 183,

214
ダイス係数　108-109
代表性　6，48
タグ　8，168
タグ付け　25-27，167-170
単語家族　81-82
単語頻度分析　61-64
単語連鎖　60-61
談話的韻律　104
地域変種　42
茶筌　191-192
中間言語　202，229
抽象的言語能力　125
中心語　55，107
超大型コーパス　38
直観データ　68
通時的コーパス　17，125
定義語彙　82，162，200
定型句　118
データ駆動型学習　159-160
テキストファイル　45，51
テキスト・ジャンル　11
テディベア原理　236
伝達能力　126
特殊コーパス　7
特徴語（分析）　65-68，97-104，214

な行

延べ語数　62，75-77

は行

派生形方式　82
発表語彙　211-212
話し言葉　24-25，47，177
範囲　55，57，143
比喩的イディオム　105-106
表記形　77，82
表現枠　118，225

標本　9-10，13
比例抽出法　10
品詞タグ　168
頻度主義　163
フィラー　222，229
複数語連結単位　28
文学作品コーパス　45-47
文法化　19
母集団　10

ま行

未加工テキスト原則　27
見出し語　78，81
無作為抽出　10，12-13，21，38
メイン・コーパス　32
モニター・コーパス　7，32
モニター　212

や行

有意差　84，92，94
優先的意味選択　105

ら行

リザーブ・コーパス　32-33
流暢性　235
量的研究　69-70
類義語　139-140，142
レマ　77-82，171
レマ化　79-81，188
レマ・リスト　79-80
レンジ　188-189
連辞的結合　104

分析事例語句索引

A
absolutely   37
admit   161
anger   161

C
can   100-101
children   59
completely   37

D
definitely   37

F
fine   28-29

G
GO   83-95
GRIEF   139-153

I
I think   219-221
in   60-61
it is   221

L
large   107-110

M
might   29

minute   28-29

P
playability   28

S
SADNESS   139-153
say   57-58
should   54-57, 222
SORROW   139-153

T
taken   206-211
test   51-54
that   136-137
theater   17-18
theatre   17-18

W
which   128-139
would   29, 225

[著者略歴]

石川慎一郎（いしかわ　しんいちろう）
神戸市生まれ。神戸大学文学部卒業。神戸大学大学院文学研究科・岡山大学大学院文化科学研究科修了。博士（文学）。現在，神戸大学国際コミュニケーションセンター／国際文化学研究科外国語教育論講座准教授。

英語コーパスと言語教育——データとしてのテクスト
©Shin'ichiro ISHIKAWA, 2008
NDC801／x，265p／21cm

初版第1刷──2008年7月15日
　第2刷──2010年9月1日

著　者────石川慎一郎
発行者────鈴木一行
発行所────株式会社大修館書店
　　　　　〒101-8466　東京都千代田区神田錦町3-24
　　　　　電話　03-3295-6231（販売部）　03-3294-2355（編集部）
　　　　　振替　00190-7-40504
　　　　　［出版情報］http://www.taishukan.co.jp

装丁者────井之上聖子
装　画────高野謙二
印刷所────三松堂印刷
製本所────ブロケード

ISBN 978-4-469-21321-8　Printed in Japan
R本書の全部または一部を無断で複写複製（コピー）することは，著作権法上での例外を除き禁じられています。